annabrevet

SUJETS et CORRIGÉS 2019

L'Intégrale 3e

Français
Christine Formond • Louise Taquechel

Maths
Emmanuelle Michaud • Bernard Demeillers

Histoire-géo EMC
Christophe Clavel • Jean-François Lecaillon

Sciences et technologie
Sonia Madani • Nadège Jeannin • Nicolas Nicaise

Épreuve orale
Cécile Gaillard • Gaëlle Perrot • Isabelle Provost
Laure Péquignot-Grandjean • Hélène Ricard
Matthieu Verrier

Achevé d'imprimer
Par Maury imprimeur à Malesherbes - France
Dépôt légal 04557-6/01 - Août 2018

IMPRIM'VERT
Votre imprimeur agit pour l'environnement

Hatier

 ISSN 1168-3791 ISBN 978-2-401-04557-6

L'Intégrale

Comment utiliser ton Annabrevet 2019 ?

Cela dépend de ton objectif

1

Comprendre le déroulement de **l'épreuve**

- Infos → pages 12 à 16
- Conseils → pages 17 à 25

MON

2

M'entraîner sur toutes les matières du **programme**

- **en français**
  → sujets 1 à 8
- **en maths**
  → sujets 9 à 46
- **en histoire-géo et EMC**
  → sujets 47 à 65
- **en sciences et technologie**
  → sujets 66 à 78
- **pour l'épreuve orale**
  → sujets 79 à 87

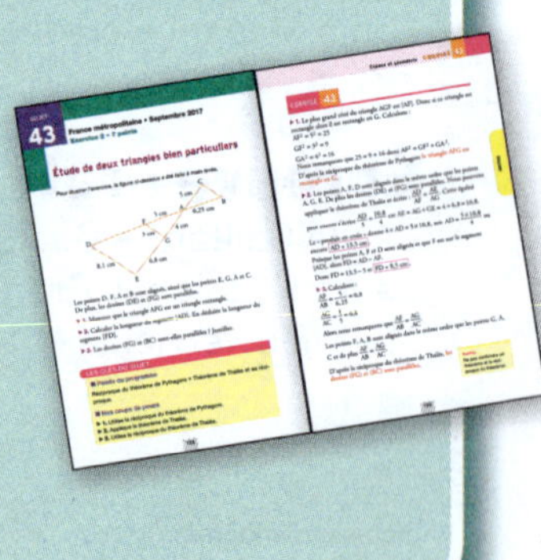

3 Consolider mes **connaissances**

- en français → fiches **1** à **10**
- en maths → fiches **11** à **22**
- pour l'épreuve orale → fiches **23** à **30**

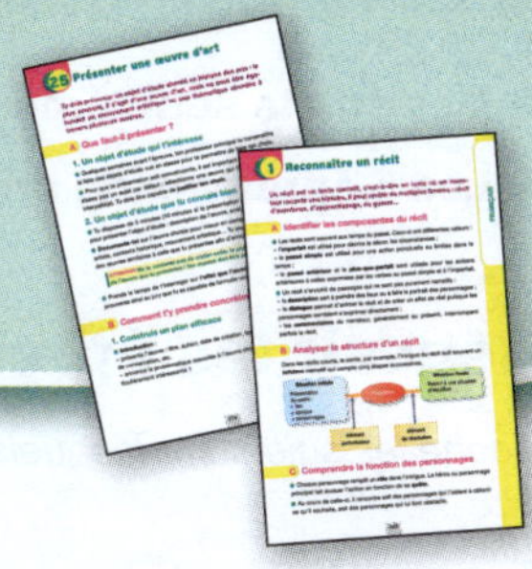

OBJECTIF

4 Me mettre dans les **conditions de l'examen** et faire des sujets complets

- Français → sujet **1**
- Maths → sujet **9**
- Histoire-géo et EMC → sujets **47** à **49**
- Sciences et technologie → sujets **66** et **67**

Connecte-toi sur www.annabac.com

Grâce à cet ouvrage, accède gratuitement à plein de ressources complémentaires – podcasts, quiz, vidéos, sujets corrigés –, dans toutes les matières.

Pour profiter de cette offre, rends-toi dans la rubrique « Vous avez acheté un ouvrage Hatier ? »

SOMMAIRE

Tout ce que tu dois savoir sur...

Réussir les épreuves

Coche les sujets sur lesquels tu t'es entraîné.

Français

VISIONS POÉTIQUES DU MONDE

PROGRÈS ET RÊVES SCIENTIFIQUES

Maths

SUJET DE FRANCE MÉTROPOLITAINE 2018

NOMBRES ET CALCULS

ORGANISATION ET GESTION DE DONNÉES, FONCTIONS

GRANDEURS ET MESURES

ESPACE ET GÉOMÉTRIE

ALGORITHMIQUE ET PROGRAMMATION

Histoire, géographie et EMC

Exercice 1 : Analyser un document • Exercice 2 : Maîtriser les différents langages

SUJET DE FRANCE MÉTROPOLITAINE 2018

HISTOIRE

GÉOGRAPHIE

EMC

Sciences et technologie

SUJET DE FRANCE MÉTROPOLITAINE 2018

PHYSIQUE-CHIMIE

SVT

TECHNOLOGIE

SOMMAIRE

Oral

HISTOIRE DES ARTS

EPI

Le mémo du brevet

- Coordination éditoriale : Grégoire Thorel, Adeline Ida et Sarah Basset, assistés d'Anaïs Goin et de Justine Tajan
- Édition : Jean-Marc Cheminée et Clothilde Diet
- Graphisme : Tout pour plaire et Dany Mourain
- Maquette : Hatier et Nadine Aymard
- Infographie : STDI, Coredoc et Vincent Landrin
- Cartographie : STDI
- Illustration : Juliette Baily
- Mise en page : STDI

Des sujets supplémentaires

sur annabac.com

Complétez vos révisions avec cette sélection de sujets en accès gratuit.

- **Rendez-vous sur le site www.annabac.com.**
- **Saisissez le titre du sujet dans le moteur de recherche.**
- **D'un clic, vous affichez le corrigé.**

Français

88 **Se raconter, se représenter** • Une inégale répartition des tâches
89 **Dénoncer les travers de la société** • Une fuite dans l'imaginaire
90 **Agir dans la cité** • Une fois cyclone passé…

Maths

91 **Organisation et gestion de données, fonctions** • La fréquence cardiaque
92 **Grandeurs et mesures** • Vitesse d'un TGV passant en gare
93 **Espace et géométrie** • Les pentes

Histoire-géographie EMC

94 **Géographie** • Mobilités et croissance des aires urbaines
95 **EMC** • Le vote, droit et devoir civique

Sciences et technologie

96 **Physique-chimie** • Voyage à bord d'un voilier écologique
97 **SVT** • La transition énergétique

Tout ce que tu dois savoir sur…

Les 5 épreuves du brevet

1 Comment s'organise le brevet ?

Le brevet comprend quatre épreuves écrites – en français, en maths, en histoire-géographie EMC et en sciences – et une épreuve orale (voir fiche 10).

A Les épreuves écrites de français et de maths

Notées chacune sur **100 points**, les épreuves écrites de français et de mathématiques sont les épreuves majeures de l'examen.

1. L'épreuve de français (3 heures)

- Elle est structurée en trois temps :

1. Tu dois d'abord répondre à des **questions** sur un texte littéraire et sur une image (1 h 10). L'une des questions, généralement sur 10 points, est un exercice de réécriture.

2. Puis une **dictée** de 600 signes environ (20 minutes) t'est proposée.

3. L'épreuve se termine par une **rédaction** (1 h 30). Tu as le choix entre deux sujets : un sujet de réflexion et un sujet d'imagination.

- Les réponses aux questions sont notées sur 50 points ; la dictée, sur 10 points ; la rédaction, sur 40 points.

Épreuve de FRANÇAIS

DESCRIPTIF

- 3 heures
- 100 points
- 3 parties :
  - travail sur un texte et une image
  - dictée
  - rédaction

MÉTHODE

1. Lisez plusieurs fois le sujet avant de répondre aux questions.
2. Préparez votre rédaction au brouillon (environ 45 min).
3. Gardez du temps pour relire l'ensemble de votre devoir (environ 15 min).

CONSEILS

- Pendant l'année, repérez les fautes d'orthographe que vous faites souvent pour les corriger lors de la relecture.
- Soignez votre écriture pour faciliter le travail du correcteur !

▶ **Plus d'informations dans les fiches 4, 5 et 6.**

2. L'épreuve de maths (2 heures)

● Le sujet est constitué de **six à huit exercices** indépendants les uns des autres. Certains prennent la forme de questionnaires à choix multiple (QCM) ; les autres proposent des questions ouvertes. Les énoncés peuvent s'appuyer sur des situations de la vie courante ou sur d'autres disciplines.

INFO **Le sujet comprend en général au moins un exercice d'algorithmique.**

● L'**évaluation** valorise la clarté et la précision des raisonnements ainsi que la qualité de la rédaction mathématique. Si tu ne termines pas un exercice, les démarches engagées seront prises en compte dans la notation.

Épreuve de MATHS

DESCRIPTIF

- 2 heures
- 100 points
- 6 à 8 exercices

MÉTHODE

1. Survolez l'intégralité du sujet.
2. Commencez par les exercices qui vous semblent les plus faciles.
3. Justifiez et rédigez toutes vos réponses (sauf pour les QCM).

CONSEILS

- Quand vous développez un calcul, passez à la ligne pour chaque étape et encadrez le résultat.
- Vos figures doivent être précises, soignées et bien codées.

▶ **Plus d'informations dans la fiche 7.**

B Les deux autres épreuves écrites

Le brevet comprend également deux épreuves écrites notées chacune sur **50 points**, portant :
– l'une sur le programme d'histoire-géographie et d'enseignement moral et civique (EMC) ;
– l'autre sur le programme de physique-chimie, de SVT et de technologie.

1. L'épreuve d'histoire-géo et EMC (2 heures)

Le sujet comprend **trois exercices** : un dans chaque domaine.

1. Le premier exercice (en histoire ou en géographie) porte sur la compréhension, l'analyse et l'interprétation d'un corpus documentaire.

2. Le deuxième exercice (en géographie ou en histoire) appelle un développement rédigé et – le cas échéant – un travail graphique.

3. Le troisième exercice porte sur le programme d'EMC.

Épreuve d'HISTOIRE-GÉO. EMC

DESCRIPTIF

- 2 heures
- 50 points
- 3 exercices
  - d'histoire
  - de géographie
  - d'EMC

MÉTHODE

1. Répondez de manière claire et concise aux premières questions portant sur le(s) document(s).
2. Organisez votre développement construit en 2 ou 3 paragraphes.
3. En EMC, essayez de vous projeter dans la situation pratique décrite.

CONSEIL

Pendant l'année, apprenez régulièrement les repères temporels et spatiaux pour pouvoir réaliser la tâche graphique (frise chronologique, schéma, carte).

▶ **Plus d'informations dans la fiche 8.**

2. L'épreuve de sciences et technologie (1 heure)

- Cette épreuve porte sur **deux des trois disciplines** suivantes : physique-chimie ; sciences de la vie et de la Terre ; technologie.

> INFO **Les matières sont tirées au sort chaque année.**

- Le sujet se compose, pour chaque discipline, d'un ou de plusieurs exercices d'une durée totale de 30 minutes.

Épreuve de SCIENCES
(SVT, physique-chimie,technologie)

DESCRIPTIF

- 1 heure
- 50 points
- Exercices se rapportant à 2 des 3 matières

MÉTHODE

1. Lisez attentivement tous les documents.
2. Pour les questions ciblées, identifiez précisément les informations demandées.
3. Pour les questions de synthèse, choisissez bien vos arguments et faites apparaître les étapes de votre raisonnement.

CONSEIL

Soignez la présentation et la rédaction : elles comptent dans la notation de l'épreuve.

▶ **Plus d'informations dans la fiche 9.**

2 À quelle condition obtient-on son brevet ?

Pour obtenir le diplôme du brevet, il faut qu'en ajoutant les points du contrôle continu et ceux des épreuves finales, tu totalises au moins 400 points sur 800.

A Le décompte des points

1. Les points du contrôle continu

- À la fin de l'année, sur la base du travail effectué en cours, tes professeurs se réunissent pour évaluer ton degré de maîtrise des huit composantes du socle commun de connaissances et de compétences. Pour chaque composante, le barème ci-contre est appliqué :

Degré de maîtrise	Nombre de points
Maîtrise insuffisante	10 points
Maîtrise fragile	25 points
Maîtrise satisfaisante	35 points
Très bonne maîtrise	50 points

- Tu peux alors obtenir au maximum 8 × 50, soit **400 points**, si tu as une très bonne maîtrise des huit composantes du socle.

> INFO **Des points supplémentaires sont accordés aux candidats ayant suivi un enseignement de complément, selon le niveau acquis.**

2. Les notes obtenues lors des cinq épreuves finales

- À ces points s'ajoutent les notes obtenues aux épreuves finales, selon ce système de notation :
- En additionnant les cinq notes maximales, on arrive également à un total de **400 points**.

Épreuve	Notation sur...
Français	100 points
Maths	100 points
Histoire-géo EMC	50 points
Sciences	50 points
Épreuve orale	100 points

B Le diplôme et les mentions

- Pour obtenir ton brevet, il te suffit d'avoir **400 points sur 800**.
- Des mentions sont décernées selon cette règle :

Mention	Note
Assez bien	au moins 480 points
Bien	au moins 560 points
Très bien	au moins 640 points

3 Comment te préparer à l'examen ?

Les épreuves finales du brevet constituent ton premier examen. Cela peut générer du stress. Mais, si tu es en bonne forme et que tu as travaillé régulièrement tout au long de l'année, tu n'as aucune raison de t'inquiéter.

A De manière générale

1. La préparation physique

● Il est recommandé de **dormir correctement** dans les deux derniers mois avant l'examen. Le manque de sommeil risque en effet de réduire tes performances intellectuelles.

● Pour mieux gérer ton stress, continue de **faire du sport**, sans excès, dans les jours qui précèdent l'examen.

2. La préparation intellectuelle

Cette préparation-là s'effectue tout au long de l'année.

● En premier lieu, sois **attentif en cours**.

● **Apprends tes leçons** au fur et à mesure ; n'attends pas le contrôle. Donne du sens à ce que tu apprends : n'hésite pas à expliquer, à l'oral ou à l'écrit, le contenu de ta leçon à un proche ou à un camarade de classe.

● Lors de la préparation d'un contrôle, entraîne-toi à **extraire de ta mémoire** ce que tu y as mis. Révise pour de vrai !

> ATTENTION ! **Réviser n'est pas seulement relire. Il faut reformuler mentalement ce que tu lis et, si possible, par écrit, devant une feuille blanche.**

B Dans chaque discipline

● En **mathématiques et en sciences**, fais une fiche de révision par chapitre : note les définitions et les propriétés à connaître, illustrées par des exemples rédigés.

● En **français**, prends le temps nécessaire pour lire attentivement les textes qu'on te donne à lire à la maison (sous forme d'extraits ou d'œuvres complètes).

● En **histoire, géographie et EMC**, pour chaque chapitre, note les points principaux en t'appuyant sur ton cours ou ton manuel.

4 Comment réussir les questions de français ?

Les questions portent sur un texte d'une trentaine de lignes, d'un auteur de langue française, et sur un document iconographique.

A Comprendre les documents

1. Le texte

- **Lis deux ou trois fois** le texte. Identifie son **genre** : récit, théâtre, poésie... Mobilise tes connaissances sur l'auteur, si tu le connais, et sur l'époque de parution du livre (la date est toujours indiquée).
- Dans le cas d'un texte narratif, repère les personnages, le lieu et l'époque de l'action. S'agit-il d'un récit à la 1re personne ? à la 3e personne ?

2. L'image

- Regarde attentivement le document iconographique.
- Interroge-toi : quel élément permet de faire le lien avec le texte ?

B Traiter les questions de grammaire

- Lis l'ensemble des questions avant de répondre. Elles suivent une progression : il est donc recommandé de les traiter **dans l'ordre**.
- Les questions de grammaire portent sur des éléments précis : un mot, une phrase, un verbe, une figure de style... Elles appellent en général des **réponses assez brèves**, mais qui doivent être **justifiées**.

> ATTENTION ! **Toutes tes réponses doivent être rédigées.**

- Pour la réécriture, veille à bien faire toutes les transformations orthographiques impliquées par le changement initial. **Souligne les mots à modifier** : verbes, noms et adjectifs, pronoms, déterminants possessifs, etc. Attention également aux mots qui ne changent pas : toutes les fautes de copie sont pénalisées !

C Traiter les questions de compréhension

- Regarde bien le **barème** de chaque question : plus le nombre de points est élevé, plus ta réponse doit être longue et argumentée.
- Les dernières questions te demandent de faire le bilan (visée de l'auteur, intérêt du texte) et de confronter le texte et l'image. Prends appui sur les documents pour détailler ta réponse et **justifier ton point de vue**.

> CONSEIL **Pour toutes tes réponses, rédige de manière simple et claire, et pense à citer le texte.**

5 Comment réussir la dictée ?

Le texte de la dictée, de 600 signes environ, a toujours un rapport avec le texte initial : même œuvre, même auteur ou même thème.

A Écouter

- Lors de la première lecture, concentre-toi sur le **sens** du texte et repère ses difficultés. Demande-toi si le récit est à la 1re ou à la 3e personne.

> INFO **La dictée est lue au total trois fois.**

- Identifie le type du texte et le **temps dominant** : généralement, imparfait et passé simple pour un récit, présent ou imparfait pour une description.

B Écrire

1. Les verbes

- Fais attention aux temps qui, à l'oral, peuvent se confondre :
– participe passé et infinitif des verbes du 1er groupe (*aimé/aimer*) ;
– imparfait et passé simple (*je marchais/je marchai*) ;
– futur et conditionnel présent (*je partirai/je partirais*).
- Pour les différencier, **change de personne** : *il partira / il partirait*.

2. Les chaînes d'accord

- Repère le sujet de chaque **verbe** pour savoir comment accorder celui-ci.
- Pour chaque **adjectif**, demande-toi à quel **nom** il se rapporte pour l'accorder correctement en genre et en nombre.
- N'oublie pas d'accorder les **participes passés** qui doivent l'être.

3. Les homophones

Sois attentif à bien distinguer les homophones : *ou/où*, *quand/qu'en*, *c'est/s'est*… Identifie leur **classe grammaticale** pour ne pas te tromper.

> CONSEIL **Essaie de retrouver l'orthographe des mots que tu ne connais pas à partir de mots formés sur le même radical.**

C Se relire

- Effectue plusieurs relectures, en te concentrant à chaque fois sur **un point précis** : l'accord sujet-verbe ; les homophones, etc.
- Vérifie que tes phrases commencent par une majuscule, forme correctement les accents et rends ton écriture la plus **lisible** possible.

6 Comment réussir la rédaction ?

Tu as le choix entre un sujet de réflexion et un sujet d'imagination. Tous deux portent sur la même thématique que les documents distribués dans la première partie de l'épreuve.

A Comprendre le sujet

Lis les deux sujets et choisis rapidement celui que tu veux traiter.

1. Le sujet de réflexion

- On te demande d'exprimer **ton avis** sur une question précise. Tu dois écrire un texte à dominante **argumentative** en justifiant ton point de vue.
- Le plus souvent, il s'agit d'écrire un petit essai. On peut aussi te demander de développer une argumentation dans une lettre ou sous forme de dialogue.

2. Le sujet d'imagination

- Il peut s'agir d'écrire la suite d'un récit, de raconter la même scène en changeant de point de vue ou d'imaginer une autre scène sur le même thème. On pourra également te demander de **raconter une expérience personnelle**, en précisant les sentiments que tu as éprouvés à cette occasion.

> CONSEIL **Pense à enrichir tes récits par des descriptions et des dialogues, même lorsque les consignes ne le précisent pas.**

- La consigne t'indique clairement le **type de texte** attendu : texte essentiellement narratif, lettre, récit avec passages dialogués…

B Travailler au brouillon

- Accorde **45 minutes** à cette étape.
- Pour un **sujet de réflexion**, contente-toi d'écrire au brouillon le plan et les idées principales de chaque paragraphe, sans faire de phrases complètes. L'introduction et la conclusion, en revanche, seront totalement rédigées.
- Pour un **sujet d'imagination**, rédige tout ton texte au brouillon. Écris au crayon et saute des lignes. Organise ton texte **en paragraphes**.
- Quand tu as terminé ton premier jet, **retravaille-le** : vérifie que les phrases s'enchaînent bien et qu'il n'y a pas trop de répétitions ; puis corrige les erreurs.

C Recopier efficacement

- Accorde **30 minutes** à cette dernière étape. Recopie lisiblement ton texte : il doit faire 2 pages minimum, soit 300 mots environ.
- Il te restera **15 minutes** pour te relire et supprimer les erreurs d'inattention.

7 Comment réussir l'épreuve de maths ?

Pour chaque exercice de mathématiques, tu dois comprendre le problème posé, utiliser les données fournies, mobiliser tes connaissances et expliquer clairement ton raisonnement.

A Bien gérer son temps

- Commence par **survoler l'intégralité** du sujet. Les exercices sont indépendants : tu peux les traiter dans l'ordre que tu veux.
- Tu disposes de 2 heures pour faire 6 à 8 exercices : tu dois donc accorder environ **15 minutes** à chacun. Veille néanmoins à garder **10 minutes** à la fin de l'épreuve pour te relire.
- Si tu peines sur une question ou sur un exercice, ne t'y attarde pas trop : passe au suivant, et tu y reviendras ensuite.

B Bien analyser chaque exercice

- Lis une fois chaque énoncé ; puis relis en soulignant les **données clés**.
- En géométrie, si l'énoncé ne fournit pas de figure, **trace rapidement celle-ci au brouillon** : tu visualiseras mieux le problème et feras apparaître des configurations connues.

C Bien rédiger et bien présenter sa copie

1. La présentation de la copie

- Travaille d'abord au brouillon, afin d'éviter les ratures.
- Sur ta copie, indique bien le numéro de chacun des exercices. Quand tu développes un **calcul**, passe à la ligne pour chaque étape et souligne le résultat. Tes **figures** doivent être précises, soignées et bien codées.

2. La qualité de la rédaction

Tu dois **justifier et rédiger** toutes tes réponses, sauf dans les QCM.

- Dans une démonstration, explicite les hypothèses te permettant de faire appel à une propriété, écris la formule employée.
- Quand tu donnes une réponse chiffrée, fais attention à la précision demandée, n'oublie pas l'unité.
- De façon générale, exprime-toi dans un français correct et efforce-toi d'employer avec justesse le vocabulaire mathématique.

8 Comment réussir l'épreuve d'histoire, géographie et EMC ?

Selon les exercices, les attentes diffèrent : ce ne sont pas les mêmes compétences qui sont évaluées.

A L'analyse de document

- Tu es d'abord interrogé sur la nature du document : tu dois ainsi, selon l'exercice, identifier l'auteur ou la date, le type de document, présenter le contexte.
- Les questions suivantes t'amènent à **relever des informations** dans le document, à expliquer un point précis. Parfois, il t'est demandé de porter un regard critique sur les limites du document.
- L'une des questions te conduit à **mettre en relation différents aspects** du document pour construire une réponse plus approfondie. Dans ce cas, ta connaissance du cours est essentielle.

> CONSEIL **Dans une analyse de document, comme dans un développement construit, utilise les mots-clés du chapitre concerné.**

B Le développement construit et la tâche graphique

- Rédiger un développement construit nécessite une bonne **connaissance du sujet** et une certaine **aisance rédactionnelle**. Les deux viennent avec l'entraînement.
- Le jour du brevet, commence par définir les termes principaux du sujet. Puis rédige ton développement en **organisant ton propos en deux ou trois** paragraphes.
- Les **tâches graphiques**, en histoire (frise chronologique) comme en géographie (carte ou schéma), doivent faire l'objet d'un apprentissage régulier au cours de l'année. Tu dois être à l'aise avec les repères temporels et spatiaux du programme et savoir les présenter sous une forme visuelle claire.

C L'exercice d'enseignement moral et civique

- L'exercice d'EMC comporte **un ou deux documents** sur un thème : tu dois les étudier en répondant à quelques **questions**.
- La dernière question consiste en une mise en situation. Par exemple, tu dois expliquer à un correspondant étranger en quoi la France est une démocratie. Tu dois donc rédiger ta réponse en intégrant d'une part des éléments de connaissances, vus en cours, d'autre part des éléments rédactionnels qui montreront que tu as bien pris en compte la situation.

9 Comment réussir l'épreuve de sciences et technologie ?

L'épreuve de sciences et technologie propose deux exercices se rapportant à deux de ces trois matières : physique-chimie, SVT et technologie.

A Quels sont les documents proposés ?

- Les documents (textes, tableaux, graphiques…) proposés dans chaque exercice **rendent compte d'un phénomène** ou présentent le fonctionnement d'un appareil ou d'un système technique.

- Commence par **lire tous les documents**. Souligne les mots et éléments importants. Identifie bien les intitulés des lignes et colonnes d'un tableau, les grandeurs dans un graphique.

B Comment répondre aux questions ?

1. Les questions ciblées

- Pour les questions ciblées, une **réponse courte** convient souvent.

- Certaines questions font uniquement appel à tes **connaissances** ou à ta compréhension. Elles peuvent parfois prendre la forme d'un **QCM**. D'autres questions te conduisent à **chercher** dans les documents **des informations** qui te serviront à étayer ta réponse.

- On peut également te demander de **calculer** (une vitesse, une énergie, une masse volumique, etc.) ; tracer une courbe ; compléter un algorithme extrait d'un programme Scratch ; retrouver des éléments manquants pour compléter la chaîne d'énergie et la chaîne d'information d'un système.

> CONSEIL **Pour conduire un calcul, écris d'abord la formule littérale, puis effectue l'application numérique. Précise l'unité de chaque grandeur.**

2. Les questions de synthèse

- Les questions de synthèse nécessitent une **démonstration** : tu devras **confirmer** ou **infirmer** un fait à l'aide des documents et de tes connaissances. D'autres nécessitent de faire la synthèse des données de plusieurs documents, puis un bilan.

- Choisis bien tes arguments, en prenant appui sur les documents. Pense à faire apparaître les **liens logiques** dans tes explications.

- Répondre aux **questions de synthèse** implique de **raisonner** à partir de tes connaissances et des documents. Tu dois décomposer ce raisonnement en étapes.

10 Comment s'organise l'épreuve orale du brevet ?

L'épreuve orale est composée d'un exposé suivi d'un entretien avec un jury.

A Comment se déroule l'épreuve ?

● C'est à toi de choisir ce que tu veux présenter : soit une œuvre étudiée en **histoire des arts**, soit un **projet** mené dans le cadre des EPI ou d'un parcours éducatif (parcours Avenir, parcours citoyen, parcours éducatif de santé, parcours d'éducation artistique et culturelle).

● Tu peux passer l'oral **seul(e) ou à plusieurs** (3 élèves maximum). Si tu es seul(e), ton exposé dure 5 minutes, suivies de 10 minutes d'entretien avec le jury. En groupe, l'exposé dure 10 minutes et l'entretien 15 minutes.

> CONSEIL **Répartissez équitablement le temps de parole, car la note est individuelle !**

● Tu dois t'exprimer de façon claire et montrer ce que le travail sur l'œuvre ou le projet t'a apporté. Tu peux présenter au jury une réalisation concrète faite pendant l'année ou préparer un diaporama pour appuyer ton exposé, mais c'est ta **prestation orale** qui est évaluée.

B Quelles sont les modalités de l'épreuve ?

L'épreuve est notée sur **100 points** :
– 50 points pour la maîtrise de l'expression orale ;
– 50 points pour la maîtrise du sujet présenté.

1. Évaluation de l'expression orale

Tu dois montrer que tu es capable :
– de t'exprimer devant plusieurs personnes et d'échanger avec elles ;
– d'utiliser un vocabulaire correct, précis et varié ;
– d'exposer ton **point de vue**, d'exprimer tes émotions (face à une œuvre notamment).

2. Évaluation de la maîtrise du sujet

Sur cet aspect, le jury évalue ta capacité à :
– construire un exposé structuré ;
– analyser une œuvre ou un projet de manière critique et argumentée ;
– justifier un choix, une démarche, un avis...

> ASTUCE **S'exprimer en public, surtout avec le trac, est difficile. Entraîne-toi au maximum avant l'épreuve !**

ÉPREUVE ORALE

15-25 min. 100 pts

OBJECTIF

Vous devez présenter, seul(e) ou par équipe de deux ou trois, un dossier d'histoire des arts ou un projet réalisé dans le cadre des EPI.

CONSEILS

Soignez votre expression : elle compte autant que votre maîtrise du sujet.

1re partie : exposé

5-10 min.

MÉTHODE

1. Présentez votre projet.
2. Expliquez les différentes étapes du travail.
3. Faites le bilan : quelles difficultés avez-vous rencontrées ?

2e partie : entretien

10-15 min.

MÉTHODE

1. Assurez-vous de bien maîtriser votre sujet pour pouvoir répondre aux questions précises du jury.
2. Les questions plus larges vous permettent de mettre en valeur votre culture et votre expérience.

87 sujets expliqués

... et corrigés

SUJET 1

France métropolitaine • Juin 2018
100 points

Un café et quelques vers

DOCUMENT A **Texte littéraire**

La scène se déroule, après la Seconde Guerre mondiale, dans la ville de Blémont qui a subi d'importantes destructions.

Léopold s'assura que la troisième était au complet. Ils étaient douze élèves, quatre filles et huit garçons qui tournaient le dos au comptoir. Tandis que le professeur gagnait sa place au fond de la salle, le patron alla retirer le bec de cane[1] à la porte d'entrée afin de s'assurer contre toute intrusion. Revenu à son zinc[2], il but encore un coup de vin blanc et s'assit sur un tabouret. En face de lui le professeur Didier s'était installé à sa table sous une réclame d'apéritif accrochée au mur. Il ouvrit un cahier, jeta un coup d'œil sur la classe de troisième et dit :

– Hautemain, récitez.

Léopold se pencha sur son siège pour voir l'élève Hautemain que lui dissimulait la poutre étayant le plafond. La voix un peu hésitante, Hautemain commença :

Seigneur, que faites-vous, et que dira la Grèce ?
Faut-il qu'un si grand cœur montre tant de faiblesse[3] *?*

– Asseyez-vous, dit le professeur lorsque Hautemain eut fini. Quinze.

Il notait avec indulgence. Estimant que la plupart de ces enfants vivaient et travaillaient dans des conditions pénibles, il voulait les encourager et souhaitait que l'école, autant que possible, leur offrît les sourires que leur refusait trop souvent une existence troublée.

À son zinc, Léopold suivait la récitation des écoliers en remuant les lèvres et avalait anxieusement sa salive lorsqu'il sentait hésiter ou trébucher la mémoire du récitant. Son grand regret, qu'il n'oserait jamais confier à M. Didier, était de ne participer à ces exercices qu'en simple témoin. Léopold eût aimé réciter, lui aussi :

Captive, toujours triste, importune à moi-même,
Pouvez-vous souhaiter qu'Andromaque vous aime[3] *?*

Malgré la timidité et le respect que lui inspirait Andromaque, il lui semblait qu'il eût trouvé les accents propres à émouvoir le jeune guerrier. Il se plaisait à imaginer sa voix, tout amenuisée par la mélancolie et s'échappant du zinc comme une vapeur de deuil et de tendresse.

– Les cahiers de préparation, dit le professeur Didier.

Les élèves ayant étalé leurs cahiers, il alla de table en table s'assurer qu'ils avaient exécuté le travail portant sur un autre passage d'Andromaque. Pendant qu'il regagnait sa place, Léopold se versa un verre de blanc.

– Mademoiselle Odette Lepreux, lisez le texte. [...]

Odette se mit à lire d'une voix claire, encore enfantine, où tremblaient des perles d'eau fraîche :

Où fuyez-vous, Madame ?
N'est-ce point à vos yeux un spectacle assez doux
Que la veuve d'Hector pleurante à vos genoux[4] *?*

Sur ces paroles d'Andromaque, la patronne, venant de sa cuisine, pénétra discrètement dans l'enceinte du zinc. Comme elle s'approchait du cafetier, elle eut la stupéfaction de voir les larmes ruisseler sur ses joues cramoisies et interrogea :

– Qu'est-ce que t'as ?

– Laisse-moi, murmura Léopold. Tu peux pas comprendre. [...]

Odette Lepreux poursuivait sa lecture :

Par une main cruelle hélas ! J'ai vu percer
Le seul où mes regards prétendaient s'adresser[4].

La patronne considérait cet homme étrange, son mari, auquel ses reproches et ses prières n'avaient jamais réussi, en trente ans de vie commune, à tirer seulement une larme.

Ne revenant pas de son étonnement, elle oublia une minute ce qu'elle était venue lui dire.

Marcel Aymé, *Uranus*, 1948

---

1. Bec de cane : élément de serrurerie qui permet de fermer une porte de l'intérieur sans utiliser de clé.
2. Zinc : comptoir de bar.
3. Le texte en italique renvoie à des extraits de la tragédie *Andromaque* de Jean Racine (1667). Après la prise de Troie, Andromaque, veuve d'Hector, devient la prisonnière de Pyrrhus, qui tombe amoureux d'elle. Dans ces deux passages, Andromaque s'adresse à Pyrrhus pour le convaincre de renoncer à cet amour.
4. Dans ces extraits, Andromaque s'adresse à Hermione qui devait épouser Pyrrhus. Hermione considère donc Andromaque comme une rivale. Andromaque lui déclare qu'elle n'aime que son mari, Hector, mort transpercé par une épée.

DOCUMENT B **Photo tirée du film *Uranus*, 1990**

Photogramme tiré du film *Uranus* réalisé par Claude Berri, 1990.

TRAVAIL SUR LE TEXTE LITTÉRAIRE ET SUR L'IMAGE 50 POINTS • 1 h 10

Les réponses doivent être entièrement rédigées.

Compréhension et compétences d'interprétation

▶ **1.** Où se déroule la scène ? Qui est Léopold ? Pourquoi la situation présentée peut-elle surprendre ? Justifiez votre réponse. *(4 points)*

▶ **2.** Lignes 11 à 26 : Comment se manifeste l'intérêt de Léopold pour le cours du professeur Didier ? Développez votre réponse en vous appuyant sur trois éléments significatifs. *(6 points)*

▶ **3.** Lignes 26 à 33 : Quels liens Léopold établit-il avec le personnage tragique d'Andromaque ? Comment l'expliquez-vous ?
Développez votre réponse. *(6 points)*

▶ **4.** Lignes 40 à 48 : Que ressent Léopold quand Odette lit l'extrait d'Andromaque ? Justifiez votre réponse en vous appuyant sur une image que vous analyserez. (*6 points*)

▶ **5. a)** Par quelles oppositions la scène du film reproduite ci-dessus cherche-t-elle à faire rire le spectateur ?
Donnez trois éléments de réponse. (*6 points*)
b) Qu'est-ce qui peut relever également du comique dans la fin du texte (l. 45-58) ? *(4 points)*

Grammaire et compétences linguistiques

▶ **6.** L'une des phrases suivantes contient une proposition subordonnée relative et l'autre une proposition subordonnée complétive :
« Léopold s'assura que la troisième était au complet » (l. 1)
« Léopold se pencha sur son siège pour voir l'élève Hautemain que lui dissimulait la poutre étayant le plafond. » (l. 11-12)

a) Trouvez dans quelle phrase se trouve la proposition subordonnée relative. Recopiez-la sur votre copie. (*1 point*)

b) Trouvez dans quelle phrase se trouve la proposition subordonnée complétive. Recopiez-la sur votre copie. *(1 point)*

c) Expliquez comment vous avez pu différencier chacune de ces deux propositions. *(3 points)*

▶ **7.** Voici deux phrases au discours direct dont le verbe introducteur est au présent :
Andromaque demande à Pyrrhus : « Seigneur, que faites-vous, et que dira la Grèce ? »
Andromaque déclare à Hermione : « J'ai vu percer le seul où mes regards prétendaient s'adresser. »
Sur votre copie, réécrivez ces deux phrases au discours indirect en mettant le verbe introducteur au passé simple. Vous ferez toutes les modifications nécessaires. *(10 points)*

▶ **8.** « La patronne considérait cet homme étrange, son mari, auquel ses reproches et ses prières n'avaient jamais réussi, en trente ans de vie commune, à tirer seulement une larme. » (l. 54-56)

a) Donnez un synonyme de l'adjectif « étrange ». *(1 point)*

b) L'adjectif « étrange » vient du latin *extraneus* qui signifiait « qui n'est pas de la famille, étranger ». Comment ce sens premier peut-il enrichir le sens de cet adjectif dans le texte ? *(2 points)*

DICTÉE — 10 POINTS • 20 min

Les noms propres « Blémont », « Saint-Euloge » et « Progrès », ainsi que le nom de l'auteur et le titre de l'œuvre sont écrits au tableau.

Marcel Aymé
Uranus, 1948

Le collège de Blémont étant détruit, la municipalité avait réquisitionné certains cafés pour les mettre à la disposition des élèves, le matin de huit à onze heures et l'après-midi de deux à quatre. Pour les cafetiers, ce n'étaient que des heures creuses et leurs affaires n'en souffraient pas. Néanmoins, Léopold avait vu d'un très mauvais œil qu'on disposât ainsi de son établissement et la place Saint-Euloge avait alors retenti du tonnerre de ses imprécations. Le jour où pour la première fois les élèves étaient venus s'asseoir au café du Progrès, il n'avait pas bougé de son zinc, le regard soupçonneux, et affectant de croire qu'on en voulait à ses bouteilles. Mais sa curiosité, trompant sa rancune, s'était rapidement éveillée et Léopold était devenu le plus attentif des élèves.

RÉDACTION 40 POINTS • 1 h 30

Vous traiterez au choix l'un des sujets suivants.

Sujet d'imagination

« – Laisse-moi, murmura Léopold. Tu peux pas comprendre. » (l. 50)
À la fin du cours, c'est à M. Didier, le professeur de français, que Léopold se confie sur son grand regret de n'avoir pu poursuivre ses études et découvrir des œuvres littéraires.
Racontez la scène et imaginez leur conversation en insistant sur les raisons que donne Léopold et sur les émotions qu'il éprouve.

Sujet de réflexion

Vous avez lu en classe ou par vous-même de nombreuses œuvres littéraires dans leur intégralité ou par extraits. Vous expliquerez ce que vous ont apporté ces lectures et vous direz pour quelles raisons il est toujours important de lire aujourd'hui.

LES CLÉS DU SUJET

■ Les documents

Le texte littéraire (document A)

Dans son roman *Uranus*, Marcel Aymé (1902-1967) s'intéresse à la France de l'après-guerre et met en scène Léopold, un cafetier ; l'école du village ayant été bombardée pendant la guerre, Léopold accueille dans son établissement un maître et ses élèves.

L'image (document B)

Le photogramme tiré du film adapté du roman de Marcel Aymé montre le personnage de Léopold, joué par Gérard Depardieu, visiblement ému et inspiré par les récitations entendues ; son attitude contraste avec celle de sa femme, occupée à éplucher des pommes de terre.

Rédaction (sujet d'imagination)

Recherche d'idées

• Léopold n'a pas fait d'études : au début du XXe siècle, il était fréquent d'arrêter l'école à douze ans, après le certificat d'études, pour aider ses parents et entrer dans la vie active.

• Essaye de mentionner des auteurs ou des œuvres qui auraient pu marquer le jeune Léopold lors de ses années d'école : Victor Hugo, Alexandre Dumas, Molière…

Conseils de rédaction

• Dresse une liste de synonymes pour désigner les personnages : « le cafetier », « le tenancier », « l'admirateur de Racine », « cet homme imposant », pour Léopold ; « le maître », « l'indulgent professeur », « le pédagogue », pour M. Didier.

• Léopold aura le temps de parole le plus important. Le dialogue obéit à des règles précises : on ouvre les guillemets avant la première prise de parole. Un tiret signale un changement d'interlocuteur. On ferme les guillemets lorsque le dialogue est interrompu par une phrase complète du narrateur.

Rédaction (sujet de réflexion)

Recherche d'idées

• Pars de ton expérience pour trouver ce que peut apporter la lecture d'œuvres littéraires : enrichissement personnel, acquisition d'une culture commune, mais aussi plaisir.

• Réfléchis également à l'intérêt de la lecture à notre époque : tu peux, par exemple, opposer les mots aux images, les livres aux films, pour comprendre l'apport supplémentaire des livres.

Conseils de rédaction

• Consacre un ou deux paragraphes aux apports de la lecture, puis un autre aux raisons pour lesquelles, aujourd'hui encore, la lecture reste une activité essentielle.

• Appuie-toi sur des exemples personnels. Tu peux aussi te référer au personnage de Léopold, sensible au plaisir provoqué par les mots.

CORRIGÉ 1

TRAVAIL SUR LE TEXTE LITTÉRAIRE ET SUR L'IMAGE

Compréhension et compétences d'interprétation

▶ **1.** La scène se déroule dans un café. Léopold, le patron de l'établissement, assiste à un cours de français dispensé à des élèves de troisième par leur professeur, M. Didier. Cette situation peut surprendre, mais le paratexte amène un élément de réponse : la ville de Blémont a connu « d'importantes destructions ». L'école ayant été détruite pendant la guerre, le café se transforme à certaines heures en salle de classe.

▶ **2.** Léopold semble intéressé par le cours du professeur. Il suit avec attention les récitations des élèves : « Léopold se pencha sur son siège pour voir l'élève Hautemain ». Il partage leurs appréhensions : « [Il] avalait anxieusement sa salive lorsqu'il sentait hésiter ou trébucher la mémoire du récitant. » On comprend finalement qu'il aimerait lui aussi participer à ces exercices : « Léopold eût aimé réciter, lui aussi. »

▶ **3.** Léopold éprouve de la fascination et du respect pour le personnage d'Andromaque, auquel il s'identifie. Il comprend les émotions ressenties par le personnage et s'imagine pouvoir trouver les accents propres à exprimer le destin tragique d'Andromaque. Il est également sensible à la poésie des vers de Racine. Le texte littéraire et l'émotion qu'il provoque lui permettent d'échapper à son quotidien trivial.

▶ **4.** Quand Odette lit l'extrait d'Andromaque, Léopold se met à pleurer. Il est touché, l'émotion le submerge, alors qu'il écoute la voix claire de la jeune fille, « où tremblaient des perles d'eau fraîche ». La métaphore assimile les mots à des gouttes d'eau et souligne la grâce et la fraîcheur de la récitante. Les larmes que semble évoquer la métaphore se retrouvent dans les vers cités (« la veuve d'Hector pleurante à vos genoux ») et dans les pleurs que l'on voit « ruisseler » sur les joues du cafetier.

> INFO +
> Le terme d'« image », dans la question, recouvre non seulement les figures de style, mais également tout procédé d'écriture particulier.

▶ **5. a)** La scène tirée du film peut amuser par les oppositions qu'elle souligne. Le mari et la femme adoptent des attitudes très différentes : lui, debout, regardant vers le ciel d'un air heureux et inspiré, semble déclamer des vers ; elle, assise, morose, se tait, a les yeux baissés sur les pommes de terre qu'elle épluche. Ces oppositions révèlent le décalage du personnage masculin avec son milieu et peuvent prêter à rire.

b) Cette confrontation entre deux mondes, celui de l'héroïsme tragique des vers de Racine, et celui du quotidien prosaïque d'un patron de café, se retrouve à la fin du texte, où la patronne peine à comprendre ce qui arrive à celui qu'elle côtoie depuis trente ans. L'identification du cafetier au personnage d'Andromaque peut sembler touchante, mais aussi amusante dans la mesure où celui qui pleure sur les vers de Racine a les joues « cramoisies » par les trois verres de vin blanc qu'il s'est servi successivement.

Grammaire et compétences linguistiques

▶ **6. a)** « que lui dissimulait la poutre étayant le plafond » est une subordonnée relative.

b) « que la troisième était au complet » est une subordonnée complétive.

c) La subordonnée relative complète un nom (ici, « l'élève Hautemain »), tandis que la complétive est complément du verbe (ici, « s'assura »).

La première est facultative, la seconde est ici essentielle à la phrase.

▶ **7.** *Les modifications sont en couleur.*

Andromaque demanda à Pyrrhus ce qu'il faisait, et ce que dirait la Grèce.

Andromaque déclara à Hermione qu'elle avait vu percer le seul où ses regards prétendaient s'adresser.

> REMARQUE
> Lorsque le verbe introducteur des paroles est au passé, le présent devient de l'imparfait, le futur du conditionnel présent. L'apostrophe directe « Seigneur » est impossible à conserver.

▶ **8. a)** « bizarre » ou « curieux » sont des adjectifs synonymes d'« étrange ».

b) Le sens étymologique peut enrichir le sens de l'adjectif dans le texte : l'attitude de son mari est aussi étrange que s'il venait d'un autre monde, d'un autre milieu, où les règles et les comportements seraient différents et malaisés à comprendre.

DICTÉE

POINT MÉTHODE

1 Accorde le participe passé avec le sujet lorsqu'il est employé avec l'auxiliaire *être*, et non lorsqu'il est employé avec *avoir*.

2 Le verbe « disposer » est au subjonctif imparfait : on le reconnaît grâce au *que* qui le précède.

3 Attention à certains mots difficiles : *réquisitionné*, *imprécations* et *soupçonneux*.

Dans la phrase *ce n'étaient que des heures creuses*, l'accord du verbe à la 3e personne du singulier (terminaison *-ait*) est également possible.

Le collège de Blémont étant détruit, la municipalité avait réquisitionné certains cafés pour les mettre à disposition des élèves, le matin de huit à onze heures et l'après-midi de deux à quatre. Pour les cafetiers, ce n'étaient que des heures creuses et leurs affaires n'en souffraient pas. Néanmoins, Léopold avait vu d'un très mauvais œil qu'on disposât ainsi de son établissement et la place Saint-Euloge avait alors retenti du tonnerre de ses imprécations. Le jour où pour la première fois les élèves étaient venus s'asseoir au café du Progrès, il n'avait pas bougé de son zinc, le regard soupçonneux, et affectant de croire qu'on en voulait à ses bouteilles. Mais sa curiosité, trompant sa rancune, s'était rapidement éveillée et Léopold était devenu le plus attentif des élèves.

RÉDACTION

Voici un exemple de rédaction sur chacun des deux sujets.
Attention les indications entre crochets ne doivent pas figurer sur ta copie.

Sujet d'imagination

[Fin du cours] Les enfants avaient rangé leurs affaires. Léopold se dirigea vers l'entrée pour libérer les élèves.

[Confidences de Léopold] Le professeur se disposait lui aussi à quitter le café lorsqu'un coup d'œil sur le visage empourpré du tenancier le fit hésiter.

« Tout va bien ? Vous n'avez pas l'air dans votre assiette. Voulez-vous vous asseoir ?

– Ce n'est rien, c'est juste… Vous savez je n'ai pas… Et puis, c'est stupide de toute façon ! »

Interloqué, le maître regarda le cafetier sans comprendre ; ce dernier, pour cacher sa gêne, lui tourna le dos pour se resservir un verre de vin blanc.

M. Didier haussa les épaules et s'apprêta à partir, lorsqu'il entendit, dans un souffle, une voix murmurer avec tendresse :

« Seigneur, que faites-vous, et que dira la Grèce ?
Faut-il qu'un cœur si grand montre tant de faiblesse ? »

– Racine fait souvent cet effet, annonça tranquillement le professeur.

> GAGNE DES POINTS
> Emploie un niveau de langue qui correspond au personnage.

– Vraiment ? Oh, vous savez, quand j'entends les enfants réciter, je regrette de ne pas avoir été plus longtemps à l'école. Mes parents avaient besoin de moi pour la boutique. À douze ans, fini pour moi. Ce n'était pas de leur faute, allez. Pourtant j'aurais aimé continuer. C'est surtout la poésie qui m'enchantait. Je me souviens de quelques vers d'Hugo que je me récitais avec délice. Quand j'entends les enfants, je deviens, je sais que vous allez trouver ça ridicule, mais je deviens cette princesse qui pleure son époux. Comment font-ils, tous ces écrivains, pour trouver les mots qui traduisent ce qu'on a en nous ? »

[Réaction du maître d'école] À la fin de sa tirade, le patron avala d'un trait le verre qu'il avait devant lui. Très ému, M. Didier lui sourit :

« Si je vous prête des livres, nous feriez-vous l'honneur de nous lire, chaque matin, un passage que vous avez apprécié ? Ce serait un plaisir pour nous de vous entendre. »

CONSEIL
N'hésite pas à reprendre des éléments du texte support : les vers de Racine que Léopold rêve de réciter, et son goût pour le vin blanc, par exemple.

M. Didier ne s'était pas moqué ! Il l'intégrait même à sa classe ! Soulagé et ravi, Léopold lui proposa : « Un petit blanc ? »

Sujet de réflexion

[Introduction] Les œuvres littéraires peuvent être découvertes grâce à l'école ou de manière personnelle. Nous verrons, tout d'abord, ce que ces lectures, imposées ou choisies, nous apportent ; nous expliquerons, ensuite, pour quelles raisons il est toujours important de lire aujourd'hui.

CONSEIL
Structure ton texte par des paragraphes bien marqués et emploie un connecteur logique au début de chacune de tes parties.

[La lecture est un enrichissement] Le premier apport de la lecture est sans doute l'enrichissement de sa culture personnelle. Lorsqu'un professeur impose une lecture, c'est qu'il la considère comme riche d'enseignements. Les grandes œuvres, en effet, procurent au lecteur la connaissance d'un monde qui n'est pas le leur. Comment puis-je savoir à quoi ressemblait la vie à Paris sous Louis XIII ? Grâce à la lecture des *Trois mousquetaires* et des aventures de D'Artagnan aux prises avec le cardinal de Richelieu.

[La lecture est un plaisir] C'est toutefois un autre aspect qui me vient à l'esprit en premier lieu quand on parle des apports de la lecture : la notion de plaisir. En effet, si les œuvres littéraires du passé continuent à être lues aujourd'hui, c'est surtout pour les plaisirs qu'elles procurent : plaisir de rêver, de s'identifier aux personnages, de frémir avec eux ; plaisir de la langue également. Le personnage de Léopold, dans l'ouvrage de Marcel Aymé, témoigne du ravissement qu'apportent les œuvres littéraires.

[Il est important de lire aujourd'hui] Mais notre époque tend à détrôner les mots au profit des images. Les œuvres littéraires ont pourtant encore une place aujourd'hui. Les images figent, tandis que les mots suggèrent. La part d'interprétation est plus grande, et le plaisir ressenti plus personnel. Il n'est pas rare d'être déçu par un film adapté d'un livre, lorsqu'on a lu l'ouvrage avant. L'écrit est toujours plus riche que ce que le film nous donne à voir.

[Conclusion] Les œuvres littéraires sont d'une telle richesse qu'elles ne s'épuisent pas. Leur valeur va bien au-delà de l'époque qui les a produites ; mêmes anciennes, elles ont toujours leur place aujourd'hui.

SUJET 2

Centres étrangers • Juin 2018
100 points

Mon père, mon héros

DOCUMENT A **Texte littéraire**

Il ouvrit toute grande la porte ; une trombe d'eau tiède nous submergea d'un seul coup et je me dis ça y est, c'est là qu'on meurt ! Dehors, c'était chaud, humide, l'orage battait son plein, des éclairs jaillissaient presque sans cesse et le tonnerre semblait tomber un peu partout en provoquant des échos horrifiants. Ça sentait fort quelque chose que j'ignorais encore être de l'ozone, les arbres étaient secoués de bourrasques de pluie, le monde entier était mouillé et la colère du ciel tombait sur nous en vagues enragées et destructrices. Comme si la nature s'était vengée de quelque chose que je ne saisissais pas encore.

« R'garde si c'est beau, Michel ! R'garde ça si c'est beau ! »

Beau ?

Mais c'était la fin du monde !

J'étais tellement terrifié que j'étais convaincu que j'allais d'une seconde à l'autre faire pipi sur la bedaine naissante de mon père.

Il s'assit sur la chaise à bascule de sa mère, me retourna dans ses bras, m'installa sur ses genoux.

« Garde pas les yeux fermés comme ça… Ouvre-les. Pis regarde ça… »

Il se releva aussitôt que j'eus les yeux ouverts et s'approcha de la rambarde du balcon contre laquelle il s'appuya. Il se pencha même un peu au-dessus du vide.

Ça non plus, les arbres, les escaliers extérieurs, les balcons voisins, la rue, je n'avais jamais vu ça d'aussi haut et, au lieu d'avoir peur, les pieds battants au-dessus du gouffre et la tête sous la pluie, je connus un des plus agréables vertiges de mon enfance.

La pluie nous tombait dessus, les éclairs éclataient, suivis du tonnerre qu'on prétendait si dangereux, les arbres étaient secoués par un vent violent et produisaient un bruissement qui aurait dû me terroriser, mais plus rien ne semblait dangereux parce que j'étais à vingt pieds du sol, dans les bras de mon père qui, par la seule force de sa volonté, faisait en sorte que rien ne m'arrive !

Rien ne pouvait m'arriver !

Protégé contre tout mal, rendu invincible par la présence de mon père qui affrontait la tempête au lieu de se cacher, j'étais l'enfant le plus heureux du monde.

Michel Tremblay, « Sturm und Drang[1] », *Bonbons assortis*, 2010.

---

1. *Sturm und Drang* : ce titre signifie « tempête et passion ».

DOCUMENT B

Le Bernin, *Énée, Anchise et Ascagne*, 1618-1619

Énée porte son père Anchise, âgé et souffrant, sur son épaule. Derrière lui, se trouve son fils Ascagne. Ils fuient la ville de Troie assiégée et incendiée.

©Jemolo/Leemage

Sculpture en marbre, Rome.

TRAVAIL SUR LE TEXTE LITTÉRAIRE ET SUR L'IMAGE

50 POINTS • 1 h 10

Les réponses doivent être entièrement rédigées.

Grammaire et compétences linguistiques

▶ **1.** « Beau ?/Mais c'était la fin du monde ! » (l. 12-13)

a) Quels sont les deux types de phrases employés ? *(1 point)*

b) Quels sentiments sont ainsi exprimés ? *(1 point)*

▶ **2. a)** Quel est le niveau de langue utilisé dans le dialogue ? Relevez deux exemples et expliquez en quoi ils relèvent de ce niveau de langue. *(2 points)*

b) Comment expliquez-vous l'emploi de ce niveau de langue par le père ? *(1 point)*

▶ **3.** « […] plus rien ne me semblait dangereux parce que j'étais à vingt pieds du sol, dans les bras de mon père […] » (l. 30-31)

a) Identifiez le connecteur logique et donnez sa classe grammaticale. *(2 points)*

b) Quel rapport logique exprime ce connecteur ? *(1 point)*

c) Quelle conjonction de coordination exprime le même rapport logique ? *(1 point)*

▶ **4.** « Invincible » (l. 34)

a) Analysez la composition de ce mot. *(1 point)*

b) Expliquez son sens. *(1 point)*

c) Donnez sa classe grammaticale. *(1 point)*

▶ **5.** Réécrivez le passage suivant au passé composé. *(10 points)*

« La pluie nous tombait dessus, les éclairs éclataient, suivis du tonnerre qu'on prétendait si dangereux, les arbres étaient secoués par un vent violent et produisaient un bruissement […] » (l. 27-29).

Compréhension et compétences d'interprétation

▶ **6.** Qu'avez-vous compris de ce texte ? *(2 points)*

▶ **7.** Quel est le point de vue adopté dans ce texte ? Justifiez votre réponse avec au moins trois indices. *(4 points)*

▶ **8. a)** Dans le premier paragraphe, relevez deux figures de style que vous nommerez. *(2 points)*

b) À partir de cette réponse, de quelle manière le narrateur raconte-t-il l'orage ? *(2 points)*

▶ **9. a)** Quels sont les sentiments successifs ressentis par l'enfant ? *(2 points)*

b) Comment expliquez-vous cette succession ? *(2 points)*

▶ **10.** Dans ce récit, quel est le rôle du père ? Expliquez. *(4 points)*

▶ **11.** Selon vous, pour quelles raisons le narrateur décide-t-il de raconter cet épisode ? Vous vous appuierez précisément sur le texte. *(4 points)*

▶ **12.** Quelles ressemblances et quelles différences percevez-vous entre la sculpture et le texte ? Appuyez-vous entre autres sur la disposition des personnages. *(6 points)*

DICTÉE — 10 POINTS • 20 min

Le nom de l'auteur, le titre de l'œuvre, ainsi que « Robertine » et « hockey » sont écrits au tableau.

Michel Tremblay

« Sturm und drang », *Bonbons assortis,* 2010

On n'avait pourtant rien annoncé de particulier pour cette nuit-là, à part une belle pluie d'août qui viendrait enfin dissiper cette horrible et collante humidité que nous avions eue à endurer sans relâche plusieurs semaines de suite. Un front froid s'avançait [...]. Toute la maisonnée s'était préparée à cette pluie en soupirs de satisfaction et remarques désobligeantes pour le maudit été trop chaud, trop long, trop collant. Ma grand-mère prétendait soudain détester l'été, ma tante Robertine rêvait au mois d'octobre, mes frères parlaient déjà de hockey. Six mois plus tard, aux premiers frémissements du printemps, ils proféreraient des horreurs semblables au sujet de l'hiver.

RÉDACTION — 40 POINTS • 1 h 30

Vous traiterez au choix l'un des sujets suivants. Votre travail fera au moins deux pages (soit une cinquantaine de lignes).

Sujet d'imagination

Racontez un épisode heureux de votre enfance lors duquel un adulte a joué un rôle déterminant. Vous insisterez sur la succession des sentiments éprouvés. Vous évoquerez la leçon que vous en avez tirée.

Sujet de réflexion

Comment concevez-vous le rôle des parents dans l'éducation de leurs enfants ? Vous répondrez à cette question en développant plusieurs arguments.

LES CLÉS DU SUJET

■ Les documents

Le texte littéraire (document A)

Bonbons assortis est un recueil de nouvelles du romancier, dramaturge et scénariste québécois Michel Tremblay. Il y raconte des anecdotes sur son enfance. « Sturm und Drang » est la deuxième nouvelle du recueil.

L'image (document B)

L'œuvre en marbre du célèbre sculpteur italien Le Bernin (1598-1680) présente un émouvant trio : Énée, héros de *L'Énéide* de Virgile et fondateur mythique de la cité qui deviendra Rome, fuit Troie incendiée avec son tout jeune fils Ascagne (ou Iule), et son père Anchise, affaibli par l'âge. Ce dernier emporte avec lui les statuettes des Pénates, divinités protectrices de la cité alors qu'Ascagne porte le feu du foyer.

■ Rédaction (sujet d'imagination)

Recherche d'idées

• Prends le temps de retrouver dans les souvenirs de ton enfance un épisode heureux dans lequel un adulte a tenu un grand rôle. Si tu n'as pas un tel souvenir, tu peux en inventer un. Attache-toi alors à ce qu'il soit crédible et réaliste.

• Puise dans le lexique des sentiments pour exprimer ce que tu as ressenti : *peur*, *excitation*, *étonnement*, *surprise*, *stupéfaction*… pour finir par la *joie*, le *bonheur*, puisqu'il doit s'agir d'un souvenir heureux.

• Demande-toi ce que tu as appris : découverte de la tendresse, de la confiance en soi, d'un talent caché, d'un sport, d'un milieu…

Conseils de rédaction

Tu peux suivre le plan suivant qui t'est proposé dans le sujet : courte introduction ; récit de l'épisode et évocation des sentiments éprouvés ; en conclusion, la leçon que tu en as tirée.

■ Rédaction (sujet de réflexion)

Recherche d'idées

• Demande-toi ce que signifie pour toi éduquer un enfant. Les parents doivent-ils être sévères ou indulgents ? Un enfant peut-il s'épanouir sans l'amour de ses parents ? N'y a-t-il pas un risque à surprotéger un enfant ?

• Tu peux t'appuyer sur ton propre vécu, en tant qu'enfant, mais aussi t'inspirer de tes lectures (*L'Enfant* de Jules Vallès, *La Promesse de l'aube* de Romain Gary, l'extrait de la nouvelle de Michel Tremblay…), ou encore de films ou de reportages.

Conseils de rédaction

Organise tes arguments en paragraphes distincts. Tu peux les classer par ordre d'importance (*tout d'abord, ensuite, enfin*) ou adopter un plan de type « thèse, antithèse, synthèse » :

– argument 1 : les parents doivent avant tout aimer et protéger leurs enfants ;

– argument 2 : cependant, ils doivent éviter de les surprotéger, au risque de les étouffer.

CORRIGÉ 2

TRAVAIL SUR LE TEXTE LITTÉRAIRE ET SUR L'IMAGE

Grammaire et compétences linguistiques

▶ **1. a)** Les deux types de phrases employés sont la phrase interrogative et la phrase exclamative.

b) Les sentiments ainsi exprimés sont l'incompréhension et la peur, voire la terreur.

> INFO +
> Il existe quatre types de phrase : déclarative, interrogative, impérative et exclamative.

▶ **2. a)** Le niveau de langue employé est familier, comme en témoignent ces deux exemples tirés du texte : « Garde pas les yeux fermés comme ça » ; « Pis regarde ça… ».

Dans le premier exemple, la syntaxe est incorrecte : il manque la première partie de la négation, *ne*. Le second exemple présente une prononciation incorrecte du mot « puis ».

b) L'emploi de ce langage familier peut s'expliquer peut-être par le contexte social (que l'on ne connaît pas), et aussi par la situation familière dans laquelle se trouvent les deux personnages : un père qui s'adresse à son jeune fils. Il s'agit d'un échange oral sur un ton familier.

▶ **3. a)** Le connecteur logique est la conjonction de subordination « parce que ».

b) Il exprime un rapport de cause.

c) La conjonction de coordination « car » exprime le même rapport logique.

▶ **4. a)** Le mot « invincible » est composé du préfixe *in-* qui permet de créer des antonymes, du radical *-vinc-* et du suffixe *-ible* qui permet de créer des adjectifs.

b) Il signifie « qui ne peut être vaincu ».

c) C'est un adjectif qualificatif.

▶ **5.** *Les modifications sont en couleur.*

« La pluie nous est tombée dessus, les éclairs ont éclaté, suivis du tonnerre qu'on a prétendu si dangereux, les arbres ont été secoués par un vent violent et ont produit un bruissement [...] »

ATTENTION !
Veille à accorder le participe passé *tombé* avec le sujet (auxiliaire *être*) : *tombée.*

Compréhension et compétences d'interprétation

▶ **6.** Lors d'un orage particulièrement violent, Michel, le narrateur alors tout enfant, va découvrir en son père un héros protecteur entre les bras duquel il peut affronter en toute confiance les dangers les plus terrifiants, et cela le rend heureux.

▶ **7.** Le texte adopte le point de vue interne. Il s'agit du point de vue subjectif du narrateur. Il y a tout d'abord l'emploi de la première personne du singulier et du pluriel : « une trombe d'eau tiède nous submergea d'un seul coup ». Ensuite, nous entrons dans le dialogue intérieur du narrateur : « je me dis ça y est, c'est là qu'on meurt ! ». Enfin, il y a emploi de modalisateurs, de verbes qui expriment le doute, l'incompréhension : « sembler », « ignorer », « ne pas saisir »...

▶ **8. a)** Dans le premier paragraphe, on peut identifier deux figures de style.

Tout d'abord, il y a une comparaison introduite par la locution conjonctive « comme si » : « Comme si la nature s'était vengée [...] »

Ensuite, il y a une personnification du ciel et de la nature : « la colère du ciel », « vagues enragées » ; « la nature s'était vengée »

b) La nature, le ciel sont évoqués comme des divinités irascibles et vengeresses prêtes à punir les hommes pour quelque action sacrilège qu'ils auraient commise à leur encontre.

INFO +
Une personnification est une figure de style qui consiste à attribuer des propriétés humaines à un animal ou à une chose inanimée (objet concret ou abstraction).

▶ **9. a)** L'enfant ressent tout d'abord de la terreur. Mais cette terreur va se transformer en joie, en bonheur.

b) Cette succession de sentiments s'explique par l'intervention de son père qui va le prendre dans ses bras protecteurs pour lui faire affronter les éléments déchaînés : l'enfant a alors le sentiment que plus rien ne peut lui arriver.

▶ **10.** Dans ce récit, le père aide son fils à affronter ses peurs, ses terreurs d'enfant, pour mieux les surmonter. Il ne cherche pas à le surprotéger, mais à le confronter, sous sa protection, à des événements qui peuvent paraître terrifiants à un enfant. Il fait cela pour l'aider à grandir.

▶ **11.** Le narrateur choisit de raconter cet épisode, car il s'agit d'un des événements les plus marquants de son enfance : « je connus un des plus agréables vertiges de mon enfance. » ; « Protégé contre tout mal, rendu invincible par la présence de mon père qui affrontait la tempête au lieu de se cacher, j'étais l'enfant le plus heureux du monde. » C'est un événement fondateur pour lui : le jour où son père est devenu son héros. En le racontant, il lui rend hommage.

▶ **12.** Le texte comme la sculpture présentent la relation protectrice d'un père vis-à-vis de son enfant. Comme le père du narrateur, Énée protège son fils placé derrière lui et l'entraîne dans sa fuite loin de Troie qui vient d'être prise et mise à sac. Il s'agit de deux figures paternelles héroïques.

Cependant, l'œuvre du Bernin présente une différence importante avec le récit de Michel Tremblay. En effet, la sculpture comporte un troisième personnage : Énée porte sur son épaule son père, Anchise, vieillard affaibli par l'âge. Le héros latin est donc à la fois le protecteur de son fils et de son père.

DICTÉE

POINT MÉTHODE

1. Les noms féminins terminés par le son [té] ou [tié] s'écrivent *é*, sauf ceux qui expriment un contenu (*une assiettée, une pelletée*) et certains noms usuels (*dictée, portée, pâtée, jetée, montée*). Attention donc à ne pas mettre de *e* à la fin d'*humidité.*
2. Veille à bien accorder les participes passés :
   - le participe passé *eue* est employé avec l'auxiliaire *avoir* : il s'accorde avec le COD *que*, qui désigne *cette horrible et collante humidité*, car il est placé avant.
   - le participe passé *préparée* est employé avec l'auxiliaire *être* : il s'accorde avec le sujet *toute la maisonnée*.

On n'avait pourtant rien annoncé de particulier pour cette nuit-là, à part une belle pluie d'août qui viendrait enfin dissiper cette horrible et collante humidité que nous avions eue à endurer sans relâche plusieurs semaines de suite. Un front froid s'avançait […]. Toute la maisonnée s'était préparée à cette pluie en soupirs de satisfaction et remarques désobligeantes pour le maudit été trop chaud, trop long, trop collant. Ma grand-mère prétendait soudain détester l'été, ma tante Robertine rêvait au mois d'octobre, mes frères parlaient déjà de hockey. Six mois plus tard, aux premiers frémissements du printemps, ils proféreraient des horreurs semblables au sujet de l'hiver.

RÉDACTION

Voici un exemple de rédaction sur chacun des deux sujets.
Attention les indications entre crochets ne doivent pas figurer sur ta copie.

Sujet d'imagination

[Introduction] J'étais encore une toute petite fille lorsqu'une expérience d'un soir a changé ma vie.

[Récit de l'épisode] Je passais des vacances chez ma grand-mère. Elle avait l'habitude d'aller au théâtre une fois par mois, assister à la représentation d'une opérette. Je ne sais pas pourquoi, malgré mon très jeune âge, ma mère lui proposa de m'y emmener. Ce qu'elle fit. Je découvris alors la magie du théâtre, à commencer par celle du lieu : le velours rouge des fauteuils et du rideau de scène, le lustre majestueux du plafond qui scintillait de mille feux, les dorures…

[Évocation des sentiments ressentis] Au début, j'étais intimidée, tant ce que je voyais me paraissait somptueux, puis très vite je m'enhardis et partis explorer les lieux avant le début de la représentation. Ce qui me fascinait le plus, c'était la fosse d'orchestre avec tous les musiciens. Parmi eux, j'aimais particulièrement une harpiste.

> CONSEIL
> N'oublie pas de décrire les sentiments successifs que tu as ressentis en employant un lexique varié (*intimidée, m'enhardis, fascinait…*).

Lorsque le rideau se leva, sagement assise sur les genoux de ma grand-mère, je ne bougeai plus et suivis, émerveillée, toute la représentation. C'était si beau ! Je ne comprenais pas tout de l'intrigue, j'étais encore bien petite, mais j'étais subjuguée par les jeux de lumière, le décor, les costumes et la beauté des voix des chanteurs. Je me sentais pleinement heureuse, blottie contre ma grand-mère : c'était comme si elle m'avait transportée dans un univers féerique ; je souhaitais ne jamais en sortir.

[Conclusion] Bien sûr, tout a une fin et les applaudissements me tirèrent de mon rêve éveillé. Je serrai fort la main de ma grand-mère en sortant dans la nuit et me promis que, moi aussi, je monterais sur scène pour retrouver cette magie. Ce fut la naissance d'une vocation.

Sujet de réflexion

[Introduction : présentation de la question] Quel est le rôle des parents dans l'éducation des enfants ? Comment doivent-ils les accompagner dans leur développement jusqu'à l'âge adulte ?

[Aimer et protéger] Un père, une mère doivent apporter à leurs enfants les conditions idéales pour s'épanouir : la tendresse, la protection, la sécurité. En effet, un enfant doit se sentir aimé et protégé pour grandir et s'affirmer de façon équilibrée. Un enfant mal aimé risque de s'étioler, de se renfermer ou de développer de l'agressivité. Il pourrait reproduire plus tard, avec ses propres enfants, le type de relation qu'il a vécue.

[Ne pas surprotéger ni étouffer] Cependant, les parents doivent se garder de surprotéger leurs enfants, de les élever « dans du coton », selon l'expression populaire. Ils doivent aussi éviter de les étouffer, de ne vouloir les garder que pour eux. Sinon, ils risqueraient de leur rogner les ailes et de les empêcher de prendre leur envol.

Il faut au contraire qu'ils leur apprennent à surmonter leurs peurs et à s'affirmer. C'est ce que fait le père du petit Michel dans la nouvelle « Sturm und Drang ».

> **CONSEIL**
> N'hésite pas à t'appuyer sur le texte proposé dans le sujet.

[Entre sévérité et indulgence] Les parents doivent aussi trouver le juste équilibre entre sévérité et indulgence. Il ne faut pas tout laisser faire à un enfant au risque d'en faire un petit tyran, mais il ne faut pas non plus tout lui interdire. Un enfant a besoin de liberté pour faire son apprentissage du monde.

[Conclusion : synthèse] Être parent consiste donc à aimer et protéger sans surprotéger ni étouffer ; à être à la fois ferme et indulgent pour amener les enfants à devenir des êtres libres, heureux et prêts à s'affirmer dans le monde qui les entoure.

SUJET

3

Amérique du Nord • Juin 2018

100 points

La poésie du grenier à foin

DOCUMENT A **Texte littéraire**

Le narrateur évoque avec nostalgie les paysages féériques de campagnes et le grenier à foin dans lequel il jouait enfant. Ce monde est menacé de disparition...

C'est seulement au cinéma qu'on retrouve, aujourd'hui, la magie de ces paysages où les demeures semblent faites des mêmes pierres et du même bois que la montagne. Les fabricants d'effets qui font rêver les enfants – dans la saga du *Hobbit* ou *Le Seigneur des anneaux* – montrent un certain génie pour recréer ces maisons de chaume ou de torchis[1], tonneaux pleins de choux, ces garde-manger pleins de jambons et de bonnes bouteilles. Or ce monde fait pour enchanter la jeunesse du XXIe siècle n'est pas un produit de la fantaisie hollywoodienne. C'est la simple reproduction, un peu stylisée, d'un mode de vie disparu tout récemment, quoique les enfants n'en aient plus la moindre notion depuis que la normalisation économique, administrative et sécuritaire – qui est l'étape ultime de la modernité – étend partout son empire sans faille. Sauf en certains points reculés comme cette ferme où les fromages mûrissent toujours sur leurs égouttoirs ; où le ruisseau sort de la montagne pour s'écouler dans un bac en grès près de l'étable ; où les poules grimpent sur le tas de fumier grassement étalé qui se soucie peu de répondre aux critères de fabrication et de stockage du compost[2].

Rien, toutefois, n'égale pour moi la poésie du grenier à foin, ce grenier du rêve où je grimpe parfois, comme lorsque j'étais enfant, dans les fermes proches du Moulin. Compressé à grands coups de fourche sous la charpente, le fourrage passait l'hiver sans se dessécher dans cet immense espace obscur où il formait des monticules, des tours et des châteaux parfumés prêts pour accueillir nos jeux. J'ai toujours aimé gravir l'escalier de bois puis franchir la trappe qui permet d'accéder à ce royaume enchanté. Les brindilles s'accrochent aux planches, aux poutres, aux solives[3], sous les toiles d'araignée. À côté des monticules d'herbe encore verte et de fleurs des champs traînent quelques vieux chariots, quelques râteaux à foin édentés, quelques journaux jaunis d'avant 1940. Et peut-être ces greniers me font-ils tant rêver parce qu'ils évoquent les secrets de la mémoire, un mystère niché tout là-haut, sous le crâne, où s'accrochent des millions de lambeaux de souvenirs comme ces brindilles sous le toit de la maison.

Il me semble en tout cas que ce mode de vie méritait tout notre intérêt, tel un bien précieux ; que l'État et les communes auraient pu soutenir un modèle de recyclage et de production très ancien, au lieu d'encourager sa disparition. Aujourd'hui plus encore, quand la mondialisation des échanges impose partout une circulation frénétique[4], cette agriculture locale pourrait constituer un idéal prometteur. Rien n'y fait.

Benoît Duteurtre, *Livre pour adultes*, 2016,

1. Torchis : mélange de terre grasse et de paille ou de foin utilisé dans la construction d'un mur. 2. Compost : mélange de terre, de fumier et de résidus utilisé comme engrais. 3. Solives : pièces de charpente placées en appui sur les murs ou sur les poutres pour soutenir un plancher. 4. Frénétique : exaltée, ardente, folle.

DOCUMENT B **Photographie de Raymond Depardon, 1992**

Village de Sainte-Eulalie de Cernon (Aveyron).

TRAVAIL SUR LE TEXTE LITTÉRAIRE ET SUR L'IMAGE

50 POINTS • 1 h 10

Les réponses doivent être entièrement rédigées.

Grammaire et compétences linguistiques

▶ **1.** « Aujourd'hui plus encore, quand la mondialisation des échanges impose partout une circulation frénétique, cette agriculture locale pourrait constituer un idéal prometteur. » (l. 37-40)
Identifiez le temps du verbe souligné et précisez sa valeur dans cette phrase. *(3 points)*

▶ **2.** Réécrivez l'extrait ci-dessous en mettant le groupe souligné au pluriel. Vous ferez toutes les modifications nécessaires. *(10 points)*
« Compressé à grands coups de fourche sous la charpente, le fourrage passait l'hiver sans se dessécher dans cet immense espace obscur où il formait des monticules, des tours et des châteaux parfumés prêts pour accueillir nos jeux. » (l. 21-24)

▶ **3.** « Rien, toutefois, n'égale pour moi la poésie du grenier à foin [...] » (l. 19).
Relevez le verbe dans la proposition ci-dessus et indiquez quel est son sujet. *(3 points)*

▶ **4.** « Les brindilles s'accrochent aux planches, aux poutres, aux solives, sous les toiles d'araignée. » (l. 26-27)
Dans cette phrase, relevez un complément de verbe puis un complément de phrase. *(4 points)*

Compréhension et compétences d'interprétation

▶ **5.** Pourquoi le « grenier à foin », évoqué au début du second paragraphe (l. 19), est-il si important pour le narrateur ? *(5 points)*

▶ **6.** Dans le premier paragraphe (l. 1-18), relevez trois éléments qui caractérisent ce « mode de vie disparu » dont parle le narrateur et justifiez votre choix. *(4 points)*

▶ **7.** « [...] le fourrage passait l'hiver sans se dessécher dans cet immense espace obscur où il formait des monticules, *des tours et des châteaux parfumés prêts pour accueillir nos jeux.* » (l. 22-24)
a) Quelle est la figure de style utilisée dans le passage en italique ? Quel est l'effet produit ? *(4 points)*
b) Citez d'autres expressions du paragraphe (l. 19-33) qui développent cette image. *(3 points)*

▶ **8.** « Il me semble en tout cas que ce mode de vie méritait tout notre intérêt, tel un bien précieux [...] » (l. 34-35).
Selon vous, en quoi « ce mode vie » évoqué dans le texte peut-il, en effet, constituer « un bien précieux » ? *(7 points)*

▶ **9.** En quoi la photographie et le texte proposent-ils une vision de la campagne comme « un royaume enchanté » ? *(7 points)*

DICTÉE — 10 POINTS • 20 min

Le nom de l'auteur, le titre de l'œuvre ainsi que « 1960 » sont écrits au tableau.

Benoît Duteurtre
Livre pour adultes, 2016

Au temps de ma petite enfance, dans les années 1960, les villageois de mon âge avaient encore un air farouche et sauvage. Ils vivaient dans ces fermes perdues et fréquentaient la classe unique de l'école communale où, l'hiver, ils se rendaient à pied dans la neige. Au cours des années suivantes, en pleine période de « croissance », les routes se sont élargies, les supermarchés se sont implantés, le téléphone et la télévision sont arrivés dans la vallée. Les enfants ont grandi et trouvé des emplois en ville. Certains sont devenus ouvriers, d'autres ingénieurs. Les exploitations agricoles ont dépéri avec leurs vieux parents.

RÉDACTION — 40 POINTS • 1 h 30

Vous traiterez au choix l'un des sujets suivants. Votre travail fera au moins deux pages (soit une cinquantaine de lignes).

Sujet d'imagination

Comme Benoît Duteurtre, vous retournez dans un lieu qui a marqué votre enfance.
Vous décrirez les transformations qui ont modifié cet endroit et les souvenirs qui surgissent alors. Vous insisterez sur les sentiments et les sensations associés à ces souvenirs.
Votre texte mêlera récit et description.

Sujet de réflexion

Aux yeux du narrateur, rien « n'égale la poésie du grenier à foin. »
Pensez-vous que l'on puisse trouver aussi de la poésie et du mystère dans les grandes villes modernes ?
Vous répondrez à cette question en vous appuyant sur vos connaissances, vos lectures et votre culture personnelle.

LES CLÉS DU SUJET

■ Les documents

Le texte littéraire (document A)

Livre pour adultes est un ouvrage mêlant différents types d'écrits : narration de souvenirs personnels, réflexions, épisodes de fiction. Dans cet extrait, les premier et troisième paragraphes présentent des réflexions, tandis que le second évoque avec nostalgie un passé qui semble révolu.

L'image (document B)

Célèbre photographe et réalisateur de films documentaires, Raymond Depardon revendique dans ses images une certaine subjectivité. La photographie présente le face-à-face de deux enfants juchés sur des bottes de foin ; elle date de 1992, mais aurait pu être prise cinquante ans auparavant.

■ Rédaction (sujet d'imagination)

Recherche d'idées

• Souviens-toi d'un lieu qui a marqué ton enfance : mieux vaut en avoir une idée précise pour donner des détails vraisemblables.

• Les sentiments associés aux souvenirs peuvent être positifs ou négatifs.

Conseils de rédaction

• Commence par raconter les circonstances dans lesquelles tu redécouvres ce lieu. Consacre les paragraphes suivants à la description de cet endroit : tel qu'il était auparavant et tel qu'il est maintenant.

• Emploie un vocabulaire propre à ton ressenti : surprise (*stupéfait*, *ébahi*), joie (*ravi*, *émerveillé*), déception (*chagriné*, *dépité*).

■ Rédaction (sujet de réflexion)

Recherche d'idées

• Définis les mots « poésie » et « mystère ». Tu peux partir du sens que le texte leur donne (invitation au rêve, lieu propice à l'imagination) ou leur donner un sens plus personnel : beauté, recherche artistique.

• Tu peux rédiger une réponse tranchée ou, au contraire, nuancée : la poésie et le mystère semblent impossibles en ville, pourtant des artistes, par leurs œuvres, réussissent à faire de la ville un lieu poétique.

Conseils de rédaction

• Dresse au brouillon une liste d'exemples à utiliser, tirés de ta vie personnelle (ton expérience des grandes villes), de tes connaissances (mode de vie urbain), de ta culture personnelle (artistes s'inspirant de la ville).

• Si tu optes pour une réponse nuancée, fais en sorte de ne pas te contredire d'une partie sur l'autre.

CORRIGÉ 3

TRAVAIL SUR LE TEXTE LITTÉRAIRE ET SUR L'IMAGE

Grammaire et compétences linguistiques

▶ **1.** Le verbe « pourrait » est conjugué au conditionnel présent. Le conditionnel est le mode de l'imaginaire, de l'hypothèse. Ici, l'action exprimée par le verbe est considérée comme possible dans l'avenir (valeur de potentiel).

> INFO +
> On distingue plusieurs valeurs pour le conditionnel : la supposition, l'atténuation, l'hypothèse (valeurs de potentiel, d'irréel du présent ou d'irréel du passé).

▶ **2.** *Les modifications sont en couleur.*

Compressés à grands coups de fourche sous la charpente, les fourrages passaient l'hiver sans se dessécher dans cet immense espace obscur où ils formaient des monticules, des tours et des châteaux parfumés prêts pour accueillir nos jeux.

▶ **3.** Le verbe « égale » a pour sujet le pronom indéfini « rien ».

▶ **4.** « Aux planches » est un complément de verbe, au même titre que « aux poutres » ou « aux solives ». Il n'y a en revanche qu'un seul complément de phrase : « sous les toiles d'araignée ».

> INFO +
> On repère un complément de phrase à sa place variable dans la phrase : ici, on peut le déplacer en tête de phrase, avant le verbe, après le verbe, en fin de phrase.

Compréhension et compétences d'interprétation

▶ **5.** Le grenier à foin fait référence à un souvenir réel du narrateur, lorsqu'il était enfant et prenait plaisir à pénétrer dans « ce royaume enchanté » où tous les jeux étaient possibles. Adulte, le narrateur se réfugie parfois dans un grenier « du rêve » inspiré de celui où il grimpait enfant. Le grenier à foin est important, car il fonctionne comme un symbole des plaisirs et pouvoirs de l'imagination, et des secrets de la mémoire.

▶ **6.** Le mode de vie disparu dont parle le narrateur se caractérise par la présence d'animaux (« les poules, les oies, les canards et les cochons ») ; la nourriture produite sur place (« tonneaux pleins de choux », « où les fromages mûrissent toujours sur leurs égouttoirs ») ; l'usage de matériaux naturels (« maisons de chaume ou de torchis », « sols en terre battue », récupération de l'eau du ruisseau, « tas de fumier »). Toutes ces notations renvoient à un mode de vie rural et paysan, mis à mal par « la mondialisation des échanges ».

▶ **7. a)** La figure de style utilisée est une métaphore, qui transforme le tas de foin en édifices de contes de fées ; l'effet produit est alors double : insister sur la hauteur des monticules et, en même temps, les faire passer du domaine du réel à celui du rêve et de l'imaginaire.

b) Les expressions « royaume enchanté » (l. 26) et « mystère niché tout là-haut » (l. 31) développent cette image dans la suite du paragraphe.

▶ **8.** Le mode de vie rural et traditionnel évoqué dans le texte peut en effet constituer « un bien précieux » : la modernisation et le désir de rentabilité ont produit des désastres écologiques, qu'un mode de vie plus traditionnel aurait sans doute réussi à limiter. L'utilisation des ressources locales (eau, cultures) et le goût d'une vie plus simple et plus saine pourraient éviter des transports de marchandises coûteux et les problèmes de santé induits par l'utilisation de pesticides.

▶ **9.** La photographie montre deux enfants, debout sur des bottes de foin, au moins aussi grandes qu'eux. Dans cet univers campagnard, le terrain de jeux choisi par les enfants semble très vaste, et correspond à cette image du « royaume enchanté » présente dans le texte de Benoît Duteurtre. L'arche de pierre qui les abrite paraît dater d'une époque révolue, où « les demeures semblent faites des mêmes pierres et du même bois que la montagne ». On pourrait croire que cette photographie a été prise à l'époque de l'enfance du narrateur du texte, si la date ne nous indiquait pas son caractère récent.

DICTÉE

POINT MÉTHODE

1 La dictée compte de nombreux participes passés : employés avec l'auxiliaire *être*, ils s'accordent avec le sujet ; mais ils ne s'accordent pas avec celui-ci s'ils sont employés avec *avoir*.

2 Attention, deux participes passés sont utilisés avec des verbes pronominaux à sens passif : le participe doit alors s'accorder avec le sujet.

3 Retiens ces expressions qui s'écrivent au singulier : *à pied*, *en ville*.

Au temps de ma petite enfance, dans les années 1960, les villageois de mon âge avaient encore un air farouche et sauvage. Ils vivaient dans ces fermes perdues et fréquentaient la classe unique de l'école communale où, l'hiver, ils se rendaient à pied dans la neige. Au cours des années suivantes, en pleine période de « croissance », les routes se sont élargies, les supermarchés se sont implantés, le téléphone et la télévision sont arrivés dans la vallée. Les enfants ont grandi et trouvé des emplois en ville. Certains sont devenus ouvriers, d'autres ingénieurs. Les exploitations agricoles ont dépéri avec leurs vieux parents.

RÉDACTION

Voici un exemple de rédaction sur chacun des deux sujets.
Attention les indications entre crochets ne doivent pas figurer sur ta copie.

Sujet d'imagination

[Mise en place du récit] L'autre jour, avec mes parents, nous sommes passés revoir la demeure qui avait appartenu à mon arrière-grand-mère. Lorsque j'étais petite, on m'y envoyait l'été ; mon arrière-grand-mère vivait seule dans cette grande maison, à la campagne, près de Bordeaux.

[Souvenirs] J'en garde le souvenir d'étés interminables. À la chaleur de l'extérieur s'opposait la fraîcheur de la maison. J'étais seule et m'ennuyais. Je parcourais les pièces innombrables qui ne servaient jamais, inventais des jeux dans ma tête, et cherchais un improbable coffre-fort derrière tous les tableaux.
À table, seul le tic-tac de l'horloge se faisait entendre, et les repas étaient longs… Mais les après-midi étaient de vrais moments de plaisir, que je passais dehors, à me rouler dans l'herbe, à poursuivre les chats, à observer les vaches ou à me cacher dans les vignes. Heureusement, la campagne était vaste.

> CONSEIL
> Tu peux faire apparaître le vocabulaire des sentiments et des sensations dans toutes les étapes de ton récit.

[Description] Mais, surprise ! Lorsque nous nous sommes arrêtés devant la maison, je me suis rendu compte des changements opérés : l'autoroute passait désormais à proximité ; on la voyait… et on l'entendait. Des champs et des vaches aux alentours : nulle trace. Horrifiée, j'ai découvert tous les petits pavillons et leurs minuscules jardins qui entouraient désormais la maison, délabrée et anachronique. Partout des voitures, et le bruit constant de l'autoroute. Comment, en l'espace de sept ans, cet endroit avait-il pu changer autant ?

[Conclusion de l'épisode] J'étais abasourdie. Et pourtant, ce n'était pas un lieu auquel je pensais souvent ; mais j'étais écœurée de le voir ainsi dégradé par tous ces changements. C'est alors que sur le seuil de la maison apparut un petit garçon ; agitant sa peluche, il éclata de rire en apercevant un papillon et se mit à le poursuivre, réveillant un peu, pour moi, les joies d'autrefois.

Sujet de réflexion

[Introduction] Benoît Duteurtre associe le grenier à foin des jeux de son enfance au rêve et à l'imagination. Les villes modernes sont-elles totalement dénuées de la poésie et du mystère que l'auteur trouvait dans l'univers campagnard de son enfance ?

[La ville semble incompatible avec la poésie] Les grandes villes se caractérisent par une occupation intense de l'espace. La concentration est forte, les espaces verts sont rares ; les terrains de jeux pour les enfants sont encadrés, délimités, réglementés. Près de chez moi, le petit square où jouent les enfants compte cinq zones de jeux, et cinq panneaux d'interdiction ! Dans cet univers bien strict, les secrets et les mystères semblent improbables.

[La poésie s'invite pourtant en ville] Toutefois, on peut aussi parfois trouver une part de poésie en ville. Certains lieux, qui peuvent paraître à première vue lugubres et déprimants, sont investis par des artistes. Le principe du *street art* n'est-il pas de mettre de la poésie dans un lieu qui en est *a priori* totalement dépourvu, comme a pu le faire l'artiste Banksy ? Plus modestement, les messages des anonymes qui ornent les murs des grandes villes sont parfois aussi des appels à l'imagination.

> GAGNE DES POINTS
> Dynamise ta réflexion par l'usage de types de phrase variés : phrases interrogatives ou exclamatives.

[La poésie ne dépend pas d'un lieu] Enfin, le principe de l'imagination et de la poésie n'est-il pas de permettre de dépasser les limites du réel ? En ce sens, on peut trouver poésie et mystère dans n'importe quel lieu, pour peu que l'esprit soit désireux d'en créer. Certains poètes ont ainsi écrit en prison, comme Verlaine.

[Conclusion] La ville moderne semble incompatible avec la poésie et le mystère. Mais il est possible de faire de l'univers urbain un lieu d'expression artistique et de beauté. En définitive, le pouvoir de l'imagination est tel qu'il peut s'appuyer sur différents lieux.

SUJET

4

D'après Polynésie française • Septembre 2017

100 points

FRANÇAIS

Deux tempêtes dévastatrices

DOCUMENT A **Texte littéraire**

À dix années de distance, les deux catastrophes ont emprunté le même chemin. Le 26 décembre 1999, quand la tempête baptisée Martin a déferlé sur l'Europe, je venais tout juste d'emménager dans La Jeanne-Marcelle, une sorte de manoir bâti deux siècles plus tôt sur les ruines d'un château incendié lors des troubles révolutionnaires. Je dormais dans l'une des chambres refaites, sous les combles, lorsque les premières bourrasques avaient fait grincer la charpente, et je m'étais laissé un moment bercer par ce qui, dans mes songes, s'apparentait au travail du bois d'un navire chahuté par les flots. Un craquement de naufrage m'avait jeté hors du lit. Je m'étais précipité vers la fenêtre pour voir le faîte d'un orme[1] tomber au milieu du mail[2] bordé d'arbres centenaires qui menait à la grille. Le vent imprimait ses marques sur le paysage, comme une main gigantesque agitant une chevelure. Une rafale d'une force inouïe s'était soudain frayé un passage dans cette nature mouvante, courbant tout ce qui acceptait de se soumettre, détruisant la moindre résistance. En une seconde, plus rien ne subsistait de cette allée majestueuse, qu'un enchevêtrement de branches maîtresses, au sol, d'où émergeaient les blessures blafardes des troncs brisés. Un cimetière, sous la lune.

Dix ans plus tard, les paulownias[1] qui ont remplacé les ormes meurtris n'ont eu à subir aucune attaque, et le déferlement rageur de Xynthia, en février 2009, les a simplement débarrassés de leurs bois morts. Le danger, cette fois, n'a pas pris la forme impalpable des airs mais celle tout aussi imparable des eaux. La tempête s'est alliée aux grandes marées, au vent de mer, pour bousculer les obstacles que la patience humaine avait disposés pour protéger ses refuges. Les flots venus de l'océan ont envahi l'embouchure des fleuves, des rivières, emportant tout sur leur passage, barques, baraques sur pilotis, matériel ostréicole, pierraille arrachée aux digues… Des corps aussi, par dizaines. […] Deux heures plus tard, quand les éléments avaient fini par se calmer, j'étais allé me coucher dans mon manoir transformé en île.

Didier Daeninckx, « Cimetière d'Afrique »,
in *L'Espoir en contrebande*, 2003.

1. Orme, paulownias : arbres qui poussent en France métropolitaine.
2. Mail : chemin de promenade public.

DOCUMENT B **Lasserpe, dessin publié dans *Sud-Ouest.fr***

TRAVAIL SUR LE TEXTE LITTÉRAIRE ET SUR L'IMAGE 50 POINTS • 1 H 10

Les réponses doivent être entièrement rédigées.

Grammaire et compétences linguistiques

▶ **1.** « impalpable », « imparable » : comment ces mots sont-ils formés ? Quel avertissement apportent-ils sur la suite de l'histoire ? *(4 points)*

▶ **2.** « Un cimetière, sous la lune » : quelle particularité présente cette phrase ? Quel événement tragique du deuxième paragraphe annonce le terme « cimetière » ? Développez votre réponse. *(4 points)*

▶ **3.** « Les flots venus de l'océan ont envahi l'embouchure des fleuves, des rivières, emportant tout sur leur passage, barques, baraques sur pilotis, matériel ostréicole, pierraille arrachée aux digues… Des corps aussi, par dizaines. » (l. 26-30)

a) Donnez la classe grammaticale et la fonction du mot « tout ». *(2 points)*

b) Par quoi est-il ensuite développé ? *(2 points)*

c) Quelle est l'impression produite ? *(2 points)*

▶ **4.** « La tempête s'est alliée aux grandes marées, au vent de mer, pour bousculer les obstacles que la patience humaine avait disposés pour protéger ses refuges. » (l. 24-26)
Réécrivez ce passage en remplaçant respectivement « La tempête » par « Les ouragans », « les obstacles » par « les constructions », « la patience humaine » par « les hommes ». Procédez à toutes les transformations nécessaires. *(10 points)*

Compréhension et compétences d'interprétation

▶ **5.** Qu'évoque ce texte à deux reprises ? Détaillez votre réponse. *(4 points)*

▶ **6.** Quel point de vue est employé dans ce récit ? Justifiez. Pourquoi l'auteur a-t-il choisi ce point de vue ? *(3 points)*

▶ **7.** Quels sont les deux sens avec lesquels le héros-narrateur perçoit les événements dans le premier paragraphe ? Justifiez votre réponse en relevant dans le texte des termes précis. *(3 points)*

▶ **8.** « les blessures blafardes des troncs brisés » (l. 19), « les ormes meurtris » (l. 20-21), « le déferlement rageur de Xynthia » (l. 21-22), « La tempête s'est alliée aux grandes marées » (l. 24-25) :

a) Comment appelle-t-on la figure de style employée ? *(2 points)*

b) Quel effet permet-elle dans ce texte ? *(2 points)*

▶ **9.** Expliquez la comparaison finale du manoir avec une « île ». *(2 points)*

▶ **10.** Selon son étymologie grecque, « catastrophe » signifie « bouleversement ». En quoi les événements vécus par le héros-narrateur constituent-ils un bouleversement pour lui ? *(2 points)*

▶ **11.** Que montre le dessin ? Répondez en détail et mettez en relation les éléments décrits. *(4 points)*

▶ **12.** Quel rapport établissez-vous avec le texte ? Quel ton l'artiste emploie-t-il dans son dessin et quel est son but ? Justifiez. *(4 points)*

DICTÉE 10 POINTS • 20 MIN

Les chiffres simples (en un mot) doivent être écrits en toutes lettres.
Les mots suivants sont écrits au tableau : « Alan », « îles Sous-le-Vent », « Huahine », « Tahiti », « Météo France », « Polynésie », « El Niño ».

Article publié dans *La Dépêche du Midi*
27 avril 1998

La dépression Alan qui a frappé au cours du week-end les îles Sous-le-Vent, a fait au moins huit morts, un disparu, une vingtaine de blessés et a causé d'importants dégâts.

L'île de Huahine a été balayée dans la nuit de samedi à dimanche par des vents forts et des pluies abondantes provoqués par la dépression Alan. Hier matin, la dépression a repris sa progression est-sud-est et se trouvait à une centaine de kilomètres au nord de l'île de Tahiti. Météo France prévoit pour la journée de fortes pluies et des vents violents ; les mêmes consignes de sécurité que pour la population des îles Sous-le-Vent ont été données aux habitants de Tahiti.

La Polynésie aura payé un très lourd tribut au phénomène El Niño et à la saison cyclonique qu'il a provoquée : depuis le mois de novembre 97, cinq dépressions ou tempêtes tropicales ont entraîné la mort de 26 personnes dont de nombreux enfants, totalement ravagé deux îles, et causé des millions de dégâts.

RÉDACTION 40 POINTS • 1 H 30

Vous traiterez au choix l'un des sujets suivants. Votre texte comportera au moins deux pages.

Sujet d'imagination

Imaginez que vous vous retrouviez au sein d'une catastrophe naturelle ; racontez comment elle se déroule, du début jusqu'à la fin. Vous décrirez ses conséquences et vos réactions face à cet événement exceptionnel.

Sujet de réflexion

Vous êtes un scientifique de renommée mondiale et on fait appel à vous lors d'une réunion à l'ONU pour présenter un projet de sauvegarde de la planète. Dans un premier temps, vous soulignerez les problèmes actuels afin de sensibiliser votre auditoire au réchauffement climatique et ses conséquences ; dans un second temps, vous chercherez à convaincre les responsables gouvernementaux d'entreprendre des actions précises qui permettront, selon vous, de répondre aux problèmes exposés auparavant. Vous rédigerez ce discours dans un développement argumenté et organisé.

LES CLÉS DU SUJET

Les documents

Le texte littéraire (document A)

Didier Daeninckx est un auteur de romans noirs, de littérature pour la jeunesse et de nouvelles qui décrivent le quotidien sous un jour tantôt tragique, tantôt ironique. Le texte est un extrait de « Cimetière d'Afrique » qui se trouve dans le recueil *L'Espoir en contrebande*, prix Goncourt de la nouvelle en 2012. Les deux tempêtes évoquées ont dévasté une partie de la France en 1999 et 2009.

L'image (document B)

Il s'agit d'un dessin de presse satirique du dessinateur Lasserpe. Il est paru sur le site Internet du journal *Sud-Ouest* en 2009, après le passage de la tempête dévastatrice Xynthia et du raz de marée qui a submergé principalement les côtes vendéennes.

Rédaction (sujet d'imagination)

Recherche d'idées

- Commence par choisir le type de catastrophe naturelle que tu vas affronter : séisme, éruption volcanique, tsunami, ouragan, crue… Essaie de te remémorer les reportages ou les articles que tu as pu voir ou lire sur ces sujets.
- Choisis le lieu de la catastrophe : en France ou dans un autre pays ? Sois crédible : par exemple, il ne peut pas y avoir d'éruption volcanique à Paris, mais une crue catastrophique de la Seine est envisageable.

Conseils de rédaction

En introduction, précise les circonstances de l'événement : où te trouves-tu ? avec qui ? pourquoi ? Tu peux ensuite organiser ton récit en deux parties :

1. Les signes avant-coureurs de la catastrophe, puis son déchaînement.
2. Tes réactions successives : impressions, sentiments, actions…

Pour conclure, décris les lieux après le passage de la catastrophe. Exprime tes sentiments : cet événement a-t-il changé ta manière de voir la vie, le monde qui t'entoure ?

Rédaction (sujet de réflexion)

Recherche d'idées

• Interroge-toi sur les conséquences du réchauffement climatique : fonte des glaces, montée du niveau de la mer, disparition d'espèces animales… Appuie-toi sur ce que tu as pu étudier en cours, voir dans des reportages ou lire dans les journaux.

• Livre-toi aussi à une réflexion personnelle sur ce que les gouvernements et tout un chacun pourraient faire pour lutter contre la pollution, principale cause du réchauffement du climat de notre planète.

Conseils de rédaction

Commence par une formule d'introduction et n'oublie pas de te présenter (tu es un grand scientifique mondialement reconnu !). Respecte le plan qui t'est proposé dans le sujet lui-même : présente d'abord les conséquences du réchauffement climatique, puis les actions à mettre en œuvre pour protéger la planète. N'oublie pas de conclure.

CORRIGÉ 4

TRAVAIL SUR LE TEXTE LITTÉRAIRE ET SUR L'IMAGE

Grammaire et compétences linguistiques

▶ **1.** Les mots « impalpable » et « imparable » sont formés selon le même modèle : le préfixe *im-* qui indique le contraire et le suffixe *-able* qui permet de former des adjectifs encadrent le radical (*palp* et *par*). Ces deux adjectifs annoncent la catastrophe à venir comme quelque chose d'imprévisible et d'inéluctable auquel il est impossible de résister.

▶ **2.** « Un cimetière, sous la lune » : il s'agit d'une phrase nominale (ou non verbale). Le terme « cimetière » annonce un événement tragique du deuxième paragraphe : ce ne sont pas seulement des éléments matériels qui sont emportés par les flots, mais des « corps aussi, par dizaines ». La tempête Xynthia a été meurtrière, elle a tué des hommes.

▶ **3. a)** « Tout » est un pronom indéfini. Il est complément d'objet direct du verbe « emporter ».

b) Il est suivi d'une énumération de cinq noms ou groupes nominaux COD : « barques, baraques sur pilotis, matériel ostréicole, pierraille arrachée aux digues… Des corps aussi, par dizaines. »

c) Cela donne l'impression d'un flux irrépressible d'éléments hétérogènes emportés par la puissance des flots. Il s'agit d'une gradation : l'énumération se termine par la vision tragique de corps sans vie charriés par la crue.

▶ **4.** *Les modifications sont en couleur.*

« Les ouragans se sont alliés aux grandes marées, au vent de mer, pour bousculer les constructions que les hommes avaient disposées pour protéger leurs refuges. »

REMARQUE
Le participe passé *disposées* est employé avec l'auxiliaire *avoir* et s'accorde avec le COD placé devant *que*, mis pour *les constructions*.

Compréhension et compétences d'interprétation

▶ **5.** Le texte évoque deux catastrophes naturelles subies par le narrateur dans son manoir : les tempêtes Martin (1999) et Xynthia (2009).

▶ **6.** Le point de vue employé par l'auteur est le point de vue interne. C'est un récit à la 1re personne du singulier (« Je »). Il s'agit d'un témoignage vécu.

INFO +
Il existe trois points de vue : interne, externe et omniscient.

▶ **7.** Tout d'abord, le narrateur perçoit les événements au moyen de l'ouïe, puisqu'il est couché. Ce sont les bruits qui l'alertent : « les premières bourrasques avaient fait grincer la charpente », « je m'étais laissé un moment bercer par ce qui, dans mes songes, s'apparentait au travail du bois d'un navire chahuté par les flots. Un craquement de naufrage m'avait jeté hors du lit. »

Ensuite, c'est la vue qui prend le relais : « Je m'étais précipité vers la fenêtre pour voir le faîte d'un orme tomber au milieu du mail. »

▶ **8. a)** La figure de style employée est la personnification.

b) Les personnifications apportent une plus grande dramatisation des faits. La tempête prend vie : elle est évoquée comme une armée en furie, s'alliant à d'autres ennemis pour venir tout dévaster avant de se calmer. Les arbres sont décrits comme des victimes, des soldats « blessés », « meurtris » après le passage de l'armée ennemie.

INFO +
La personnification est une figure de style qui consiste à attribuer des propriétés humaines à une chose inanimée ou abstraite.

▶ **9.** Le manoir est comparé à une île, car il est entouré d'eau : toutes les terres environnantes ont été submergées par les flots.

▶ **10.** Les événements vécus par le narrateur ont été particulièrement traumatisants, comme pourrait l'être une guerre. Il a vécu deux cataclysmes. La violence des vents et des flots a dévasté son univers et laissé des images indélébiles d'arbres brisés, mais aussi et surtout de corps humains sans vie.

▶ **11.** Le dessin de presse de Lasserpe montre un homme réfugié sur le toit de sa maison et son chat juché sur la cime d'un arbre. Tout autour, le paysage a disparu sous les eaux. Au-dessus de l'image, une légende évoque le coût financier de la tempête Xynthia. Le personnage, sonné et anéanti par l'expérience traumatisante qu'il est en train de vivre, s'adresse au lecteur et à l'État pour leur demander une aide financière.

▶ **12.** Le dessin correspond parfaitement à la situation du narrateur prisonnier de son manoir transformé en île, isolé par les flots. Le dessinateur de presse, Lasserpe, utilise l'humour et joue avec les mots pour dénoncer l'urgence de la situation : le mot « liquide » employé ici pour parler de l'argent, des espèces – billets de banque et pièces de monnaie – résonne ironiquement et prend un double sens, par association d'idées avec la crue meurtrière.

DICTÉE

POINT MÉTHODE

1 Attention à l'accord du participe passé employé avec *avoir* : il s'accorde avec le COD uniquement s'il est placé avant. Dans la dictée, tous les COD sauf un sont placés après, le participe passé ne s'accorde donc pas (*frappé*, *causé*…). Seule exception, le participe passé *provoquée* s'accorde avec le COD placé avant *qu'* mis pour *la saison cyclonique*.

2 Le participe passé employé avec *être* s'accorde avec le sujet. Ainsi *balayée* s'accorde avec le sujet *L'île de Huahine* et *données* avec *les mêmes consignes de sécurité*.

La dépression Alan qui a frappé au cours du week-end les îles Sous-le-Vent, a fait au moins huit morts, un disparu, une vingtaine de blessés et a causé d'importants dégâts.

L'île de Huahine a été balayée dans la nuit de samedi à dimanche par des vents forts et des pluies abondantes provoqués par la dépression Alan. Hier matin, la dépression a repris sa progression est-sud-est et se trouvait à une centaine de kilomètres au nord de l'île de Tahiti. Météo France prévoit pour la journée de fortes pluies et des vents violents ; les mêmes consignes de sécurité que pour la population des îles Sous-le-Vent ont été données aux habitants de Tahiti.

La Polynésie aura payé un très lourd tribut au phénomène El Niño et à la saison cyclonique qu'il a provoquée : depuis le mois de novembre 97, cinq dépressions ou tempêtes tropicales ont entraîné la mort de 26 personnes dont de nombreux enfants, totalement ravagé deux îles, et causé des millions de dégâts.

RÉDACTION

Voici un exemple de rédaction sur chacun des deux sujets.
Attention les indications entre crochets ne doivent pas figurer sur ta copie.

Sujet d'imagination

[Introduction] J'étais en vacances avec deux amis en Indonésie. Nous étions dans notre chambre d'hôtel, au cinquième et dernier étage, et nous nous apprêtions à nous rendre à la piscine.

[Récit de la catastrophe naturelle] Soudain, un étrange silence s'est fait : nous nous sommes approchés de la fenêtre et avons d'abord remarqué que les vacanciers présents sur la plage regardaient fixement un point à l'horizon, comme stupéfaits, paralysés par la surprise. C'est alors que nous l'avons vue : une vague gigantesque déferlait vers nous à la vitesse d'un cheval au galop. C'était un spectacle à la fois stupéfiant et terrifiant. On aurait dit une armée de cavaliers fonçant pour nous anéantir, envahisseurs venus d'ailleurs pour tout ravager sur leur passage.

> CONSEIL
> Tu peux imaginer, à la manière de Didier Daeninckx, des comparaisons, métaphores ou personnifications pour donner plus de force à ton texte.

Déjà les fragiles embarcations de pêcheurs étaient avalées par la vague géante qui se ruait vers nous. Le bruit était devenu assourdissant et couvrait le cri des baigneurs qui avaient commencé à fuir en désordre vers l'hôtel à la recherche d'un refuge. La vague a envahi la plage désertée et a submergé les constructions les plus basses. Les vacanciers, paniqués, cherchaient à s'agripper à tout ce qu'ils pouvaient pour éviter d'être emportés par les eaux : arbres, balcons…

[Conséquences et réactions] De notre étage élevé, nous avons vu la mer envahir l'hôtel. Nous étions tétanisés par l'horreur de la situation. De crainte de voir les eaux monter encore, nous avons grimpé sur le toit. De là, nous dominions un paysage méconnaissable, dévasté : ce qui avait été un lieu paradisiaque n'était plus qu'une immense étendue liquide. Ci et là, quelques rescapés surnageaient accrochés à des branches d'arbres ou à des objets divers, attendant les secours qui n'allaient pas tarder à s'organiser, du moins l'espérions-nous.

[Conclusion] Ce n'est qu'après que nous avons mis le mot « tsunami » sur la catastrophe. Nous avons terminé notre séjour en participant à l'aide humanitaire mise en place. Cette expérience traumatisante nous a profondément et durablement changés.

Sujet de réflexion

Mesdames et Messieurs,

[Introduction] Je suis extrêmement flatté(e) d'avoir été convié(e) en tant que scientifique, à l'ONU, pour vous parler d'un combat qui nous concerne tous : sauver la planète des terribles périls que lui fait courir le réchauffement climatique.

[Les conséquences du réchauffement climatique] J'aimerais en premier lieu vous rappeler quelques-unes des conséquences dramatiques du réchauffement climatique pour notre planète. Tout d'abord, celui-ci entraîne la fonte des glaces et provoque par là même une hausse du niveau de la mer. Certains territoires pourraient être submergés par les eaux, et des îles entières disparaître. Ensuite, le réchauffement des mers génère une multiplication de phénomènes climatiques extrêmes, voire dévastateurs : tempêtes tropicales, ouragans qui se succèdent et donnent lieu à bien des tragédies humaines. Et, pour ne citer qu'un dernier exemple des nombreux dangers qui nous guettent, évoquons enfin l'érosion de la biodiversité qui provoquerait l'extinction d'espèces animales.

> CONSEIL
> Marque bien tes différentes parties au moyen de connecteurs argumentatifs : *dans un premier temps, dans un second temps, tout d'abord, ensuite…*

[Les mesures à prendre] En second lieu, je voudrais vous convaincre, vous tous qui avez le pouvoir d'agir, ministres et responsables gouvernementaux, d'œuvrer ensemble et d'unir vos forces pour remédier à ce qui menace de plus en plus notre belle planète. Quels moyens mettre en œuvre ? Il nous faut de toute urgence renoncer à toutes les énergies polluantes pour nous tourner vers les énergies renouvelables, celles du futur que sont le solaire et l'éolien. Développons des moyens de transport propres et écologiques. Changeons nos habitudes de consommation : choisissons plutôt des produits de proximité, qui ne sont pas acheminés par avion depuis des pays lointains. Cela limitera d'autant la pollution atmosphérique.

[Conclusion] Il est urgent d'agir ! Nous sommes en train de dépasser le seuil de l'irréversible et bientôt, il sera trop tard. Nous risquons de laisser aux générations futures une planète dévastée. C'est pourquoi nous devons tout mettre en œuvre dès maintenant pour sauvegarder notre terre et protéger les espèces qui la peuplent.

SUJET 5

D'après France métropolitaine • Juin 2017

100 points

FRANÇAIS

La vie urbaine

DOCUMENT A **Texte littéraire**

Giono a décidé de vivre à la campagne, au plus près de la nature. Néanmoins, il va parfois à Paris. Il évoque ici son expérience de la ville.

Quand le soir vient, je monte du côté de Belleville[1]. À l'angle de la rue de Belleville et de la rue déserte, blême et tordue, dans laquelle se trouve *La Bellevilloise*[2], je connais un petit restaurant où je prends mon repas du soir. Je vais à pied. Je me sens tout dépaysé par la dureté du trottoir et le balancement des hanches qu'il faut avoir pour éviter ceux qui vous frôlent. Je marche vite et je dépasse les gens qui vont dans ma direction ; mais quand je les ai dépassés, je ne sais plus que faire, ni pourquoi je les ai dépassés, car c'est exactement la même foule, la même gêne, les mêmes gens toujours à dépasser sans jamais trouver devant moi d'espaces libres. Alors, je romps mon pas et je reste nonchalant[3] dans la foule. Mais ce qui vient d'elle à moi n'est pas sympathique. Je suis en présence d'une anonyme création des forces déséquilibrées de l'homme. Cette foule n'est emportée par rien d'unanime. Elle est un conglomérat de mille soucis, de peines, de joies, de fatigues, de désirs extrêmement personnels. Ce n'est pas un corps organisé, c'est un entassement, il ne peut y avoir aucune amitié entre elle, collective, et moi. Il ne peut y avoir d'amitié qu'entre des parties d'elle-même et moi, des morceaux de cette foule, des hommes ou des femmes. Mais alors, j'ai avantage à les rencontrer seuls et cette foule est là seulement pour me gêner. Le premier geste qu'on aurait si on rencontrait un ami serait de le tirer de là jusqu'à la rive, jusqu'à la terrasse du café, l'encoignure de la porte, pour avoir enfin la joie de véritablement le rencontrer.

[…]

De tous ces gens-là qui m'entourent, m'emportent, me heurtent et me poussent, de cette foule parisienne qui coule, me contenant sur les trottoirs devant *La Samaritaine*[4], combien seraient capables de recommencer les gestes essentiels de la vie s'ils se trouvaient demain à l'aube dans un monde nu ?

Qui saurait orienter son foyer en plein air et faire du feu ?

Qui saurait reconnaître et trier parmi les plantes vénéneuses les nourricières comme l'épinard sauvage, la carotte sauvage, le navet des montagnes, le chou des pâturages ?

Qui saurait tisser l'étoffe ?

Qui saurait trouver les sucs pour faire le cuir ?

Qui saurait écorcher un chevreau ?

Qui saurait tanner la peau ?

Qui saurait vivre ?

Ah ! c'est maintenant que le mot désigne enfin la chose ! Je vois ce qu'ils savent faire : ils savent prendre l'autobus et le métro. Ils savent arrêter un taxi, traverser une rue, commander un garçon de café ; ils le font là tout autour de moi avec une aisance qui me déconcerte et m'effraie.

Jean Giono, *Les Vraies Richesses*, 1936.

1. Belleville : quartier parisien dans l'Est de la ville. 2. *La Bellevilloise* : coopérative ouvrière qui permettait aux ouvriers d'acheter des produits de consommation moins chers. C'est aussi, en 1936, un lieu culturel très connu. 3. Nonchalant : lent et indifférent. 4. *La Samaritaine* : grand magasin parisien, fondé en 1870.

DOCUMENT B Jean-Pierre Stora, « Allées piétonnières »

Lavis encre de chine, 64 × 50, 1995.

TRAVAIL SUR LE TEXTE LITTÉRAIRE ET SUR L'IMAGE

50 POINTS • 1 H 10

Les réponses aux questions doivent être entièrement rédigées.

Grammaire et compétences linguistiques

▶ **1. a)** Quel est ici le sens du mot « entassement » (l. 16) ? Trouvez un synonyme de ce nom dans les lignes qui précèdent. *(3 points)*

b) « Elle est… personnels. » (l. 14-15) : quel est le procédé d'écriture utilisé dans cette phrase ? *(2 points)*

c) En vous appuyant sur vos deux réponses précédentes, expliquez comment le narrateur perçoit la foule. *(2 points)*

▶ **2.** « Le premier geste qu'on aurait si on rencontrait un ami serait de le tirer de là jusqu'à la rive » (l. 20-22)

a) Quel est le temps et le mode des verbes soulignés ? *(2 points)*

b) Justifiez son emploi. *(2 points)*

▶ **3.** « […] je connais un petit restaurant où je prends mon repas du soir. Je vais à pied. Je me sens tout dépaysé par la dureté du trottoir et le balancement des hanches qu'il faut avoir pour éviter ceux qui vous frôlent. » (l. 3-6)

Réécrivez ce passage en remplaçant « je » par « nous » et en mettant les verbes conjugués à l'imparfait. *(10 points)*

Compréhension et compétences d'interprétation

▶ **4.** En vous appuyant sur le premier paragraphe, expliquez la formule du narrateur (l. 4) : « Je me sens tout dépaysé ». *(4 points)*

▶ **5.** Lignes 30 à 38 :

a) Quelles remarques pouvez-vous faire sur la disposition et les procédés d'écriture dans ce passage ? Trois remarques au moins sont attendues. *(5 points)*

b) Quel est, selon vous, l'effet recherché par le narrateur dans ce passage ? Développez votre réponse. *(2 points)*

▶ **6.** Dans le dernier paragraphe, pourquoi le narrateur est-il déconcerté et effrayé (l. 42-43) ? Justifiez votre réponse en vous appuyant sur le texte. *(4 points)*

▶ **7.** Ce texte est extrait d'un livre intitulé *Les Vraies Richesses*. Quelles sont, selon vous, les « vraies richesses » auxquelles pense l'auteur ? Rédigez une réponse construite et argumentée. *(6 points)*

▶ **8.** Que ressentez-vous en regardant l'œuvre de Jean-Pierre Stora (document B) ? Expliquez votre réponse. *(4 points)*

▶ **9.** Cette œuvre (document B) peut-elle illustrer la manière dont le narrateur perçoit la foule dans le texte de Jean Giono (document A) ? Développez votre réponse. *(4 points)*

DICTÉE — 10 POINTS • 20 MIN

Le nom de l'auteur et le titre de l'œuvre sont écrits au tableau au début de la dictée.

Jean Giono
Les Vraies Richesses, 1936

De temps en temps, je m'arrête, je tourne la tête et je regarde vers le bas de la rue où Paris s'entasse : des foyers éclatants et des taches de ténèbres piquetées de points d'or. Des flammes blanches ou rouges flambent d'en bas comme d'une vallée nocturne où s'est arrêtée la caravane des nomades. Et le bruit : bruit de fleuve ou de foule. Mais les flammes sont fausses et froides comme celles de l'enfer. En bas, dans un de ces parages sombres est ma rue du Dragon, mon hôtel du Dragon. Quel ordre sournois, le soir déjà lointain de ma première arrivée, m'a fait mystérieusement choisir cette rue, cet hôtel au nom dévorant et enflammé ? Il me serait facile, d'ici, d'imaginer le monstre aux écailles de feu.

RÉDACTION — 40 POINTS • 1 H 30

Vous traiterez au choix l'un des deux sujets. Votre rédaction sera d'une longueur minimale d'une soixantaine de lignes (300 mots environ).

Sujet de réflexion

Pensez-vous comme Jean Giono que la ville soit un lieu hostile ? Vous proposerez une réflexion organisée et argumentée en vous appuyant sur vos lectures et vos connaissances personnelles.

Sujet d'imagination

Vous vous sentez vous aussi « dépaysé(e) » en arrivant dans une ville. Racontez cette expérience. Vous décrivez les lieux que vous découvrez, vous évoquez vos impressions et vos émotions.
Vous ne signerez pas votre texte de votre nom.

LES CLÉS DU SUJET

Les documents

Le texte littéraire (document A)

Dans *Les Vraies Richesses*, Jean Giono dénonce la vanité de la vie citadine et chante la gloire de la campagne et d'une vie plus proche de la nature. L'extrait présenté ici se situe au début de l'ouvrage.

L'image (document B)

Jean-Pierre Stora s'est passionné pour les foules qui déambulent dans des centres commerciaux ou des aéroports. Nombre de ses œuvres soulignent l'absurdité de certains comportements dans ces lieux.

Rédaction (sujet de réflexion)

Recherche d'idées

• Pour appuyer la thèse de Jean Giono, reprends des idées présentes dans le texte : l'anonymat de la foule, le rythme de vie trop rapide, la perte de sens et le dédain des vraies richesses.

• Pour terminer ton devoir, en guise d'ouverture, tu peux introduire la notion d'espace périurbain : désormais la différence entre ville et campagne n'est plus aussi nette qu'avant.

Conseils de rédaction

• Tu peux répondre positivement ou négativement à la question posée ; tu peux aussi choisir une réflexion opposant les deux thèses : la ville perçue comme hostile ; puis la ville considérée comme accueillante et agréable.

• Utilise des expressions comme *existence citadine* ou *mode de vie urbain* pour éviter de trop répéter le mot *ville*.

Rédaction (sujet d'imagination)

Recherche d'idées

• Tu peux choisir d'évoquer une grande ville réelle connue de tous, une ville réelle de taille plus modeste, ou encore une ville fictive.

• Le sentiment d'étrangeté ressenti en arrivant dans cette ville peut avoir plusieurs causes : une différence avec ta région d'origine, ou un décalage par rapport à tes attentes concernant cette ville.

Conseils de rédaction

• Rédige le texte à la première personne. Tu peux consacrer un premier paragraphe à la description de la ville, et un second à tes impressions ; ou bien mêler description et récit des émotions ressenties.

• Exprime la surprise (*stupéfait, ébahi, ahuri…*), la fascination (*émerveillé, enthousiaste, enchanté…*) ou le rejet (*malaise, répugnance…*).

CORRIGÉ 5

TRAVAIL SUR LE TEXTE LITTERAIRE ET SUR L'IMAGE

Grammaire et compétences linguistiques

▶ **1. a)** Le mot *entassement* désigne un amas d'éléments rassemblés en tas ou en pile. Dans le texte, le synonyme *conglomérat* est employé.

b) Le procédé employé est une énumération.

c) La foule est vue comme un rapprochement d'éléments disparates, étrangers les uns aux autres. Cette foule est perçue négativement, comme hostile : « Mais ce qui vient d'elle à moi n'est pas sympathique. »

▶ **2. a)** Les deux verbes sont conjugués au conditionnel présent.
b) Le conditionnel exprime ici l'irréel du présent, et fonctionne en association avec la conditionnelle introduite par « si ».

▶ **3.** *Les modifications sont mises en couleur.*
« Nous connaissions un petit restaurant où nous prenions notre repas du soir. Nous allions à pied. Nous nous sentions tout dépaysés par la dureté du trottoir et le balancement des hanches qu'il fallait avoir pour éviter ceux qui vous frôlaient. »

> ATTENTION !
> Le mot « tout » ne s'accorde pas, car c'est ici un adverbe : il peut être remplacé par « très » ou « absolument ».

Compréhension et compétences d'interprétation

▶ **4.** À Paris, le narrateur, qui habituellement vit à la campagne, se sent hors de son habitat naturel : il a du mal à s'adapter aux trottoirs, à la foule, aux habitudes urbaines.

▶ **5. a)** Ces lignes sont construites selon un même modèle : une succession de phrases interrogatives, où l'on relève à chaque fois une anaphore (« qui saurait ») et un parallélisme de construction (qui + verbe au conditionnel + verbe à l'infinitif + COD). Chaque interrogation est précédée d'un alinéa : la mise en page crée ainsi une rupture avec le reste du texte.

b) Ces questions sont des interrogations oratoires : la réponse évidente qu'elles supposent, « personne », souligne l'incapacité des hommes modernes à accomplir les tâches essentielles qui ont permis la survie de l'espèce humaine à travers les siècles (s'orienter, faire du feu, se nourrir…). Le mode de vie urbain est donc complètement dissocié de la nature. L'accumulation de questions, comme une démonstration implacable, aboutit à la conclusion finale : personne ne saurait plus vivre.

> ZOOM
> Les interrogations oratoires (ou rhétoriques) sont des questions qui n'attendent pas de réponse, car celle-ci est évidente.

▶ **6.** Le narrateur est déconcerté de voir à quel point les talents de l'homme moderne sont vains ; il constate que les gens se contentent d'exécuter des gestes futiles, comme « arrêter un taxi » ou « commander un garçon de café », et il est effrayé de voir qu'ils se sentent à l'aise dans ce monde qui n'a pas grand sens, alors même qu'ils ne connaissent plus les gestes essentiels à la survie.

▶ **7.** Les « vraies richesses » dont parle Giono n'ont rien à voir avec ce que savent faire les citadins. L'expression désigne les savoir-faire utiles et concrets dont l'homme a besoin quand il vit en harmonie avec la nature (*faire du feu, tisser l'étoffe, vivre*), mais aussi les rencontres individuelles, à l'écart de la foule (« le premier geste qu'on aurait si on rencontrait un ami serait de le tirer de là jusqu'à la rive, [...] pour avoir enfin la joie de véritablement le rencontrer »).

▶ **8.** L'œuvre présente une série d'allées séparées dans lesquelles des gens se pressent et avancent : tous sont en mouvement, personne ne s'arrête, chacun marche seul.

Les silhouettes humaines, isolées mais toutes identiques, sont semblables à des robots qui défilent sans fin, sans que l'on ne connaisse ni l'origine ni le but du déplacement.

Le comportement humain apparaît donc sous un jour très négatif : tristesse et pessimisme l'emportent lorsqu'on regarde cette image.

▶ **9.** Les points communs sont nombreux entre les deux documents. On ne peut identifier sur le lavis les individus dans la foule : tous se ressemblent, sans distinction d'âge ou de sexe, ce qu'accentue l'usage du noir et blanc. Ils sont obligés d'avancer, au sein d'une foule indifférente. De même Jean Giono parlait d'un « entassement », d'« une anonyme création ». De plus, cette vision de la foule est triste, angoissante, ou ainsi que le disait Giono, « pas sympathique ». Cette œuvre peut donc illustrer le texte.

DICTÉE

POINT MÉTHODE

1 Deux phrases présentent des sujets inversés ; identifie-les avec précision pour accorder correctement les verbes : [...] *où s'est arrêtée la caravane des nomades* ; [...] *est ma rue du Dragon*.

2 Attention aux homophones *ou* (= ou bien) et *où*, présents à quatre reprises dans le texte.

3 Veille à l'accord des adjectifs au pluriel : *éclatants, piquetées, sombres...* Attention au nom *ténèbres* qui est féminin pluriel.

De temps en temps, je m'arrête, je tourne la tête et je regarde vers le bas de la rue où Paris s'entasse : des foyers éclatants et des taches de ténèbres piquetées de points d'or. Des flammes blanches ou rouges flambent d'en bas comme d'une vallée nocturne où s'est arrêtée la caravane des nomades. Et le bruit : bruit de fleuve ou de foule. Mais les flammes sont fausses et froides comme celles de l'enfer. En bas, dans un de ces parages sombres est ma rue du Dragon, mon hôtel du Dragon. Quel ordre sournois, le soir déjà lointain de ma première arrivée, m'a fait mystérieusement choisir cette rue, cet hôtel au nom dévorant et enflammé ? Il me serait facile, d'ici, d'imaginer le monstre aux écailles de feu.

RÉDACTION

Voici un exemple de rédaction sur chacun des deux sujets. Attention les indications entre crochets ne doivent pas figurer sur ta copie.

Sujet de réflexion

[Introduction] Dans son ouvrage *Les Vraies Richesses*, Jean Giono présente la ville comme un lieu hostile qui ne permet pas les rencontres individuelles. La ville est-elle réellement un lieu désagréable et nuisible ? Nous nous demanderons d'abord pour quelles raisons la ville est un environnement parfois néfaste pour l'homme ; nous verrons ensuite que la ville peut aussi être synonyme d'épanouissement personnel.

[Un lieu hostile] La vie urbaine n'est pas toujours agréable, pour plusieurs raisons. Tout d'abord, les citadins vivent entassés : les logements en appartements offrent souvent peu d'espace et les déplacements se font dans la foule et la promiscuité. Dans cet environnement anonyme, personne ne se préoccupe de savoir qui nous sommes vraiment. Ensuite, comme Jean Giono le fait remarquer, la vie en ville éloigne l'homme de la nature et des connaissances indispensables à sa survie : nul citadin ne sait plus aujourd'hui allumer un feu en pleine nature sans briquet ni allumettes.

[Un lieu d'épanouissement] Néanmoins, le mode de vie urbain a quelques conséquences positives. En effet, la ville favorise de multiples rencontres, ce qui n'est pas le cas de l'environnement rural. Nombre de jeunes gens sont ravis de s'installer en ville pour suivre leurs études : ils nouent de nouvelles relations, avec des gens ayant les mêmes centres d'intérêt. Par ailleurs, la vie citadine, en concentrant les activités humaines, offre un accès privilégié à la culture et aux savoirs : les formations et les expositions ne sont jamais aussi nombreuses qu'en ville.

[Conclusion] La ville est désagréable par certains aspects et éloigne l'homme de la nature, elle peut pour cela être considérée comme hostile. Mais elle permet également de multiplier les rencontres, ce qui en fait un lieu d'épanouissement. Aujourd'hui toutefois, la distinction entre ville et campagne n'est plus aussi marquée qu'auparavant : ainsi, les espaces périurbains présentent en même temps les caractéristiques de la ville et celles de la campagne.

Sujet d'imagination

[Circonstances] Un matin, lorsque j'étais enfant, ma mère m'annonça qu'à Pâques nous nous rendrions à Nice pour une réunion de famille chez le parrain de mon frère, dont je n'avais absolument aucun souvenir. Je n'étais pas ravie à l'idée de m'éloigner de mes amis durant les vacances. Je n'imaginais pas alors à quel point j'allais être dépaysée en arrivant là-bas.

[Découvertes et émotions] Lorsque le train s'arrêta en gare de Nice, je crus arriver dans un pays étranger. La chaleur, la lumière, la décontraction des passants me semblèrent d'emblée à mille lieues de ma Normandie natale. Chez moi, quand il ne pleut pas, le ciel est souvent couvert, l'herbe est verte et l'humidité omniprésente. Mais là, je découvrais une autre France. C'était la ville certes, mais pas la ville grise : une ville orange, une ville lumineuse, une ville aérée. Que de couleurs ! Et les odeurs…

> CONSEIL
> Pense à solliciter tous les sens dans ta description : vue, ouïe, odorat…

Notre chemin nous fit passer devant un grand parc, et la profusion de fleurs odorantes, dont je me souviens encore, me bouleversa : la nature, bien que cadenassée entre les grilles d'un parc, réussissait à imposer sa force et sa beauté. Je fus immédiatement séduite par cet environnement et n'eus qu'une envie : voir la mer qui bordait cette cité. Je dus attendre le lendemain pour l'apercevoir, mais je ne fus pas déçue : elle était grandiose et se faisait entendre avant même d'être vue.

[Bilan] Frappée d'une évidence, je compris à cet instant que mon univers ne se bornait pas à ce que je connaissais et que ce sentiment de dépaysement que je ressentais alors était d'une richesse infinie.

SUJET 6

D'après Amérique du Nord • Juin 2017

100 points

De l'importance d'avoir un métier

DOCUMENT A

Cherchez la femme

En 1958, Nina, lycéenne de seize ans et fille de mineur, et Vladimir, jeune ingénieur des Mines de vingt-six ans, se sont rencontrés à l'orchestre. Le jeune homme est tombé amoureux de la jeune fille et lui a proposé de l'épouser. Face à cette proposition, Nina confie son impatience à sa grand-mère.

– Pourquoi es-tu si pressée ? demanda Sacha sans cacher son étonnement.

Elle était stupéfaite de l'évidence qui s'était faite chez sa petite-fille et tout de même, si forte fût-elle, l'aveu de Nina lui faisait battre le cœur plus vite.

– Je ne sais pas, dit Nina (elle osait même dire je ne sais pas !). C'est comme ça. Il faut avancer dans la vie, saisir l'occasion qui se présente. Tu ne crois pas ?

– Et le lycée, *Douchka*[1]. As-tu pensé au lycée ?

Sacha Javorsky quittait le champ du grand amour pour revenir aux choses sérieuses.

– Oui, dit Nina, bien sûr. Je continuerai à aller au lycée comme aujourd'hui.

– Tu ne sais pas qu'un homme dans une maison exige beaucoup de sa femme, dit Sacha Javorsky avec un air d'être sûre de ce qu'elle avançait. Tu n'auras plus le temps d'étudier !

– Vladimir ne m'empêchera pas d'étudier, souffla Nina.

Ce ton amolli et romantique eut le don d'agacer Sacha. Elle n'avait pas élevé sa petite-fille pour en faire une gourde qui s'en laisse conter par le premier garçon venu.

– Ça ma fille, nous en reparlerons ! dit-elle avec ironie.

Puis elle récita son couplet désenchanté : Les hommes, ça met les pieds sous la table et les chemises en boule au linge sale, et ça croit que les lapins naissent découpés, farcis et grillés !

Nina ne disait rien. Qu'y avait-il à répondre ? D'ailleurs sa grand-mère n'attendait pas de réponse. Elle n'avait pas fini de parler.

– Ton Vladimir, poursuivit la grand-mère, il a vingt-six ans et un métier. Des centaines de gens sont sous ses ordres. Ton père y est ! L'ingénieur ! Il va te commander celui-là…

– Il ne me commandera pas, répliqua Nina sur un ton décidé.

– Alors vous vous bagarrerez. Et crois-moi ce sera dur. Une femme ne fait jamais le poids.

La vieille dame s'interrompit à dessein, préservant un effet d'annonce. Puis elle acheva :

– Sauf si elle a un métier. Et un salaire ! Travaille Nina. Étudie le plus longtemps possible et gagne ta vie. Ne dépends jamais d'un homme ! Écoute ce que te dit ta grand-mère.

– J'écoute, dit Nina.

Alice Ferney, *Cherchez la femme*, 2013.

---

1. *Douchka* : petit nom affectueux en russe signifiant « ma douce ».

DOCUMENT B **Savoir, c'est pouvoir**

Barbara Kruger est une artiste contemporaine qui a été engagée dans la revendication des droits des femmes aux États-Unis.

Cette sérigraphie est une commande du ministère de la Culture pour le bicentenaire de la Révolution française (1989).

TRAVAIL SUR LE TEXTE LITTÉRAIRE ET SUR L'IMAGE — 50 POINTS • 1 H 10

Les réponses doivent être entièrement rédigées.

Grammaire et compétences linguistiques

▶ **1.** « désenchanté », ligne 22.
Donnez la classe grammaticale de ce mot.
Expliquez sa formation puis son sens dans le texte. *(6 points)*

▶ **2.** Lignes 35 à 37, quel est le mode principalement employé dans les propos de la grand-mère ? Justifiez son emploi. *(4 points)*

▶ **3.** « Travaille Nina. Étudie le plus longtemps possible et gagne ta vie. Ne dépends jamais d'un homme ! Écoute ce que te dit ta grand-mère. » (l. 35-37)
Réécrivez ces quatre phrases en remplaçant « Nina » par « les filles » et « grand-mère » par « grands-parents ». Vous ferez toutes les modifications nécessaires. *(10 points)*

Compréhension et compétences d'interprétation

▶ **4.** Quelle est la relation qui lie Nina et Sacha ?
Quel a été le rôle précis de Sacha dans l'éducation de Nina ? *(4 points)*

▶ **5.** Lignes 1 à 20 : nommez les deux sentiments successifs éprouvés par la grand-mère.
Quelle attitude de Nina provoque chez elle ce changement de sentiment ? Justifiez votre réponse par une expression du texte. *(6 points)*

▶ **6.** Quel personnage féminin domine la conversation ?
D'après vous, pourquoi se donne-t-elle le droit de parler ainsi ? *(6 points)*

▶ **7.** Selon Sacha, que risque-t-il de se passer après le mariage de Nina et Vladimir ?
Vous répondrez dans un paragraphe détaillé en vous appuyant sur des citations précises du texte. *(8 points)*

▶ **8.** Comment l'image et le texte évoquent-ils, chacun à leur manière, le pouvoir que le savoir procure aux femmes ? *(6 points)*

DICTÉE 10 POINTS • 20 MIN

Le nom de l'auteur et le titre de l'œuvre sont écrits au tableau au début de la dictée.

Alice Ferney
Cherchez la femme, 2013

Pas un seul petit mot ! Il ne vint pas lui rendre visite. Il fut absent aux deux répétitions, le mardi d'abord, puis le vendredi, sans s'excuser ni prévenir, ce qui n'était jamais arrivé. Les musiciens de l'orchestre demandaient des nouvelles à Nina. Elle n'en avait pas. Tout le monde vit qu'elle dansait et chantait sans entrain. Ses résultats scolaires chutèrent d'un coup. Le cartable était jeté par terre sans être ouvert. Elle n'avait pas la tête à son travail ! Elle découvrait la place que tient dans la vie un amour, celui qu'on trouve autant que celui qu'on perd ou croit perdre.

RÉDACTION 40 POINTS • 1 H 30

Vous traiterez au choix l'un des deux sujets.

Sujet de réflexion

Pensez-vous, comme la grand-mère de Nina, qu'avoir un métier soit synonyme de liberté et de pouvoir ? Votre rédaction sera d'une longueur minimale d'une soixantaine de lignes (300 mots environ).

Sujet d'imagination

La jeune fille annonce sa décision finale à Vladimir. Elle a pris en compte les remarques de sa grand-mère pour choisir ou non de se marier. Imaginez le dialogue des deux jeunes gens et les réactions qu'il suscite. Votre rédaction sera d'une longueur minimale d'une soixantaine de lignes (300 mots environ) et mêlera dialogue et narration.

LES CLÉS DU SUJET

■ Les documents

Le texte littéraire (document A)

Le sentiment amoureux et la vie de couple sont les thèmes de prédilection d'Alice Ferney. Dans *Cherchez la femme*, elle ausculte les mécanismes de l'amour à travers deux générations de couples : Vladimir et Nina, Serge et Marianne.

L'image (document B)

Il s'agit d'une sérigraphie de Barbara Kruger, une artiste américaine contemporaine engagée dans la lutte pour le droit des femmes. Elle a été rendue célèbre grâce à ses photomontages de photographies de presse en noir et blanc sur lesquelles elle superpose des slogans rédigés en blanc sur fond rouge. Cette œuvre lui a été commandée par la France à l'occasion du bicentenaire de la Révolution française en 1989.

■ Rédaction (sujet de réflexion)

Recherche d'idées

• Appuie-toi tout d'abord sur ton expérience personnelle. Commence par t'interroger sur ce que tu souhaites pour ton avenir, les études que tu désires ou non poursuivre, le métier que tu envisages déjà peut-être, ce qu'il signifie pour toi…

• Tu peux aussi prendre en compte l'expérience de tes grands-parents ou de tes parents…

• Pense à étayer tes arguments avec des exemples tirés de lectures, de films (ex. : *Mémoires d'une jeune fille rangée* de Simone de Beauvoir).

Conseils de rédaction

Tu peux, par exemple, développer les arguments suivants :

1. Avoir un métier est souvent synonyme de liberté et de pouvoir (indépendance financière, choix de vie…).
2. Cependant, tous les métiers ne sont pas également gratifiants et valorisants.
3. Conclusion : il est donc important de suivre la voie qui convient le mieux à soi-même pour s'épanouir dans le métier de son choix.

■ Rédaction (sujet d'imagination)

Recherche d'idées

Commence par décider si la réponse de Nina sera positive ou négative.
Reprends ensuite sur ton brouillon les arguments de la grand-mère : ils te seront utiles pour montrer comment ils ont influencé la réponse de Nina.
Imagine les réactions de Vladimir, de Nina, de sa grand-mère…

Conseils de rédaction

• Choisis avec soin les verbes de parole. Évite de répéter sans cesse le verbe *dire* !

• Respecte la ponctuation du dialogue : ouvre les guillemets au début et n'oublie pas de les fermer à la fin ; mets des tirets et va à la ligne à chaque changement d'interlocuteur.

• N'oublie pas d'insérer des passages narratifs (déplacements des personnages, gestes…).

FRANÇAIS

CORRIGÉ 6

TRAVAIL SUR LE TEXTE LITTERAIRE ET SUR L'IMAGE

Grammaire et compétences linguistiques

▶ **1.** Il s'agit d'un adjectif. Il est composé d'un radical, *enchanté*, et d'un préfixe, *-dés* qui indique le contraire.

Désenchanté signifie désillusionné, qui a perdu ses illusions.

ZOOM
Le préfixe *dé*, *dés*, ou *dis* placé devant un mot peut le transformer en son contraire : *enchanté* ≠ *désenchanté*.

▶ **2.** La grand-mère emploie le mode impératif (« travaille », « étudie », « gagne ta vie », « Ne dépends jamais », « écoute ») : elle veut à tout prix convaincre sa petite-fille. Elle l'exhorte à ne pas abandonner ses études.

ZOOM
L'impératif sert à exprimer des ordres, des interdictions, mais aussi des recommandations, des conseils, des prières ou des exhortations.

▶ **3.** *Les modifications sont mises en couleur.*
« Travaillez les filles. Étudiez le plus longtemps possible et gagnez votre vie. Ne dépendez jamais d'un homme ! Écoutez ce que vous disent vos grands-parents. »

ATTENTION !
Le sujet du verbe *dire*, *vos grands-parents*, est inversé, placé après. Sois vigilant sur l'accord.

Compréhension et compétences d'interprétation

▶ **4.** Sacha est la grand-mère de Nina. Elle a été chargée de l'éducation de sa petite-fille.

▶ **5.** Tout d'abord, Sacha est étonnée et même stupéfaite de l'impatience de sa petite-fille de se marier ; elle est un peu émue aussi. Mais ensuite, c'est l'agacement qui l'emporte. Elle pense que Nina a une vision trop naïve, trop romantique de la vie de couple : « Ce ton amolli et romantique eut le don d'agacer Sacha. Elle n'avait pas élevé sa petite-fille pour en faire une gourde qui s'en laisse conter par le premier garçon venu. »

▶ **6.** Le personnage qui domine la conversation est la grand-mère, Sacha. Elle se permet de parler de cette manière car elle veut le bien de sa petite-fille. Elle s'appuie sur son expérience et craint que Nina ne gâche sa vie sur un coup de tête.

▶ **7.** Sacha craint que Nina ne se retrouve femme au foyer, au service de son mari, condamnée aux seules tâches ménagères : « Les hommes, ça met les pieds sous la table et les chemises en boule au linge sale, et ça croit que les lapins naissent découpés, farcis et grillés ! »

Elle redoute pour sa petite-fille un mari autoritaire qui la transforme en épouse soumise : « Il va te commander celui-là. »

Elle s'inquiète de la violence des scènes de ménage si Nina tient tête à son mari : « vous vous bagarrerez. Et crois-moi ce sera dur. »

▶ **8.** L'œuvre de Barbara Kruger montre un visage de femme en gros plan, un visage qui a la perfection des images publicitaires, un visage coupé en deux, d'un côté la photo développée, de l'autre le négatif, d'un côté l'image professionnelle, de l'autre le visage intime. La femme semble implacable, inflexible. L'essentiel est le slogan, clair et concis, blanc sur rouge : savoir, c'est pouvoir. Barbara Kruger et Sacha partagent la même certitude : c'est par le savoir, les études, que les femmes se libéreront, s'affirmeront, deviendront libres et indépendantes, maîtresses de leur existence.

DICTÉE

POINT MÉTHODE

1 Attention à ne pas confondre le participe passé et l'infinitif des verbes en *-er* (s'excuser ≠ jeté), car ils se prononcent de la même manière. Pour éviter toute erreur, le plus simple est de remplacer ces verbes par un verbe d'un autre groupe : *sans prendre* (infinitif) → *s'excuser. Le cartable était pris* (participe passé) → *jeté.*

2 Sois attentif aux accords et aux marques du pluriel : *aux, répétitions, musiciens, demandaient, nouvelles, résultats scolaires chutèrent.*

Pas un seul petit mot ! Il ne vint pas lui rendre visite. Il fut absent aux deux répétitions, le mardi d'abord, puis le vendredi, sans s'excuser ni prévenir, ce qui n'était jamais arrivé. Les musiciens de l'orchestre demandaient des nouvelles à Nina. Elle n'en avait pas. Tout le monde vit qu'elle dansait et chantait sans entrain. Ses résultats scolaires chutèrent d'un coup. Le cartable était jeté par terre sans être ouvert. Elle n'avait pas la tête à son travail ! Elle découvrait la place que tient dans la vie un amour, celui qu'on trouve autant que celui qu'on perd ou croit perdre.

RÉDACTION

Voici un exemple de rédaction sur chacun des deux sujets.

Attention les indications entre crochets ne doivent pas figurer sur ta copie.

Sujet de réflexion

[Réponse positive à la question posée] Avoir un métier est, bien évidemment, essentiel pour acquérir une certaine liberté, celle de pouvoir vivre à sa guise, sans dépendre de parents ou du conjoint. Cela confère une indépendance financière, la possibilité de se loger, de choisir ses loisirs, de voyager. Ne dit-on pas « gagner sa vie » ?

Pour les femmes, c'est un droit acquis de haute lutte : pendant longtemps, les jeunes filles ont été élevées pour devenir de bonnes épouses, les études étaient réservées aux garçons. Nos grands-mères n'ont pas toutes connu cette liberté, cette indépendance, le pouvoir de choisir leur vie et de décider de leur existence. C'est ce que raconte Simone de Beauvoir dans son autobiographie : *Mémoires d'une jeune fille rangée.*

Dans certaines régions du monde, le droit de travailler, de conduire une voiture, de se promener librement est encore trop souvent refusé aux femmes condamnées à être mariées de force, à être enfermées et soumises à leur époux.

[Contre-argument] Cependant, tous les métiers ne sont pas également synonymes de liberté et de pouvoir : de nombreux emplois ne sont ni valorisants ni épanouissants. S'il n'y a pas de « sots métiers », comme dit l'expression, certains emplois condamnent à des conditions de travail pénibles (bruit, travail répétitif, faibles salaires).

> **CONSEIL**
> Lorsque tu apportes un contre-argument, introduis-le au moyen d'un connecteur logique qui exprime l'opposition : *mais, pourtant, cependant*...

Certains adolescents font le choix de quitter l'école parce qu'ils veulent rapidement devenir indépendants, et gagner de l'argent. Toutefois, c'est une décision importante qu'il convient de faire mûrir, par le biais de discussions auprès d'autrui (famille, professeurs...) Mais, après avoir été confrontés à un travail qui ne leur convient pas, ils peuvent le regretter. Une reprise d'études est alors toujours possible pour accéder à un autre type d'emploi.

C'est d'autant plus vrai pour les filles, quand on sait que les femmes sont moins bien considérées que les hommes dans le monde du travail et qu'elles sont encore aujourd'hui majoritairement sous-payées. Obligées de concilier métier et éducation des enfants, trop peu d'entre elles ont accès à des postes à responsabilités, comme on le constate dans les institutions politiques.

[Conclusion] C'est pour cela que l'on conseille aux adolescents de bien choisir leurs voies et de s'y investir : c'est à ce prix qu'ils accéderont vraiment à la liberté et au pouvoir de choisir leur métier et leur vie.

Sujet d'imagination

[Introduction, mise en situation] La réaction de sa grand-mère avait un peu ébranlé Nina : des doutes avaient surgi dans son esprit. Les deux jeunes gens s'étaient donné rendez-vous dans un café près du lycée de Nina.

> GAGNE DES POINTS
> Varie les verbes de parole. N'hésite pas à ajouter des adverbes, des compléments de manière.

[Début du dialogue : échange d'arguments] « As-tu pris ta décision ? demanda Vladimir de but en blanc à sa jeune compagne.

– J'ai besoin d'un peu de temps, balbutia Nina… C'est une décision importante qui ne se prend pas à la légère.

– De quoi as-tu peur ? Tu ne m'aimes donc pas ?

– Bien sûr que je t'aime, Vladimir. Ce n'est pas ça, mais je pense que je suis peut-être encore trop jeune pour être une épouse, une mère. Nous pourrions attendre la fin de mes études. Nous avons toute la vie devant nous.

– Pourquoi tiens-tu tant à terminer tes études ? s'étonna le jeune homme. Je gagne bien ma vie ; tu n'es pas obligée de travailler. Tu pourras t'occuper de la maison, de nos enfants…

– Mais, s'insurgea Nina, je ne veux pas dépendre de toi ; je veux gagner ma vie, avoir un salaire, pouvoir le dépenser sans avoir à te rendre des comptes.

Vladimir se fit tendre et la regarda dans les yeux :

– Je saurai te protéger ; tu seras heureuse avec moi.

– Je ne veux pas être protégée : je veux être forte, libre, indépendante…

Vladimir l'interrompit violemment. Il serrait les poings.

– C'est ta grand-mère qui t'a mis ces idées dans la tête ? De quoi se mêle-t-elle ? C'est ta vie et pas la sienne !

– C'est elle qui m'a élevée. Elle m'aime. Elle connaît les risques du mariage. Elle ne veut pas que je sois malheureuse.

[Conclusion : la réponse de Nina] Vladimir se fit dur, autoritaire :

– Je veux que tu me répondes, exigea-t-il, c'est oui ou c'est non ?

Soudain, la décision à prendre parut évidente à Nina. Elle répondit avec une calme certitude :

– Je ne veux plus me marier avec toi, ni aujourd'hui ni demain. »

Vladimir repoussa brusquement sa chaise et partit sans se retourner. Nina songea que sa grand-mère serait fière d'elle quand elle apprendrait sa décision.

SUJET 7

Sujet zéro • Visions poétiques du monde

100 points

FRANÇAIS

Éloge de Chagall

DOCUMENT A Chagall XI[1]

Le ciel est un pays de chèvres
C'est dommage pour les poissons
Les amoureux est-ce qu'ils sont
À ça près
Pourquoi les pieds touchent-ils terre
Quand ils peuvent faire autrement
Et ma tête à l'envers Maman
Ma tête
L'homme danse et non les oiseaux
Il est l'inventeur du trapèze
Les chevaux ont appris de lui l'art
Des bouquets
La vie est longue comme un air
De violon
Qui peint la nuit a deux visages
L'autre d'aimer l'un pour dormir
Tout est joli comme une lampe
C'est la guimpe[2] de la lumière
Les objets s'y font acrobates
Les gens légers
Chagall la couleur est ton peuple
Donne-lui des jeux et du pain[3]
Dieu qu'il fait beau quand l'ombre est rouge
Et bleu l'amour

Aragon, « Chagall XI », *Celui qui dit les choses sans rien dire*, 1976.

1. Il s'agit du onzième poème du recueil poétique consacré au peintre.
2. Guimpe : élément du vêtement féminin, morceau de toile couvrant la tête ou petite chemise brodée dépassant de la robe pour monter jusqu'au cou.
3. Reprise de l'expression « panem et circenses » par laquelle Juvénal reprochait aux empereurs de donner « du pain et des jeux » au peuple romain pour le divertir.

DOCUMENT B **Images**

Marc Chagall, *Les Mariés de la Tour Eiffel*, 1938-1939, huile sur toile, musée national d'Art moderne, Centre Georges-Pompidou, Paris.

Marc Chagall, *Couple dans le paysage bleu*, 1969-1971, collection privée.

TRAVAIL SUR LE TEXTE LITTÉRAIRE ET SUR LES IMAGES 50 POINTS • 1 H 10

Les réponses doivent être entièrement rédigées.

Compréhension et compétences d'interprétation

▶ **1.** « Le ciel est un pays de chèvres » (vers 1) :

a) Quel est l'effet produit sur le lecteur par ce début de poème ? *(2 points)*

b) Quel sens nouveau prend cette image quand le lecteur a connaissance des tableaux ? *(2 points)*

▶ **2.** Relevez et commentez d'autres éléments communs au poème et aux tableaux. *(6 points)*

▶ **3.** « Chagall la couleur est ton peuple » (vers 21) :
Comment comprenez-vous ce vers ? *(2 points)*

▶ **4.** Quels sont les éléments qui permettent de dire que le poète Aragon rend hommage à la peinture de Chagall ? *(2 points)*

▶ **5.** « Qui peint la nuit a deux visages/L'autre d'aimer l'un pour dormir » (vers 15 et 16) :

a) Pourquoi cette formulation est-elle surprenante ? *(1 point)*

b) Réécrivez ces vers en mettant les mots dans un ordre plus habituel. *(1 point)*

▶ **6.** « Les objets s'y font acrobates » (vers 19) :
Comment le poète fait-il, dans la construction du poème, dans les strophes, dans les vers ou dans l'ordre des mots, pour produire lui aussi cette « acrobatie » ? *(8 points)*

▶ **7.** Dites en quelques phrases quelles sont les caractéristiques de la vision poétique du monde que partagent ici le poète et le peintre. *(6 points)*

Grammaire et compétences linguistiques

▶ **8.** Repérez des passages du poème relevant de la langue orale plutôt que de la langue écrite, et justifiez votre réponse. *(4 points)*

▶ **9.** « Qui peint la nuit a deux visages » (vers 15) :

a) À quelle classe grammaticale appartient « qui » ? *(2 points)*

b) Quelle est sa fonction dans la phrase ? *(2 points)*

c) De laquelle des deux constructions suivantes pouvez-vous rapprocher le vers d'Aragon ?

- *Qui dort dîne.*
- *J'ai vu un homme qui dormait.*

Justifiez votre réponse. *(2 points)*

▶ **10.** « L'homme danse et non les oiseaux
Il est l'inventeur du trapèze
Les chevaux ont appris de lui l'art
Des bouquets » (vers 9 à 12)
Réécrivez cette strophe en commençant par « Les hommes dansaient » et faites toutes les transformations nécessaires. *(6 points)*

▶ **11.** Recopiez la dernière strophe du poème en y rétablissant tous les signes de ponctuation. *(4 points)*

DICTÉE — 10 POINTS • 20 MIN

Le nom de l'auteur et le titre de l'œuvre sont écrits au tableau.

Aragon
Préface du catalogue *Marc Chagall : Recent paintings 1966-1968*

On m'avait appris à regarder les choses d'une certaine façon, dans une certaine succession, un équilibre une fois pour toutes donné. Le miracle de Chagall, c'est qu'il désapprend : plus rien n'était grâce à lui forcément à sa place, on allait se coucher dans le ciel, la taille des bonshommes ne dépendait plus de la distance, les animaux jouaient du violon, une fois pour toutes l'ordre des facteurs était renversé, comme à la fin d'un banquet perpétuel. La peinture de Chagall, c'était une leçon sans heure, qui vous apprenait à voir autrement le monde, autrement vivre, autrement être.

RÉDACTION — 40 POINTS • 1 H 30

Vous traiterez au choix l'un des deux sujets suivants.

Sujet d'imagination

Vous rédigerez, en prose, un hommage à un artiste de votre choix (peintre, musicien, cinéaste, chanteur, danseur…) dont vous citerez le nom dans votre texte. Comme Aragon, vous vous efforcerez de rendre compte des impressions que vous procure son œuvre.

Sujet de réflexion

Pensez-vous que le rôle des artistes est plutôt de nous aider à nous comprendre nous-mêmes ou de nous faire voir le monde autrement ? Vous répondrez à cette question en vous appuyant sur vos connaissances, vos lectures et sur votre fréquentation des arts de votre choix (musique, peinture, cinéma, chanson…).

LES CLÉS DU SUJET

■ Les documents

Le texte littéraire (document A)

Louis Aragon (1897-1982) appartient au mouvement surréaliste qui prône le recours à l'irrationnel, au rêve, à l'inconscient et refuse tout contrôle de la raison. Dans ses poèmes consacrés au peintre Chagall, Aragon cherche à mettre en mots tout ce que lui suggèrent les tableaux de l'artiste.

Les images (document B)

Le peintre Marc Chagall (1887-1985) n'appartient à aucune école, sa vision très personnelle s'est nourrie d'influences diverses : fauvisme, cubisme, surréalisme ou encore néoprimitivisme. Il crée un univers onirique aux couleurs lumineuses.

■ Rédaction (sujet d'imagination)

Recherche d'idées

• Choisis un artiste que tu apprécies et dont tu connais bien l'œuvre.

• Demande-toi quel est ton ressenti lorsque tu regardes ou écoutes ses œuvres : es-tu ému ? Te sens-tu transporté dans un autre univers ? Est-ce que cela change ta vision du monde ?

Conseils de rédaction

• Tu peux, en introduction, présenter l'artiste et sa discipline. Puis, en deux ou trois paragraphes, exprime les impressions qu'il suscite en toi. Cite plusieurs de ses œuvres pour illustrer ton propos.

• Attention, tu dois rédiger en prose. Emploie des mots appartenant au lexique des sentiments et des sensations.

■ Rédaction (sujet de réflexion)

Recherche d'idées

• Tu dois réfléchir au rôle des artistes en analysant deux propositions. Mais tu peux choisir les deux, dans la mesure où elles ne sont pas contradictoires. Elles renvoient à deux aspects de l'art tout aussi importants.

• Demande-toi ce que tu ressens lorsque tu regardes une œuvre d'art, un film, que tu lis de la poésie ou écoutes ta chanson préférée…

Conseils de rédaction

Tu peux suivre le plan suivant :

1. Le rôle des artistes consiste, tout d'abord, à nous permettre de mieux nous comprendre.
2. Le rôle de l'artiste est *aussi* de nous faire voir le monde autrement.

Tu peux en conclure que l'art a un rôle essentiel dans notre société.

CORRIGÉ 7

TRAVAIL SUR LE TEXTE LITTÉRAIRE ET SUR LES IMAGES

Compréhension et compétences d'interprétation

▶ **1. a)** Le premier vers du poème peut déstabiliser le lecteur : le sens lui échappe. Il est désorienté.

b) La vue des tableaux apporte un éclairage nouveau sur ce début de poème. L'image « un pays de chèvres », reste étrange, bien sûr, mais le lecteur se familiarise avec l'univers personnel de Chagall où les chèvres semblent en lévitation dans le ciel bleu.

▶ **2.** D'autres éléments sont communs au poème et aux tableaux : le couple d'amoureux (jeunes mariés, jeunes parents), les bouquets, le violon, le soleil tel une lampe, avec son halo de lumière, les couleurs enfin qui s'affranchissent (le bleu, le rouge). Il s'agit d'un univers onirique, joyeux, où l'amour rend les hommes légers.

▶ **3.** Chagall est un peintre à la palette lumineuse. Les couleurs y sont chaudes et gaies. Il en joue à sa fantaisie, avec une grande liberté, sans souci des conventions.

> INFO +
> Le mot « palette » désigne ici l'ensemble des couleurs utilisées par le peintre.

▶ **4.** Ce qui permet de dire qu'Aragon rend hommage à la peinture de Chagall, c'est qu'il emploie des termes positifs, laudatifs pour qualifier l'univers du peintre : « Tout est *joli* comme une lampe », « Dieu qu'il fait *beau* quand l'ombre est rouge ». Le poète exprime son enthousiasme par des exclamations, des interjections : « Dieu qu'... »

▶ **5. a)** La formulation des vers 15 et 16 est surprenante, car le poète a inversé l'ordre des deux pronoms « l'un » et « l'autre ».

b) Qui peint la nuit a deux visages/L'un d'aimer l'autre pour dormir

▶ **6.** La construction des strophes, constituées généralement de trois octosyllabes suivis d'un vers plus court qui les clôt, peut suggérer un acrobate la tête en bas. Les constructions parfois s'inversent comme lorsque le poète choisit d'écrire : « Dieu qu'il fait beau quand l'ombre est rouge/Et bleu l'amour », plutôt que « Et l'amour bleu », créant ainsi un chiasme.

> CONSEIL
> Avant même de se lire, un poème se regarde : agencement des strophes, longueur des vers... Tout cela peut dégager une forme, voire un dessin.

L'absence de ponctuation donne enfin aux mots une plus grande liberté.

▶ **7.** Le poète comme le peintre s'affranchissent du réel et des contraintes formelles pour proposer une vision neuve, personnelle, onirique et « surréaliste » du monde. Avec ses mots, ses vers, son lyrisme, Aragon se met à l'unisson de Chagall pour célébrer son univers fantaisiste et lumineux, où l'homme se fait léger, où les amoureux sont en lévitation. Les deux artistes jouent avec les images et les couleurs en toute liberté, sans souci des conventions, pour mettre en lumière un monde chatoyant, radieux, qui irradie le bonheur de vivre et d'aimer.

Grammaire et compétences linguistiques

▶ **8.** Aragon emploie des expressions et des constructions relevant de la langue orale : « Les amoureux est-ce qu'ils sont/À ça près », plutôt que « Les amoureux sont-ils à cela près ? » Ou encore : « Et ma tête à l'envers Maman/Ma tête », phrase nominale, répétitive, qui sonne comme la plainte d'un enfant s'adressant à sa mère. Et enfin l'interjection : « Dieu qu'… »

> INFO +
> La langue orale, parlée, peut se manifester non seulement par l'emploi d'un lexique familier, mais aussi par la syntaxe, la tournure et la construction des phrases.

▶ **9. a)** Dans le vers 15, « qui » est un pronom relatif.

b) Il est sujet du verbe « peindre ».

c) Le vers d'Aragon peut être rapproché de la construction : *Qui dort dîne.* Le pronom « celui », antécédent de la subordonnée relative, est sous-entendu dans les deux constructions.

▶ **10.** *Les modifications sont en couleur.*

« Les hommes dansaient et non les oiseaux

Ils étaient les inventeurs du trapèze

Les chevaux avaient appris d'eux l'art

Des bouquets »

▶ **11.** « Chagall, la couleur est ton peuple.

Donne-lui des jeux et du pain.

Dieu, qu'il fait beau quand l'ombre est rouge

Et bleu l'amour ! »

DICTÉE

POINT MÉTHODE

1 Sois attentif aux terminaisons verbales des verbes du premier groupe : évite de confondre l'infinitif en *-er* et le participe passé en *-é*. Pour ne pas te tromper, remplace le verbe en *-er* par un verbe d'un autre groupe : *à regarder* = *à voir* (infinitif) ; *donné* = *offert* (participe passé) ; *se coucher* = *dormir* (infinitif).

2 Attention à ne pas confondre les homonymes **à** et **a**. La préposition *à* est employée à cinq reprises dans la dictée, on ne peut pas la remplacer par *avait*.

3 Veille à bien mettre *toutes* au pluriel : *une fois pour toutes les fois*.

On m'avait appris à regarder les choses d'une certaine façon, dans une certaine succession, un équilibre une fois pour toutes donné. Le miracle de Chagall, c'est qu'il désapprend : plus rien n'était grâce à lui forcément à sa place, on allait se coucher dans le ciel, la taille des bonshommes ne dépendait plus de la distance, les animaux jouaient du violon, une fois pour toutes l'ordre des facteurs était renversé, comme à la fin d'un banquet perpétuel. La peinture de Chagall, c'était une leçon sans heure, qui vous apprenait à voir autrement le monde, autrement vivre, autrement être.

RÉDACTION

Voici un exemple de rédaction sur chacun des deux sujets.
Attention les indications entre crochets ne doivent pas figurer sur ta copie.

Sujet d'imagination

[Introduction] Il est un cinéaste que j'admire particulièrement : depuis mon enfance, ses films aux univers si personnels ont peuplé mon imaginaire de personnages et d'histoires qui ont participé à me construire.

[Une œuvre qui m'a fait vivre des aventures] À travers ses films, j'ai vécu des histoires extraordinaires. Avec le personnage d'Indiana Jones, j'ai voyagé et partagé des aventures haletantes, palpitantes et pleines de rebondissements, notamment au cœur de la jungle péruvienne, dans *Les aventuriers de l'arche perdue*. J'apprécie le rythme, le suspense et l'humour de ce film.

> INFO +
> Quand on cite le titre d'une œuvre, il faut le mettre en italique ou le souligner.

[Une œuvre qui a su m'émouvoir] Certains de ses films m'ont bouleversé, tout particulièrement celui dont le héros est un petit personnage venu d'ailleurs, étrange, mais qui a su toucher mon cœur : E.T., cet extra-terrestre qui ne demande qu'à rentrer chez lui, si fragile face à l'entêtement des hommes qui veulent en faire un objet d'expérimentation. J'aurais aimé être le petit garçon qui devient son ami. J'aime la simplicité, la sensibilité avec laquelle le cinéaste traite cette histoire.

[Une œuvre qui m'a donné de magnifiques leçons d'histoire et d'humanité] C'est un cinéaste qui m'a fait prendre conscience de valeurs fondamentales, comme l'égalité, la solidarité. Il y a, par exemple, cette histoire de ségrégation raciale aux États-Unis, *La couleur pourpre*. Et enfin et surtout ce film, magnifique leçon d'humanité, où un homme sauve des centaines de Juifs de la déportation durant la Seconde Guerre mondiale, en s'engageant à les faire travailler dans sa fabrique : *La Liste de Schindler*. Cette œuvre poignante m'a profondément marqué. Elle m'a fait comprendre l'horreur de cette période et combien sont essentiels les gestes d'humanité face à la barbarie.

[Conclusion] Ce cinéaste, c'est Steven Spielberg dont le talent à mettre en scène et à filmer des histoires et des personnages m'a enthousiasmé.

> **CONSEIL**
> Tu peux citer le nom de l'artiste dès l'introduction ou, comme ici, dans la conclusion, ce qui crée un effet d'attente.

Sujet de réflexion

[Introduction] Le rôle des artistes est-il plutôt de nous aider à nous comprendre nous-mêmes, ou de nous faire voir le monde autrement ?

[Le rôle des artistes est de nous aider à nous comprendre nous-mêmes] Il me semble que le rôle d'un artiste est tout d'abord de nous aider à mieux nous comprendre nous-mêmes. Une œuvre agit en effet comme un révélateur de nos sentiments personnels. Que ce soit des poèmes lyriques, ceux de Musset, Hugo, Verlaine, des chansons, des tableaux ou des films, les œuvres artistiques éveillent en nous des sentiments profonds et évoquent des expériences que nous avons vécues ou pourrions vivre : un chagrin d'amour, la perte d'un être cher, la nostalgie du passé, l'angoisse du temps qui passe… Nous nous sentons alors en connivence avec l'artiste qui met des mots ou des images sur ce que nous ressentons. Grâce à cela, nous nous sentons moins seuls, moins incompris.

> **CONSEIL**
> Évite de ne considérer qu'un aspect de la réponse : l'art ne peut être réduit à un seul rôle. Présente tes arguments dans un ordre croissant d'importance.

[Leur rôle est aussi de nous faire voir le monde autrement] Cependant, pourquoi limiter l'art à un seul rôle ? Il offre aussi un regard original sur le monde qui nous entoure. Marcel Duchamp, en exposant un urinoir qu'il a intitulé *Fontaine,* remet en question la conception traditionnelle de l'art et nous invite à regarder autrement cet objet trivial. Les artistes de Street art, comme Levalet ou Banksy, en prenant possession des murs de nos villes, choisissent d'introduire de la poésie dans notre quotidien, de nous surprendre, de nous interpeller, de nous interroger aussi parfois sur la société dans laquelle nous vivons.

Montrer le monde autrement, c'est également amener les citoyens que nous sommes à prendre conscience des injustices qui nous entourent. Ainsi, Victor Hugo, dans *Melancholia*, crie sa révolte concernant l'exploitation des enfants.

[Conclusion] Le rôle des artistes est donc multiple. Leurs œuvres peuvent agir comme un miroir de l'âme humaine, et elles peuvent aussi nous inviter à porter un regard neuf sur notre environnement. Ces deux rôles sont l'un comme l'autre essentiels pour notre société.

SUJET

8

Sujet inédit • Progrès et rêves scientifiques
100 points

FRANÇAIS

Expériences et découvertes

DOCUMENT A **Texte littéraire**

Louis Pasteur, chimiste et physicien français (1822-1895), est célèbre, entre autres, pour avoir mis au point un vaccin contre la rage. Cet extrait raconte comment le savant et son équipe découvrent l'efficacité du principe de vaccination.

L'équipe de Pasteur ne s'occupait pas que du charbon[1]. On lui avait aussi demandé de mettre fin au « choléra des poules », une maladie qui paralysait la volaille avant de la tuer.

Septembre 1879. […] Dans un coin de son laboratoire parisien de la rue d'Ulm, on retrouve une culture de bacilles[2] qui avaient été identifiés comme responsables de cette affection[3]. Personne ne s'en était préoccupé durant les deux mois d'été.

Pasteur prélève quelques gouttes du bouillon et les inocule[4] à des poules. Qui tombent un peu malades, mais aucune ne meurt.

Un peu plus tard, ces mêmes poules reçoivent une solution « jeune et neuve » des bacilles. Jour après jour, on guette fiévreusement leur état. Au bout de deux semaines, la bonne nouvelle est confirmée : aucune des volailles n'est morte.

Devant ses collaborateurs Chamberland et Roux, Pasteur se serait exclamé : « Ne voyez-vous pas que ces poules ont été vaccinées ? »

[…] Et c'est ainsi qu'il a baptisé « vaccin » le germe affaibli. […]

Comment atténuer la malfaisance d'un virus ? Tel est le nouveau défi de Pasteur et de son équipe. Le tout jeune Émile Roux, l'une de ses dernières recrues, va jouer un rôle crucial. Il se murmure que, déjà, pour le vaccin qui allait sauver les poules, c'est de lui que serait venue l'idée géniale. Il se chuchote aussi que la contribution de Chamberland, autre assistant, a permis de franchir un pas décisif… Mais, silence ! C'est Pasteur, le héros de l'histoire. Ne rabotons pas sa gloire. Sauf à considérer que son premier mérite est justement d'avoir constitué et conservé un tel commando. Patience, nous y viendrons. […]

Le baron de La Rochette, grand propriétaire, est, à Melun, président de la Société d'agriculture. Il offre à l'expérience sa ferme de Pouilly-le-Fort.

Le 5 mai 1881, une foule nombreuse déferle à la gare locale de Cesson : paysans, élus, pharmaciens, vétérinaires… La plupart, sceptiques, ricanent en voyant Pasteur et ses assistants procéder à la première série d'inoculations : vingt-cinq moutons et cinq vaches parquées dans un hangar.

Le 17 mai, nouvelle inoculation des mêmes animaux avec le virus moins atténué, donc plus virulent que le précédent.

31 mai : toujours devant la même foule, le bacille du charbon (plus du tout atténué) est inoculé aux trente animaux vaccinés, mais aussi à vingt-cinq moutons et cinq vaches qui n'ont reçu aucun traitement. L'attente commence.

Et les tensions montent dans l'équipe : avons-nous choisi le bon vaccin ? Ne fallait-il pas poursuivre les recherches ? Si les vaccinés meurent, nous devrons, dans la honte, fermer notre laboratoire…

Jours d'angoisse. Nuits sans sommeil, car quelques bêtes traitées souffrent de fortes fièvres.

Une semaine plus tard, quand il revient à Pouilly, des acclamations l'accueillent. Tous les animaux non vaccinés sont morts : leurs cadavres gisent, alignés sur le sol. Tous les vaccinés broutent ou gambadent.

Erik Orsenna, *La vie, la mort, la vie*, 2015,

---

1. Charbon : maladie infectieuse, potentiellement mortelle, qui touche aussi bien l'homme que l'animal.
2. Culture de bacilles : élevage de microbes, qui se fait dans un liquide appelé « bouillon ».
3. Affection : maladie.
4. Inoculer : introduire dans l'organisme une substance contenant les germes d'une maladie.

DOCUMENT B **Albert Edelfelt, *Louis Pasteur*, 1885**

En peignant ce portrait de Louis Pasteur, un des plus célèbres scientifiques de l'époque, le peintre finlandais Albert Edelfelt obtient un succès considérable.

ph © Josse/Leemage

TRAVAIL SUR LE TEXTE LITTÉRAIRE ET SUR L'IMAGE

50 POINTS • 1 H 10

Les réponses doivent être entièrement rédigées.

Grammaire et compétences linguistiques

▶ **1.** Expliquez la formation du mot « fiévreusement » (l. 11-12) et son sens dans le texte. Le mot « fièvre » (l. 45) est-il à prendre dans le même sens ? *(6 points)*

▶ **2.** « Et les tensions montent dans l'équipe : avons-nous choisi le bon vaccin ? Ne fallait-il pas poursuivre les recherches ? » (l. 41-42)

a) Comment sont rapportées les paroles dans ces phrases ? *(2 points)*

b) Est-ce une manière habituelle de procéder ? *(2 points)*

▶ **3.** « Mais, silence ! C'est Pasteur, le héros de l'histoire. Ne rabotons pas sa gloire. » (l. 23-24)

a) Quels sont les types de phrase employés ? *(2 points)*

b) Qui parle et à qui ces phrases sont-elles adressées ? *(3 points)*

▶ **4.** « Une semaine plus tard, quand il revient à Pouilly, des acclamations l'accueillent. Tous les animaux non vaccinés sont morts. » (l. 46-47)
Réécrivez le passage suivant en remplaçant « il » par « ils », et « animaux » par « bêtes ». Vous ferez toutes les modifications nécessaires. *(10 points)*

Compréhension et compétences d'interprétation

▶ **5. a)** Quelles sont les deux expériences successives racontées dans ce texte ? *(2 points)*
b) Quels points communs pouvez-vous relever entre ces expériences ? *(2 points)*

▶ **6.** Pour quelle raison, le 31 mai, le bacille du charbon est-il aussi inoculé aux animaux non vaccinés ? *(3 points)*

▶ **7.** Expliquez précisément quels sont les sentiments de Pasteur et de son équipe tandis qu'ils attendent les résultats des expériences. *(5 points)*

▶ **8.** Ce texte dresse-t-il le portrait d'un homme ou d'un projet collectif ? Justifiez votre réponse par des renvois précis au texte. *(5 points)*

▶ **9.** Quels sont les rapports entretenus entre le texte et le tableau ? *(4 points)*

▶ **10.** Quelle impression se dégage du tableau ? Selon vous, est-ce la même que celle dégagée par le texte ? Pourquoi ? *(4 points)*

DICTÉE 10 POINTS • 20 MIN

Le titre, la source de l'extrait et les noms Victor Hugo, Louis Pasteur et Franche-Comté sont écrits au tableau.

Erik Orsenna
La vie, la mort, la vie, 2015

Ils se seront détestés

Victor Hugo et Louis Pasteur. Le grand écrivain et le grand savant. Les deux phares qui, au-delà de la France, éclairent encore le monde. Deux bienfaiteurs de l'humanité. L'un, explorateur des vertiges de l'âme, a rendu leur dignité aux misérables et, pour cela, demeure célébré de l'Amérique latine à la Chine. L'autre, découvreur des sources de la vie, a triomphé de la rage. Tous les deux nés dans cette province appelée Franche-Comté pour les libertés qu'elle savait défendre. […] L'un chérissait la liberté, l'autre la science. Quand, l'un après l'autre, la mort finit par les rattraper, le même hommage leur fut rendu […]. Ensemble, ils résument leur siècle.

RÉDACTION

40 POINTS • 1 H 30

Vous traiterez au choix l'un des deux sujets.

Votre rédaction sera d'une longueur minimale d'une soixantaine de lignes (300 mots environ).

Sujet de réflexion

Selon vous, les découvertes scientifiques sont-elles nécessairement une source de progrès pour l'humanité ? Vous présenterez votre réflexion dans un développement organisé, en prenant appui sur des exemples tirés de vos lectures et de votre culture personnelle.

Sujet d'imagination

Vous avez fait une découverte qui révolutionne le quotidien. Vous écrivez une lettre au président de l'Académie des sciences pour lui présenter les vertus de votre découverte et le convaincre de soutenir vos travaux de recherche.

LES CLÉS DU SUJET

■ Les documents

Le texte littéraire (document A)

L'écrivain Erik Orsenna, membre de l'Académie française, occupe le fauteuil qui fut jadis celui de Louis Pasteur. Dans le livre qu'il consacre à ce grand savant du XIXe siècle, il retrace sa vie et ses nombreuses découvertes.

Le tableau (document B)

Pasteur est représenté au milieu de son laboratoire, entouré du matériel nécessaire à ses expériences. Le bocal qu'il tient dans la main contient la moelle épinière du lapin contaminé par la rage, à partir de laquelle il va mettre au point le vaccin contre cette maladie.

■ Rédaction (sujet de réflexion)

Recherche d'idées

- Le sujet souligne le rôle des exemples dans ta réflexion. Tu peux les tirer des enseignements donnés en cours de sciences (découverte de l'électricité, par exemple) ou d'histoire (les armes chimiques faisant leur apparition pendant la Première Guerre mondiale).
- Pense également à utiliser le texte support et la découverte du principe de vaccination qui y est mentionnée.

Conseils de rédaction

• Construis ton devoir en deux parties : dans un premier paragraphe, tu traiteras des aspects positifs des découvertes scientifiques, en pensant aux progrès de la médecine et aux améliorations du quotidien ; dans un second paragraphe, tu aborderas les aspects négatifs, en mentionnant les exploitations militaires meurtrières de ces découvertes ou les expérimentations animales. Pense à étayer avec des exemples concrets.

• Donne ton avis en conclusion.

■ Rédaction (sujet d'imagination)

Recherche d'idées

• Choisis un domaine qui peut toucher beaucoup de gens : l'alimentation, la pollution ou l'énergie.

• Il est inutile de rentrer dans des explications trop techniques ; pense surtout à présenter les avantages de ta découverte : gain de temps, gain de place, diminution de la pollution ou amélioration du cadre de vie.

Conseils de rédaction

• Commence par expliquer l'utilité de ta découverte en mettant en avant les problèmes qu'elle va permettre de résoudre, car il s'agit avant tout de convaincre ton destinataire de t'aider.

• Présente ensuite plus précisément ton innovation. Termine en demandant un soutien – financier ou autre – à ton destinataire.

• Respecte les codes de l'écriture épistolaire : date et lieu d'envoi, formules d'adresse et d'adieu et signature.

CORRIGÉ 8

TRAVAIL SUR LE TEXTE LITTERAIRE ET SUR L'IMAGE

Grammaire et compétences linguistiques

▶ **1.** L'adverbe « fiévreusement » est dérivé de l'adjectif « fiévreuse », suivi du suffixe *–ment*. L'adjectif lui-même est formé à partir du radical *fièvr-*. Dans le texte, l'adverbe qualifie l'état d'angoisse et d'impatience des scientifiques. Il est donc à prendre au sens figuré. Le mot « fièvre » qui apparaît plus loin, est employé en revanche au sens propre : les animaux vaccinés ont une température plus élevée.

> ASTUCE
> Pour expliquer le sens d'un mot, il est également possible de lui trouver un synonyme, c'est-à-dire un mot de même classe grammaticale. Ici, le synonyme de « fiévreusement » serait « anxieusement ».

▶ **2. a)** Les paroles sont rapportées au discours direct, comme le montrent l'emploi du pronom de première personne et les points d'interrogation.

b) Le discours direct n'est toutefois pas employé de manière traditionnelle, car les guillemets sont absents.

▶ **3. a)** La phrase déclarative est encadrée par deux phrases injonctives.

b) Il s'agit ici de commentaires de la part du narrateur qui interrompt le récit pour s'adresser au lecteur. L'emploi de la 1re personne du pluriel crée une complicité entre le narrateur et le lecteur, associés dans ce « nous ».

ZOOM

Il existe quatre types de phrase : déclarative, injonctive, interrogative et exclamative. Dans la phrase déclarative, le présentatif « C'est » sert à mettre en valeur le nom de Pasteur.

▶ **4.** *Les modifications sont mises en couleur.*

« Une semaine plus tard, quand ils reviennent à Pouilly, des acclamations les accueillent. Toutes les bêtes non vaccinées sont mortes […]. »

Compréhension et compétences d'interprétation

▶ **5. a)** La première expérience mentionne le procédé tenté pour lutter contre une maladie appelée le « choléra des poules ». La seconde expérience est menée sur des moutons et des vaches pour lutter contre la maladie du charbon.

b) Dans les deux cas, le protocole expérimental est identique : un germe affaibli de la maladie est introduit chez des animaux sains, qui n'en meurent pas. Plus tard, on inocule à ces mêmes animaux un germe très virulent du virus, qui normalement devrait les tuer. Mais aucune bête ne meurt. Ces deux expériences sont donc couronnées de succès.

▶ **6.** Le virus est aussi inoculé à des animaux sains : c'est ce qu'on appelle un groupe témoin. Ils n'ont pas eu la première injection atténuée et mourront, montrant par-là même l'efficacité du vaccin reçu par les bêtes de l'autre groupe.

▶ **7.** Les scientifiques ne sont pas certains de la réussite de leurs expériences. Ils éprouvent d'abord de l'angoisse (« jour après jour, on guette fiévreusement leur état »). Lors de la deuxième expérience, l'angoisse est plus marquée (« les tensions montent dans l'équipe, nuits sans sommeil »), car la réussite moins certaine (« quelques bêtes traitées souffrent de fortes fièvres »). Le soulagement et la joie ne sont pas mentionnés explicitement : l'heure est encore à la recherche.

▶ **8.** Le texte dresse le portrait d'un homme : « héros » de l'histoire, c'est lui qui prononce pour la première fois le mot « vaccin » et qui est acclamé lorsqu'il retourne à Pouilly. Mais ce portrait conforme à l'image « officielle » du savant est en réalité plus nuancé : les membres de l'équipe sont présents à tous les stades des expériences et sont peut-être à l'origine des plus grandes découvertes. L'appellation anachronique « commando » souligne la force de cette équipe.

▶ **9.** Les deux documents montrent un grand savant, Pasteur, au travail. Alors que le texte détaille des expériences réalisées sur des animaux sur le terrain, avec l'aide précieuse d'une équipe entière, le tableau privilégie l'image d'un homme de laboratoire, seul dans ses recherches.

▶ **10.** Le tableau dresse le portrait d'un homme plus que d'un héros. Une impression de calme et de recherche studieuse se dégage de la toile. Le texte en revanche présente un homme en proie aux doutes et aux angoisses, menant des expériences sur le vivant tout en étant incertain du résultat.

DICTÉE

POINT MÉTHODE

1 Souviens-toi que le **participe passé employé sans auxiliaire** fonctionne comme un adjectif qualificatif : tu dois identifier le nom auquel il se rapporte pour l'accorder convenablement.

2 Les **noms féminins qui se terminent par le son *–té*** s'écrivent sans *e* (sauf quelques exceptions, comme « dictée »).

3 Attention à l'emploi des consonnes doubles dans certains mots.

Victor Hugo et Louis Pasteur. Le grand écrivain et le grand savant. Les deux phares qui, au-delà de la France, éclairent encore le monde. Deux bienfaiteurs de l'humanité. L'un, explorateur des vertiges de l'âme, a rendu leur dignité aux misérables et, pour cela, demeure célébré de l'Amérique latine à la Chine. L'autre, découvreur des sources de la vie, a triomphé de la rage. Tous les deux nés dans cette province appelée Franche-Comté pour les libertés qu'elle savait défendre. [...] L'un chérissait la liberté, l'autre la science. Quand, l'un après l'autre, la mort finit par les rattraper, le même hommage leur fut rendu [...]. Ensemble, ils résument leur siècle.

RÉDACTION

Voici un exemple de rédaction sur chacun des deux sujets.
Attention les titres en couleur ne doivent pas figurer sur ta copie.

Sujet de réflexion

[Introduction] Les découvertes scientifiques ont considérablement changé le quotidien des hommes, dans de nombreux domaines : la santé, la communication, les déplacements. On parle ainsi des « progrès » scientifiques qui améliorent notre ordinaire. Pourtant, les découvertes ne sont pas toujours synonymes d'amélioration. Nous étudierons d'abord les aspects positifs des découvertes scientifiques ; puis nous envisagerons les catastrophes qu'elles ont parfois amenées.

[Les avancées scientifiques] Les découvertes scientifiques sont souvent une source de progrès. Le recul de la mortalité est dû aux progrès de la médecine, et à la découverte du principe d'hygiène. La vaccination a aussi permis d'éradiquer nombre de maladies, comme le montre Erik Orsenna dans son ouvrage consacré à Pasteur : *La vie, la mort, la vie*. Au quotidien, nous profitons également des progrès scientifiques, et notamment de la découverte de l'électricité. Il nous semblerait difficile de nous passer de ce confort qui consiste à allumer un radiateur, une plaque électrique ou à se connecter à Internet.

[Les applications malheureuses] Cependant, les découvertes scientifiques ne sont pas nécessairement synonymes de progrès pour les hommes, car elles reçoivent souvent des applications militaires et meurtrières. Beaucoup de soldats sont tués pendant la Première Guerre mondiale par les armes chimiques qui font leur apparition et provoquent une mort lente et douloureuse. Et même dans le domaine médical, les suites des nouvelles découvertes ne sont pas toujours positives. Certains vaccins sont ainsi soupçonnés de provoquer des effets secondaires très graves et irréversibles.

[Conclusion] Les découvertes successives ont considérablement changé le quotidien des hommes. Si certaines améliorent notre vie, d'autres se révèlent meurtrières. Il est donc impossible d'affirmer que ces découvertes sont une source de progrès pour l'humanité, tant certaines applications qui en sont faites sont funestes.

Sujet d'imagination

> CONSEIL
> Présente ton devoir sous la forme d'une lettre, en mentionnant l'expéditeur, la date, le lieu, les formules de politesses.

Florine Vérin

Chemin des Plateaux

78440 Praville

Praville, le 7 juillet 2016

Monsieur le Président de l'Académie des sciences,

J'ai l'honneur de vous informer d'une découverte que j'ai faite récemment, et qui pourrait révolutionner notre quotidien.

[Rappel du contexte] La pollution toujours plus importante, et les bouleversements climatiques nous font craindre une pénurie possible de notre ressource naturelle la plus importante : l'eau. Sans eau, on le sait bien, nulle forme de vie n'est possible. Et sans purification, les bactéries et les virus pullulent, faisant du liquide un véritable poison.

[Présentation de la découverte] C'est en partant des méthodes mécaniques existantes pour filtrer l'eau que j'ai découvert un moyen beaucoup plus radical de fournir, en quantité, de l'eau potable à toute l'humanité. Par un procédé simple mais connu de moi seule, je suis désormais en mesure d'obtenir de l'eau potable à partir de n'importe quel liquide : eau de mer, jus de fruit, eau de pluie et même transpiration… Le procédé chimique utilisé est sans danger pour la santé.

[Demande de soutien] Mais pour être réellement exploitable, ma découverte nécessite quelques aménagements. Je pense notamment à la fabrication d'une machine effectuant automatiquement la transformation. C'est pour cette raison, Monsieur le Président, que j'ai l'honneur de solliciter une aide financière, qui me permettrait de mener à bien mes derniers travaux de recherche.

Dans l'attente de votre réponse, veuillez agréer, cher Monsieur, l'expression de mes salutations distinguées.

Florine Vérin

SUJET

9

France métropolitaine • Juin 2018

Sujet complet • 100 points

Sujet du brevet de France métropolitaine 2018

EXERCICE 1 • LE GLOBE DE CRISTAL 11 POINTS

Le gros globe de cristal est un trophée attribué au vainqueur de la coupe du monde de ski. Ce trophée pèse 9 kg et mesure 46 cm de hauteur.

▶ **1.** Le biathlète français Martin Fourcade a remporté le sixième gros globe de cristal de sa carrière en 2017 à Pyeongchang en Corée du Sud. Donner approximativement la latitude et la longitude de ce lieu repéré sur la carte ci-dessous.

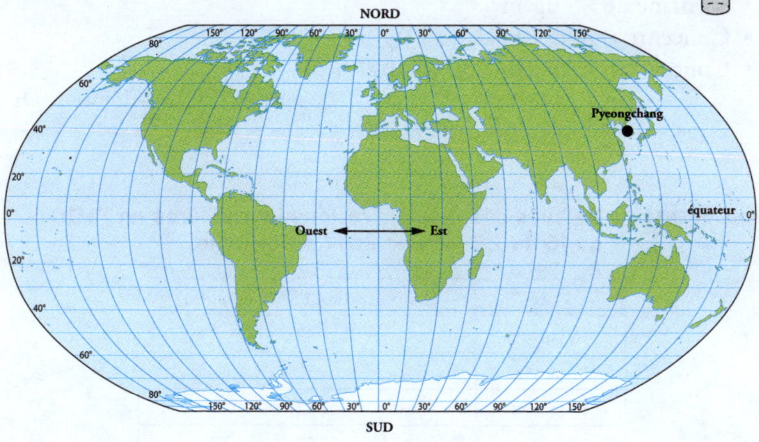

▶ **2.** On considère que ce globe est composé d'un cylindre en cristal de diamètre 6 cm, surmonté d'une boule de cristal. Voir schéma ci-contre. Montrer qu'une valeur approchée du volume de la boule de ce trophée est de 6 371 cm^3.

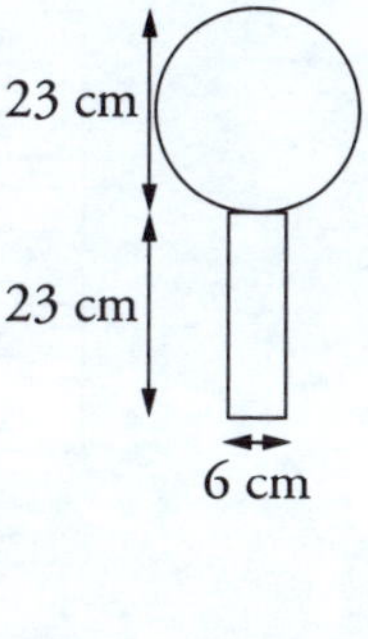

▶ **3.** Marie affirme que le volume de la boule de cristal représente environ 90 % du volume total du trophée. A-t-elle raison ?

Rappels :

– volume d'une boule de rayon R : $\mathcal{V} = \frac{4}{3}\pi R^3$;

– volume d'un cylindre de rayon r et de hauteur h : $\mathcal{V} = \pi r^2 h$.

EXERCICE 2 • LES PARTICULES FINES — 14 POINTS

Parmi les nombreux polluants de l'air, les particules fines sont régulièrement surveillées. Les PM10 sont des particules fines dont le diamètre est inférieur à 0,01 mm. En janvier 2017, les villes de Lyon et Grenoble ont connu un épisode de pollution aux particules fines.
Voici des données concernant la période du 16 au 25 janvier 2017 :

DOCUMENT 1 — **Données statistiques sur les concentrations journalières en PM10 du 16 au 25 janvier 2017 à Lyon**

- Moyenne : 72,5 µg/m^3.
- Médiane : 83,5 µg/m^3.
- Concentration minimale : 22 µg/m^3.
- Concentration maximale : 107 µg/m^3.

Source : www.air-rhonealpes.fr

DOCUMENT 2 — **Relevés des concentrations journalières en PM10 du 16 au 25 janvier 2017 à Grenoble**

Date	Concentration PM10 en µg/m^3
16 janvier	32
17 janvier	39
18 janvier	52
19 janvier	57
20 janvier	78
21 janvier	63
22 janvier	60
23 janvier	82
24 janvier	82
25 janvier	89

▶ **1.** Laquelle de ces deux villes a eu la plus forte concentration moyenne en PM10 entre le 16 et le 25 janvier ?

▶ **2.** Calculer l'étendue des séries des relevés en PM10 à Lyon et à Grenoble. Laquelle de ces deux villes a eu l'étendue la plus importante ? Interpréter ce dernier résultat.

▶ **3.** L'affirmation suivante est-elle exacte ? Justifier votre réponse.
« Du 16 au 25 janvier, le seuil d'alerte de 80 $\mu g/m^3$ par jour a été dépassé au moins 5 fois à Lyon. »

EXERCICE 3 • LE LECTEUR AUDIO 12 POINTS

Dans son lecteur audio, Théo a téléchargé 375 morceaux de musique. Parmi eux, il y a 125 morceaux de rap. Il appuie sur la touche « lecture aléatoire » qui lui permet d'écouter un morceau choisi au hasard parmi tous les morceaux disponibles.

▶ **1.** Quelle est la probabilité qu'il écoute du rap ?

▶ **2.** La probabilité qu'il écoute du rock est égale à $\frac{7}{15}$. Combien Théo a-t-il de morceaux de rock dans son lecteur audio ?

▶ **3.** Alice possède 40 % de morceaux de rock dans son lecteur audio. Si Théo et Alice appuient tous les deux sur la touche « lecture aléatoire » de leur lecteur audio, lequel a le plus de chances d'écouter un morceau de rock ?

EXERCICE 4 • TRIANGLES 14 POINTS

La figure ci-dessous n'est pas représentée en vraie grandeur.
Les points C, B et E sont alignés.
Le triangle ABC est rectangle en A.
Le triangle BDC est rectangle en B.

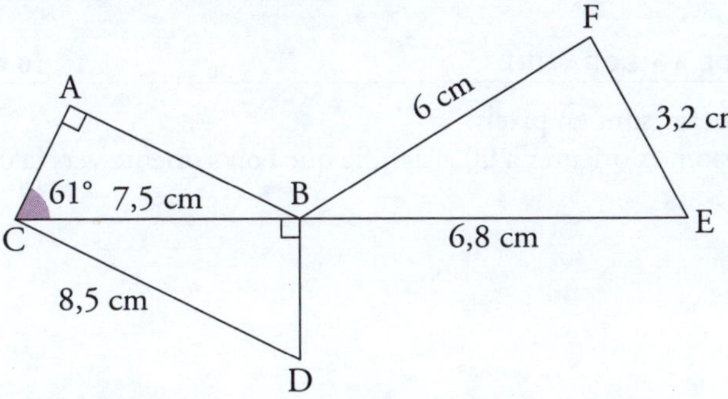

▶ **1.** Montrer que la longueur BD est égale à 4 cm.

▶ **2.** Montrer que les triangles CBD et BFE sont semblables.

▶ **3.** Sophie affirme que l'angle $\widehat{BFE}$ est un angle droit. A-t-elle raison ?

▶ **4.** Max affirme que l'angle $\widehat{ACD}$ est un angle droit. A-t-il raison ?

EXERCICE 5 • CALCUL LITTÉRAL 16 POINTS

Voici un programme de calcul :
- Choisir un nombre
- Multiplier ce nombre par 4
- Ajouter 8
- Multiplier le résultat par 2

▶ **1.** Vérifier que si on choisit le nombre – 1, ce programme donne 8 comme résultat final.

▶ **2.** Le programme donne 30 comme résultat final, quel est le nombre choisi au départ ?

Dans la suite de l'exercice, on nomme x le nombre choisi au départ.

▶ **3.** L'expression $A = 2(4x + 8)$ donne le résultat du programme de calcul précédent pour un nombre x donné.
On pose $B = (4 + x)^2 - x^2$.
Prouver que les expressions A et B sont égales pour toutes les valeurs de x.

▶ **4.** Pour chacune des affirmations suivantes, indiquer si elle est vraie ou fausse. On rappelle que les réponses doivent être justifiées.
- **Affirmation 1** : Ce programme donne un résultat positif pour les valeurs de x.
- **Affirmation 2** : Si le nombre x choisi est un nombre entier, le résultat obtenu est un multiple de 8.

EXERCICE 6 • SCRATCH 16 POINTS

Les longueurs sont en pixels.
L'expression « s'orienter à 90 » signifie que l'on s'oriente vers la droite.

On donne le programme suivant :

```
1  quand [drapeau] est cliqué
2  aller à x: (0) y: (0)
3  stylo en position d'écriture
4  s'orienter à (90▾)
5  mettre [Longueur ▾] à [300]
6  Carré
7  Triangle
8  avancer de ((Longueur) / (6))
9  mettre [Longueur ▾] à [ ]
10 Carré
11 Triangle
```

```
définir Carré
répéter (4) fois
    avancer de (Longueur)
    tourner ↶ de (90) degrés
```

```
définir Triangle
répéter (3) fois
    avancer de (Longueur)
    tourner ↶ de (120) degrés
```

▶ **1.** On prend comme échelle 1 cm pour 50 pixels.

a) Représenter sur votre copie la figure obtenue si le programme est exécuté jusqu'à la ligne 7 comprise.

b) Quelles sont les coordonnées du stylo après l'exécution de la ligne 8 ?

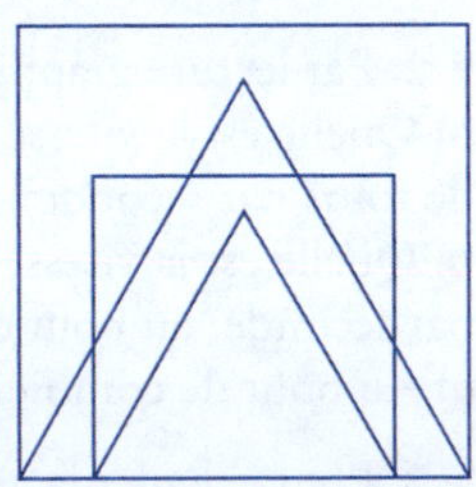

▶ **2.** On exécute le programme complet et on obtient la figure ci-contre qui possède un axe de symétrie vertical.

Recopier et compléter la ligne 9 du programme pour obtenir cette figure (ici à l'échelle 1/2).

▶ **3. a)** Parmi les transformations suivantes, translation, homothétie, rotation, symétrie axiale, quelle est la transformation géométrique qui permet d'obtenir le petit carré à partir du grand carré ? Préciser le rapport de réduction.

b) Quel est le rapport des aires entre les deux carrés dessinés ?

EXERCICE 7 • LE HAND SPINNER 17 POINTS

Le *hand spinner* est une sorte de toupie plate qui tourne sur elle-même.

On donne au *hand spinner* une vitesse de rotation initiale au temps $t = 0$, puis, au cours du temps, sa vitesse de rotation diminue jusqu'à l'arrêt complet du *hand spinner*. Sa vitesse de

rotation est alors égale à 0. Grâce à un appareil de mesure, on a relevé la vitesse de rotation exprimée en nombre de tours par seconde.
Sur le graphique ci-dessous, on a représenté cette vitesse en fonction du temps exprimé en secondes :

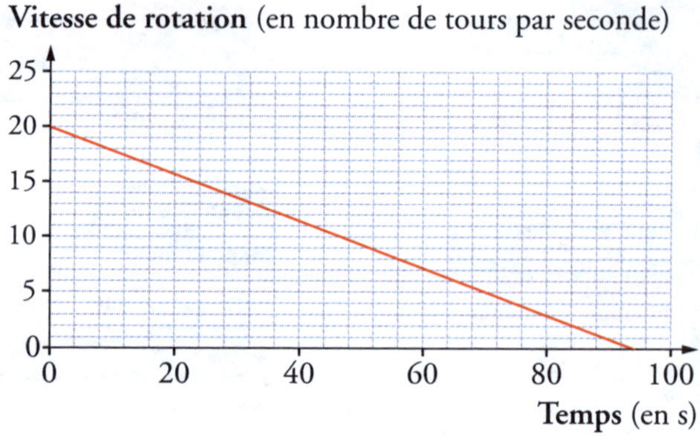

D'après www.sciencesetavenir.fr

▶ **1.** Le temps et la vitesse de rotation du *hand spinner* sont-ils proportionnels ? Justifier.

▶ **2.** Par lecture graphique, répondre aux questions suivantes :
a) Quelle est la vitesse de rotation initiale du *hand spinner* (en nombre de tours par seconde) ?
b) Quelle est la vitesse de rotation du *hand spinner* (en nombre de tours par seconde) au bout de 1 minute et 20 secondes ?
c) Au bout de combien de temps le *hand spinner* va-t-il s'arrêter ?

▶ **3.** Pour calculer la vitesse de rotation du *hand spinner* en fonction du temps t, notée $V(t)$, on utilise la fonction suivante :

$$V(t) = -0{,}214 \times t + V_{\text{initiale}}.$$

• t est le temps (exprimé en s) qui s'est écoulé depuis le début de rotation du *hand spinner*.
• V_{initiale} est la vitesse de rotation à laquelle on a lancé le *hand spinner* au départ.
a) On lance le *hand spinner* à une vitesse initiale de 20 tours par seconde. Sa vitesse de rotation est donc donnée par la formule :
$V(t) = -0{,}214 \times t + 20$. Calculer sa vitesse de rotation au bout de 30 s.
b) Au bout de combien de temps le *hand spinner* va-t-il s'arrêter ? Justifier par un calcul.
c) Est-il vrai que, d'une manière générale, si l'on fait tourner le *hand spinner* deux fois plus vite au départ, il tournera deux fois plus longtemps ? Justifier.

LES CLÉS DU SUJET

Exercice 1

Points du programme

Volumes usuels • Repérage sur la sphère terrestre • Pourcentage.

Nos coups de pouce

▶ **3.** Pour calculer un pourcentage, on divise l'effectif de la catégorie par l'effectif total.

Exercice 2

Points du programme

Moyenne arithmétique • Étendue • Médiane.

Nos coups de pouce

▶ **2.** L'étendue est la différence entre la valeur la plus grande et la valeur la plus petite.

Exercice 3

Points du programme

Probabilités • Fractions.

Nos coups de pouce

▶ **3.** Un pourcentage est une fraction de dénominateur 100.

Exercice 4

Points du programme

Théorème direct et réciproque de Pythagore • Triangles semblables • Trigonométrie.

Nos coups de pouce

▶ **4.** Utilise une formule adéquate de trigonométrie pour calculer l'angle.

Exercice 5

Points du programme

Développements • Calculs numériques.

Nos coups de pouce

▶ **4. a)** Il suffit de trouver un contre-exemple pour prouver qu'un résultat est faux.

Exercice 6

Points du programme

Algorithmique • Transformations usuelles du plan.

MATHS

Nos coups de pouce

▶ **3. a)** Quelle transformation réduit ou agrandit une figure ?

■ Exercice 7

Points du programme

Lecture de courbe • Équation du premier degré à une inconnue.

Nos coups de pouce

▶ **3. b)** Pense à résoudre une équation bien choisie.

CORRIGÉ 9

EXERCICE 1

▶ **1.** Les coordonnées de Pyeongchang sont 127° est (longitude) et 35° nord (latitude).

▶ **2.** $\mathcal{V}_{\text{boule}} = \frac{4}{3} \times \pi \times R^3 = \frac{4}{3} \times \pi \times 11{,}5^3 \approx \boxed{6\ 371\ \text{cm}^3}$.

▶ **3.** $\mathcal{V}_{\text{cylindre}} = \pi \times r^2 \times h = \pi \times 3^2 \times 23 \approx 650\ \text{cm}^3$

$\mathcal{V}_{\text{total}} = 6\ 371 + 650 = \boxed{7\ 021\ \text{cm}^3}$.

Le rapport des volumes est : $\frac{6\ 371}{7\ 021} \approx 90{,}7\ \%$.

Donc le volume de la boule représente environ 90 % du volume total, Marie a raison.

EXERCICE 2

▶ **1.** À Lyon, la moyenne des concentrations est de 72,5 µg/m^3.

À Grenoble :

$\frac{32+39+52+57+78+63+60+82+82+89}{10} = 63{,}4\ \mu\text{g/m}^3$.

C'est Lyon qui a la plus forte concentration moyenne en PM10 entre le 16 et le 25 janvier.

▶ **2.** Étendue des concentrations à Lyon : $107 - 22 = 85$.

Étendue des concentrations à Grenoble : $89 - 32 = 57$.

C'est à Lyon que l'étendue des concentrations est la plus grande.
L'amplitude des concentrations est la plus élevée à Lyon.

▶ **3.** À Lyon, la médiane des concentrations sur les 10 jours est de 83,5 µg/m^3.
Cela signifie que la concentration a été supérieure ou égale à 83,5 µg/m^3 au moins 5 jours sur les dix jours mesurés.
Donc le seuil d'alerte de 80 µg/m^3 a été dépassé au moins 5 jours à Lyon.

> **REMARQUE**
> Pense à la définition d'une médiane.

MATHS

EXERCICE 3

▶ **1.** p (« Théo écoute du rap ») $= \frac{125}{375} = \boxed{\frac{1}{3}}$.

▶ **2.** Si x est le nombre de morceaux de rock sur le lecteur de Théo, alors x vérifie : $\frac{7}{15} = \frac{x}{375}$.

Avec un produit en croix, on trouve : $\boxed{x = 175}$.

▶ **3.** p (« Théo écoute du rock ») $= \frac{7}{15} = \frac{70}{150}$.

p(« Alice écoute du rock ») $= \frac{40}{100} = \frac{60}{150}$.

Donc c'est Théo qui a le plus de chance d'écouter un morceau de rock.

> **RAPPEL**
> Pour comparer deux fractions, il suffit de les mettre au même dénominateur.

EXERCICE 4

▶ **1.** Le triangle BCD est rectangle en B donc d'après le théorème de Pythagore, on a :

$BC^2 + BD^2 = CD^2$

$7{,}5^2 + BD^2 = 8{,}5^2$

$56{,}25 + BD^2 = 72{,}25$

$BD^2 = 72{,}25 - 56{,}25 = 16$

$BD = \sqrt{16} = \boxed{4 \text{ cm}}$.

> **RAPPEL**
> Le triangle BCD est rectangle en B, utilise le théorème de Pythagore.

▶ **2.** Calculons les rapports de longueurs dans les deux triangles :

$\frac{BC}{BF} = \frac{7{,}5}{6} = 1{,}25$; $\frac{BD}{FE} = \frac{4}{3{,}2} = 1{,}25$; $\frac{CD}{BE} = \frac{8{,}5}{6{,}8} = 1{,}25$.

Les quotients sont égaux donc les triangles BCF et BFE sont semblables.

▶ **3.** [BE] est le plus grand côté.

D'une part : $BE^2 = 6{,}8^2 = 46{,}24$.

D'autre part : $BF^2 + FE^2 = 6^2 + 3{,}2^2 = 46{,}24$.

Donc : $BE^2 = BF^2 + FE^2$.

Donc d'après la réciproque du théorème de Pythagore, le triangle BFE est rectangle en F.

> **REMARQUE**
> Les triangles BCF et BFE sont semblables, leurs angles sont donc égaux deux à deux, en particulier $\widehat{BFE} = \widehat{CBD} = 90°$.

▶ **4.** Le triangle BCD est rectangle en B, on a donc :

$$\cos(\widehat{BCD}) = \frac{\text{côté adjacent}}{\text{hypoténuse}} = \frac{BC}{BD} = \frac{7{,}5}{8{,}5}.$$

Et $\widehat{BCD} = \arccos\left(\dfrac{7{,}5}{8{,}5}\right) \approx 28°$.

Or $\widehat{ACD} = \widehat{ACB} + \widehat{BCD} \approx 61° + 28° \approx 89°$, donc l'angle $\widehat{ACD}$ n'est pas droit.

EXERCICE 5

▶ **1.** $((-1) \times 4 + 8) \times 2 = 4 \times 2 = 8$.

On obtient bien 8 en prenant comme nombre de départ -1.

▶ **2.** On « remonte » le programme :

$(30 \div 2 - 8) \div 4 = (15 - 8) \div 4 = 7 \div 4 = 1{,}75$.

Il faut prendre 1,75 comme nombre de départ pour obtenir 30.

▶ **3.** Développons chaque expression :

$$A = 2(4x+8) = 8x+16$$

$$B = (4+x)^2 - x^2 = 16 + 8x + x^2 - x^2 = 8x + 16$$

Donc A et B sont égaux.

> **RAPPEL**
> $(4+x)^2 = (4+x)(4+x)$.

▶ **4. a)** L'affirmation 1 est fausse.

Il suffit de prendre le nombre -3, on a :

$((-3) \times 4 + 8) \times 2 = (-12 + 8) \times 2 = -4 \times 2 = -8$.

Le résultat obtenu est négatif.

b) L'affirmation 2 est vraie.

Le programme s'écrit $8x + 16$ ce qui se factorise en $8(x + 2)$.

Donc les résultats obtenus sont tous multiples de 8.

EXERCICE 6

▶ 1. a)

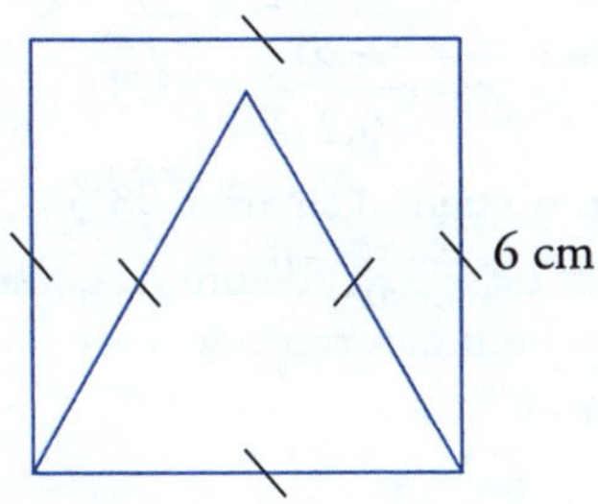

b) Les coordonnées du stylo sont $(x = 50\ ;\ y = 0)$.

> **REMARQUE**
> Seule l'abscisse du chat est modifiée.

▶ 2. À la ligne 9, il faut écrire : « mettre longueur à 200 ».

▶ 3. a) C'est une homothétie qui permet de passer du premier carré au second carré.

Le rapport de l'homothétie vaut $\dfrac{300-50-50}{300} = \dfrac{200}{300} = \boxed{\dfrac{2}{3}}$.

b) Le rapport des deux aires est égal au carré du coefficient de réduction, c'est-à-dire $\boxed{\left(\dfrac{2}{3}\right)^2 = \dfrac{4}{9}}$.

EXERCICE 7

▶ 1. Le temps et la vitesse de rotation ne sont pas proportionnels car la droite ne passe pas par l'origine.

▶ 2. a) La vitesse initiale de rotation du *hand spinner* est de $\boxed{\text{20 tours par seconde}}$.

b) 1 min 20 s = 80 s.

La vitesse de rotation du *hand spinner* est de $\boxed{\text{3 tours par seconde}}$.

c) Le *hand spinner* s'arrête au bout de $\boxed{\text{94 s}}$.

> **ATTENTION !**
> Sur l'axe des abscisses, 1 carreau correspond à 4 s.

▶ 3. a) $V(30) = -0{,}214 \times 30 + 20 = 13{,}58$ tours par seconde.

La vitesse de rotation du *hand spinner*, au bout de 30 s, est de $\boxed{\text{13,58 tours par seconde}}$.

b) Il s'agit de résoudre l'équation :

$$-0{,}214x + 20 = 0$$
$$-0{,}214x = -20$$
$$x = \frac{-20}{-0{,}214} \approx 93{,}5$$

Le *hand spinner* s'arrête au bout d'environ $\boxed{93{,}5\ \text{s}}$.

c) Si la vitesse au départ est V_{initiale}, d'après la question précédente, le *hand spinner* s'arrête au bout de x secondes avec :

$-0{,}214x + V_{\text{initiale}} = 0$.

Soit $x = \dfrac{V_{\text{initiale}}}{0{,}214}$.

Si on double la vitesse au départ, elle vaut $2 \times V_{\text{initiale}}$, et le *hand spinner* s'arrête au bout de : $x_{\text{double}} = \dfrac{2 \times V_{\text{initiale}}}{0{,}214} = 2 \times x$.

Le *hand spinner* mettra bien 2 fois plus de temps pour s'arrêter.

SUJET 10

Amérique du Nord • Juin 2017
Exercice 1 • 4,5 points

QCM à 3 questions

Recopier la bonne réponse (aucune justification n'est attendue).

		Réponse A	Réponse B	Réponse C
1.	La somme $\frac{7}{4}+\frac{2}{3}$ est égale à :	$\frac{9}{7}$	$\frac{29}{12}$	$\frac{9}{12}$
2.	L'équation $5x+12=3$ a pour solution :	1,8	3	– 1,8
3.	Une valeur approchée, au dixième près, du nombre $\frac{\sqrt{5}+1}{2}$ est :	2,7	1,6	1,2

MATHS

LES CLÉS DU SUJET

Points du programme

Calcul sur les fractions • Résolution d'une équation • Recherche d'une valeur approchée.

Nos coups de pouce

▶ **1.** Applique les règles de calcul sur les fractions.

▶ **2.** Isole *x*.

▶ **3.** Utilise ta calculatrice.

CORRIGÉ 10

▶ **1.** La bonne réponse est la réponse B.

En effet, posons $F=\frac{7}{4}+\frac{2}{3}$.

Pour additionner deux fractions, on les réduit au même dénominateur. Puis on additionne les numérateurs et on conserve le dénominateur commun.

$F = \dfrac{7\times3}{4\times3} + \dfrac{2\times4}{3\times4} = \dfrac{21}{12} + \dfrac{8}{12}$ ou encore $F = \dfrac{29}{12}$.

▶ **2.** La bonne réponse est la réponse C.
En effet, résolvons l'équation $5x + 12 = 3$.

Nous obtenons $5x = 3 - 12 = -9$ c'est-à-dire $x = \dfrac{-9}{5} = -1{,}8$.

▶ **3.** La bonne réponse est la réponse B.
En effet la calculatrice donne $\dfrac{\sqrt{5}+1}{2} = 1{,}618...$

Une valeur approchée au dixième près de $\dfrac{\sqrt{5}+1}{2}$ est donc 1,6.

Remarque
$\dfrac{\sqrt{5}+1}{2}$ est le nombre d'or !

SUJET

11

Nouvelle-Calédonie • Décembre 2017

Exercice 1 • 4 points

MATHS

QCM

Cet exercice est un questionnaire à choix multiples (QCM). Pour chaque question, une seule des quatre réponses proposées est exacte. Indiquer la bonne réponse parmi celles qui sont proposées.

On ne demande pas de justifier.

Aucun point ne sera enlevé en cas de mauvaise réponse.

		A	B	C	D
1	Dans un club sportif, $\frac{1}{8}$ des adhérents ont plus de 42 ans et $\frac{1}{4}$ ont moins de 25 ans. La proportion d'adhérents ayant un âge de 25 à 42 ans est…	$\frac{1}{6}$	$\frac{3}{8}$	$\frac{5}{8}$	$\frac{1}{8}$
2	Une télé coûte 46 000 F. Son prix est augmenté de 20 %. Je paierai donc…	36 800 F	55 200 F	46 020 F	48 000 F
3	On triple la longueur de l'arête d'un cube. Son volume est…	inchangé	multiplié par 3	multiplié par 9	multiplié par 27
4	Les nombres 23 et 37…	sont premiers	sont divisibles par 3	n'ont aucun diviseur commun	sont pairs
5	L'image de 3 par la fonction f définie par $f(x) = x^2 - 2x + 7$ est…	10	4	22	-8

LES CLÉS DU SUJET

Points du programme

Fraction • Pourcentages • Arithmétique • Agrandissement • Fonctions.

Nos coups de pouce

▶ **2.** Lorsqu'un nombre n est augmenté de x %, sa nouvelle valeur est $n \times (1 + \frac{x}{100})$.

▶ **5.** Pense à remplacer x par 3 dans l'expression de la fonction et calcule.

CORRIGÉ 11

▶ **1.** Réponse C.

$$1 - \left(\frac{1}{8} + \frac{1}{4}\right) = 1 - \frac{3}{8} = \frac{8}{8} - \frac{3}{8} = \frac{5}{8}.$$

▶ **2.** Réponse B.

$$46\,000 \times (1 + \frac{20}{100}) = 46\,000 \times 1{,}20 = 55\,200 \text{ F}.$$

▶ **3.** Réponse D.

Le volume est multiplié par $3^3 = 27$.

▶ **4.** Réponse A.

Les nombres 23 et 37 n'ont comme seuls diviseurs que 1 et eux-mêmes, donc ce sont des nombres premiers.

▶ **5.** Réponse A.

$f(3) = 3^2 - 2 \times 3 + 7 = 9 - 6 + 7 = 10.$

SUJET

12

Centres étrangers • Juin 2017

Exercice 7 • 7 points

Le carrelage de la cuisine

Bob doit refaire le carrelage de sa cuisine dont la forme au sol est un rectangle de 4 m par 5 m. Il a choisi son carrelage dans un magasin.
Le vendeur lui indique qu'il faut commander 5 % de carrelage en plus pour compenser les pertes dues aux découpes.
Le carrelage choisi se vend dans des paquets permettant de recouvrir 1,12 m^2 et chaque paquet coûte 31 €.

▶ **1.** Montrer que Bob doit commander au moins 21 m^2 de carrelage.

▶ **2.** Combien doit-il acheter de paquets de carrelage ?

▶ **3.** Quel sera le coût de l'achat du carrelage de sa cuisine ?

▶ **4.** Bob se rend ensuite dans un autre magasin pour acheter le reste de ses matériaux. Compléter la facture suivante.

Matériaux	Quantité	Montant unitaire hors taxes	Montant total hors taxes
Seau de colle	3	12 €	36 €
Sachet de croisillons	....	7 €	....
Sac de joint pour carrelage	2	....	45 €
		Total hors taxes	88 €
		TVA (20 %)	....
		Total toutes taxes comprises	....

LES CLÉS DU SUJET

■ Points du programme

Calcul d'aire • Pourcentage.

■ Nos coups de pouce

▶ **1.** Calcule l'aire de la surface à carreler et ajoute 5 % au résultat.

▶ **4.** Les différents calculs à effectuer sont exposés à la question **4**.

MATHS

CORRIGÉ 12

▶ **1.** Notons $\mathscr{A}$ l'aire de la cuisine rectangulaire.
Alors $\mathscr{A} = 4 \times 5 = 20$ m^2.

Bob doit commander 5 % de carrelage en plus, soit $\frac{5}{100} \times 20$ c'est-à-dire 1 m^2.

En conclusion, Bob doit commander au moins 20 + 1 m^2, soit 21 m^2 de carrelage.

▶ **2.** Notons n le nombre de paquets de carrelage à acheter. $n = \frac{21}{1{,}12} = 18{,}75$.

Attention
Le nombre de paquets de carrelage à acheter est un entier !

Conclusion : Bob doit acheter 19 paquets de carrelage.

▶ **3.** Notons C le coût du carrelage de la cuisine.
$C = 19 \times 31$ soit $C = 589$ euros.

▶ **4.** Facture complétée :

Matériaux	Quantité	Montant unitaire hors taxes	Montant total hors taxes
Seau de colle	3	12 €	36 €
Sachet de croisillons	1	7 €	7 €
Sac de joint pour carrelage	2	22,5 €	45 €
		Total hors taxes	88 €
		TVA (20 %)	17,6 €
		Total toutes taxes comprises	105,6 €

Ordre des recherches à effectuer :

• Montant hors taxes des sachets de croisillons : 88 – (36 + 45) soit 7 euros.

• Nombre de sachets de croisillons : 7 ÷ 7 = 1.

• Prix unitaire hors taxes d'un sac de joints pour carrelage : 45 ÷ 2 = 22,5 euros.

• Montant de la TVA (à 20 %) : $\frac{20}{100} \times 88$ soit 17,6 euros.

• Total toutes taxes comprises : 88 + 17,6 soit 105,6 euros.

Polynésie française • Juin 2017
Exercice 6 • 8 points

Deux lignes de bus

Voici le plan de deux lignes de bus :

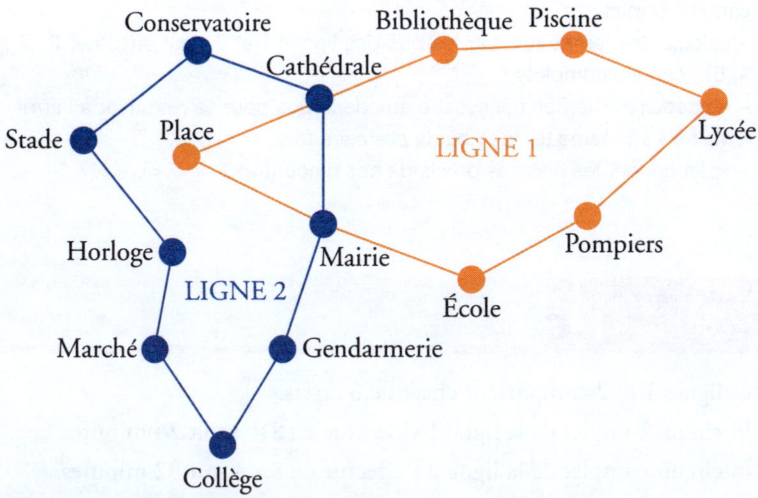

C'est à 6 h 30 que les deux bus des lignes 1 et 2 partent de l'arrêt « Mairie » dans le sens des aiguilles d'une montre. Le bus de la ligne 1 met 3 minutes entre chaque arrêt (temps de stationnement compris), tandis que le bus de la ligne 2 met 4 minutes. Tous les deux vont effectuer le circuit complet un grand nombre de fois. Ils s'arrêteront juste après 20 h.

Est-ce que les deux bus vont se retrouver à un moment de la journée à l'arrêt « Mairie » en même temps ? Si oui, donner tous les horaires précis de ces rencontres.

LES CLÉS DU SUJET

■ Points du programme

Nombres et calculs : en particulier, addition des nombres sexagésimaux (heures et minutes).

■ Nos coups de pouce

Un exemple de démarche à mettre en œuvre :
- calculer les temps mis par les bus des lignes 1 et 2 pour effectuer un circuit complet ;
- calculer les temps mis par les bus des lignes 1 et 2 pour effectuer 2, 3, 4, 5… circuits complets ;
- en déduire le temps nécessaire aux deux bus pour se retrouver à l'arrêt « Mairie » en même temps pour la première fois ;
- enfin donner les horaires précis de ces rencontres.

CORRIGÉ 13

Les lignes 1 et 2 comportent chacune 8 arrêts.

Un circuit complet de la ligne 1 s'effectue en 8×3 soit 24 minutes.

Un circuit complet de la ligne 2 s'effectue en 8×4 soit 32 minutes.

Le bus de la ligne 1 repasse à l'arrêt « Mairie » après 24 – 48 – 72 – 96 – 120… minutes.

Le bus de la ligne 2 repasse à l'arrêt « Mairie » après 32 – 64 – 96 – 128 – 160… minutes.

Les deux bus repassent donc en même temps à l'arrêt « Mairie » toutes les 96 minutes.

Conclusion : toutes les 96 minutes, les deux bus se retrouvent simultanément à l'arrêt « Mairie ».

Les horaires précis de ces deux rencontres sont : 6 h 30 – 8 h 06 – 9 h 42 – 11 h 18 – 12 h 54 – 14 h 30 – 16 h 06 – 17 h 42 – 19 h 18.

Interprétation
Au bout de 96 minutes, le bus de la ligne 1 a effectué 4 circuits complets tandis que le bus de la ligne 2 en a effectué 3. En effet $96 = 4 \times 24$ et $96 = 3 \times 32$.

SUJET

14

Amérique du Sud • Novembre 2017

Exercice 4 • 7,5 points

Affirmations

Indiquer, en justifiant, si chacune des affirmations suivantes est vraie ou fausse.

▶ **1. Affirmation 1** : « Les nombres 11 et 13 n'ont aucun multiple commun. »

▶ **2. Affirmation 2** : « Le nombre 231 est un nombre premier. »

▶ **3. Affirmation 3** : « $\frac{2}{15}$ est le tiers de $\frac{6}{15}$. »

▶ **4. Affirmation 4** : « $15 - 5 \times 7 + 3 = 73$. »

▶ **5. Affirmation 5** : « Le triangle ABC avec AB = 4,5 cm, BC = 6 cm et AC = 7,5 cm est rectangle en B. »

MATHS

LES CLÉS DU SUJET

■ Points du programme

Arithmétique • Fractions • Nombres relatifs • Réciproque du théorème de Pythagore.

■ Nos coups de pouce

▶ **2.** Un nombre est premier s'il n'admet comme diviseurs que 1 et lui-même.

▶ **4.** Attention aux signes et priorités opératoires !

▶ **5.** Pense à la réciproque du théorème de Pythagore.

CORRIGÉ 14

▶ **1.** Affirmation fausse.

$11 \times 13 = 143$ est un nombre à la fois dans la table des 11 et dans la table des 13.

143 est donc un multiple commun à 11 et 13.

▶ **2.** Affirmation fausse.

La somme des chiffres de 231 donne : $2 + 3 + 1 = 6$.

Puisque 6 est un multiple de 3, les critères de divisibilité permettent de dire que 231 l'est aussi. Donc 231 a un diviseur autre que 1 et lui-même et il n'est pas premier.

RAPPEL
Pense aux critères de divisibilité.

▶ **3.** Affirmation vraie.

$\frac{6}{15} \times \frac{1}{3} = \frac{2}{15}$.

▶ **4.** Affirmation fausse.

$15 - 5 \times 7 + 3 = 15 - 35 + 3 = -20 + 3 = -17$.

▶ **5.** Affirmation vraie.

[AC] est le plus grand côté.

$AC^2 = 7{,}5^2 = 56{,}25$

$AB^2 + BC^2 = 4{,}5^2 + 6^2 = 20{,}25 + 36 = 56{,}25$

Donc : $AB^2 + BC^2 = AC^2$.

Ainsi d'après la réciproque du théorème de Pythagore, ABC est rectangle en B.

ATTENTION
N'oublie pas de séparer les calculs dans la rédaction de la réciproque du théorème de Pythagore.

SUJET

15

Nouvelle-Calédonie • Décembre 2017

Exercice 5 • 4 points

Coquillages et poissons

MATHS

Dans cet exercice, toute trace de recherche, même incomplète ou non fructueuse, sera prise en compte dans l'évaluation.

– Aurel : Belle pêche ! Combien de poissons et de coquillages vas-tu pouvoir vendre au marché ?
– Antoine : En tout, je vais pouvoir vendre au marché 30 poissons et 500 coquillages.

Antoine est un pêcheur professionnel.
Il veut vendre des paniers contenant des coquillages et des poissons.
Il souhaite concevoir le plus grand nombre possible de paniers identiques.
Enfin, il voudrait qu'il ne lui reste aucun coquillage et aucun poisson dans son congélateur.

▶ **1.** Combien de paniers au maximum Antoine pourra-t-il concevoir ? Justifier.

▶ **2.** Quelle sera la composition de chaque panier ? Justifier.

LES CLÉS DU SUJET

■ Point du programme

PGCD.

■ Nos coups de pouce

▶ **1.** Calcule PGCD (30 ; 500).

CORRIGÉ 15

▶ **1.** Antoine veut vendre des paniers en utilisant tous les coquillages et tous les poissons.

On cherche donc un diviseur commun à 30 et 500.

Antoine veut aussi vendre un maximum de paniers identiques.

On cherche donc le plus grand diviseur commun à 30 et 500.

Décomposons 30 et 500 en produits de facteurs premiers :

$$30 = 2 \times 15 = 2 \times 3 \times 5$$

$$500 = 2 \times 250 = 2 \times 2 \times 125 = 2 \times 2 \times 5 \times 25 = 2 \times 2 \times 5 \times 5 \times 5 = 2^2 \times 5^3$$

REMARQUE
Tu aurais aussi pu utiliser l'algorithme d'Euclide pour calculer PGCD(30 ; 500).

Donc : PGCD(30 ; 500) = $2 \times 5 = 10$.

Finalement, Antoine fera au maximum 10 paniers.

▶ **2.** $30 \div 10 = 3$

$500 \div 10 = 50$

Chaque panier sera donc composé de 3 poissons et 50 coquillages.

SUJET 16

Asie • Juin 2017

Exercice 6 • 7 points

Carreaux de mosaïque

Gaspard réalise des motifs avec des carreaux de mosaïque blancs et bleus de la façon suivante :

Motif 1 Motif 2 Motif 3

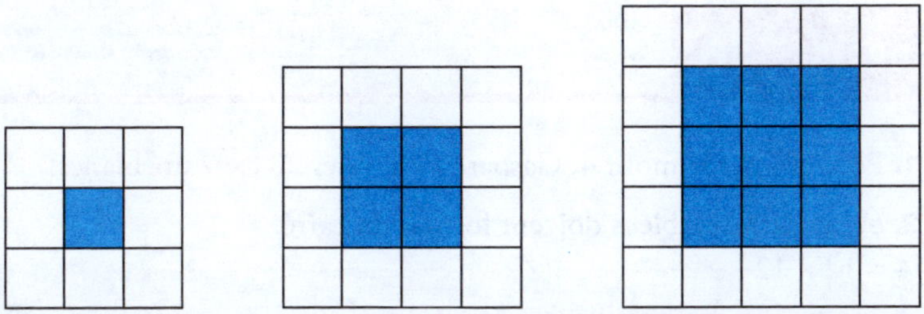

Gaspard forme un carré avec des carreaux bleus puis le borde avec des carreaux blancs.

▶ **1.** Combien de carreaux blancs Gaspard va-t-il utiliser pour border le carré bleu du motif 4 (un carré ayant 4 carreaux bleus de côté) ?

▶ **2. a)** Justifier que Gaspard peut réaliser un motif de ce type en utilisant exactement 144 carreaux bleus.

b) Combien de carreaux blancs utilisera-t-il alors pour border le carré bleu obtenu ?

▶ **3.** On appelle « motif n » le motif pour lequel on borde un carré de n carreaux bleus de côté.

Trois élèves ont proposé chacun une expression pour calculer le nombre de carreaux blancs nécessaires pour réaliser le « motif n » :

- **Expression n° 1 :** $2 \times n + 2 \times (n + 2)$
- **Expression n° 2 :** $4 \times (n + 2)$
- **Expression n° 3 :** $4 \times (n + 2) - 4$

Une seule de ces trois expressions ne convient pas. Laquelle ?

MATHS

LES CLÉS DU SUJET

■ Points du programme

Arithmétique • Calcul littéral.

■ Nos coups de pouce

▶ **3.** Pense à développer les expressions puis à les réduire.

CORRIGÉ 16

▶ **1.** Pour réaliser le motif 4, Gaspard va utiliser 20 carreaux blancs.

▶ **2. a)** Les carreaux bleus doivent former un carré.

$144 = 12 \times 12$

Gaspard pourra donc réaliser un motif de ce genre avec 144 carreaux bleus.

b) Sans les coins, chaque côté blanc compte 12 carreaux blancs.

Il y a donc $4 \times 12 + 4 = 52$ carreaux blancs.

Gaspard devra alors utiliser 52 carreaux blancs.

▶ **3.**

- **Expression 1 :** $2n + 2(n + 2) = 2n + 2n + 4 = 4n + 4$
- **Expression 2 :** $4\ (n + 2) = 4n + 8$
- **Expression 3 :** $4\ (n + 2) - 4 = 4n + 8 - 4 = 4n + 4$

Donc l'expression 2 ne convient pas.

SUJET 17

Pondichéry • Mai 2017

Exercice 1 • 5 points

Le calcul littéral

On considère l'expression $E = (x - 2)(2x + 3) - 3(x - 2)$.

▶ **1.** Développer E.

▶ **2.** Factoriser E et vérifier que $E = 2F$, où $F = x(x - 2)$.

▶ **3.** Déterminer tous les nombres x tels que :
$(x - 2)(2x + 3) - 3(x - 2) = 0$.

MATHS

LES CLÉS DU SUJET

■ Points du programme

Développer • Factoriser • Équations du 1er degré à une inconnue.

■ Nos coups de pouce

▶ **2.** Dans son expression initiale, E est la différence de deux termes, repère le facteur commun à ces deux termes.

▶ **3.** Utilise la question précédente pour te ramener à la résolution d'une équation produit.

CORRIGÉ 17

▶ **1.** $E = 2x^2 + 3x - 4x - 6 - 3x + 6 = \boxed{2x^2 - 4x}$.

▶ **2.** $E = (x - 2)(2x + 3 - 3) = (x - 2) \times 2x = \boxed{2x(x - 2)}$.

On vérifie que $E = 2 \times x(x - 2) = \boxed{2F}$.

▶ **3.** $(x - 2)(2x + 3) - 3(x - 2) = 0$ équivaut à $E = 0$.

D'après la question 2., $E = 0$ équivaut à $2F = 0$, ou encore à $F = 0$, c'est-à-dire $x(x - 2) = 0$.

C'est une équation produit.

Si un produit de facteurs est nul alors l'un au moins de ses facteurs est nul.

Par conséquent : $x = 0$ ou $x - 2 = 0$

Donc : $x = 0$ ou $x = 2$.

Les nombres x solutions de l'équation sont donc : $\boxed{x = 0 \text{ et } x = 2}$.

> **Attention !**
> Une équation produit ne se résout pas comme une équation classique.

SUJET 18

France métropolitaine • Juin 2017
Exercice 5 • 8 points

Vitesse et calcul littéral

▶ **1.** Lors des Jeux Olympiques de Rio en 2016, la danoise Pernille Blume a remporté le 50 m à la nage libre en 24,07 secondes.
A-t-elle nagé plus rapidement qu'une personne qui se déplace en marchant vite, c'est-à-dire à 6 km/h ?

▶ **2.** On donne l'expression $E = (3x + 8)^2 - 64$.

a) Développer E.

b) Montrer que E peut s'écrire sous forme factorisée : $3x(3x + 16)$.

c) Résoudre l'équation $(3x + 8)^2 - 64 = 0$.

▶ **3.** La distance d de freinage d'un véhicule dépend de sa vitesse et de l'état de la route.
On peut la calculer à l'aide de la formule suivante : $d = k \times V^2$
avec :

- d : distance de freinage en m ;
- V : vitesse du véhicule en m/s ;
- k : coefficient dépendant de l'état de la route

$$\begin{cases} k = 0{,}14 \text{ sur route mouillée} \\ k = 0{,}08 \text{ sur route sèche} \end{cases}$$

Quelle est la vitesse d'un véhicule dont la distance de freinage sur route mouillée est égale à 15 m ?

LES CLÉS DU SUJET

Points du programme

Conversions de vitesses • Calcul littéral • Équation produit.

Nos coups de pouce

▶ **1.** Pour calculer une vitesse, divise la distance parcourue par le temps mis pour parcourir cette distance.

▶ **3. c)** Pense à utiliser l'expression de E trouvée au **3. b)**. pour résoudre l'équation.

MATHS

CORRIGÉ 18

▶ **1.** La nageuse danoise a parcouru 50 m en 24,07 s.

Donc sa vitesse était de : $v = \dfrac{d}{t} = \dfrac{50}{24{,}07} \approx \boxed{2{,}08 \text{ m/s}}$

Si une personne marche à 6 km/h alors elle parcourt 6 000 m par heure, soit $\dfrac{6\,000}{3\,600}$ m par seconde.

Donc sa vitesse est d'environ $\boxed{1{,}7 \text{ m/s}}$.

En conclusion, la nageuse s'est déplacée plus rapidement que le marcheur.

> **RAPPEL**
> • 1 h = 3 600 s ;
> • 1 km = 1 000 m.

▶ **2. a)** $E = (3x + 8)(3x + 8) - 64$

$E = 9x^2 + 24x + 24x + 64 - 64$

$\boxed{E = 9x^2 + 48x}$

b) On observe, dans l'expression développée de E, que 3 et x sont des facteurs communs aux deux termes. Donc $\boxed{E = 3x(3x + 16)}$

c) Résoudre $(3x + 8)^2 - 64 = 0$ revient à résoudre : $3x(3x + 16) = 0$.

C'est une équation produit.

Or, si un produit de facteurs est nul alors l'un au moins de ses facteurs est nul. Donc $3x = 0$ ou $3x + 16 = 0$, soit $x = 0$ ou $3x = -16$, c'est-à-dire $x = -\dfrac{16}{3}$.

L'ensemble des solutions de l'équation est donc $\boxed{S = \left\{0\,; -\dfrac{16}{3}\right\}}$

> **REMARQUE**
> On pourrait aussi développer l'expression $3x(3x + 16)$ et montrer qu'elle est égale à l'expression développée au **2. a)**.

▶ **3.** D'après la formule fournie, on a : $V^2 = \dfrac{d}{k} = \dfrac{15}{0{,}14}$.

Donc $V = \sqrt{\dfrac{15}{0{,}14}} \approx \boxed{10{,}4 \text{ m/s}}$

SUJET

19

France métropolitaine • Septembre 2017

Exercice 5 • 5 points

Affirmations

Pour chaque affirmation, dire, en justifiant, si elle est vraie ou fausse.

▶ **1. Affirmation 1**

Programme de calcul A
• Choisir un nombre.
• Ajouter 3.
• Multiplier le résultat par 2.
• Soustraire le double du nombre de départ.

Le résultat du programme de calcul A est toujours égal à 6.

▶ **2. Affirmation 2**

Le résultat du calcul $\frac{7}{5} - \frac{4}{5} \times \frac{1}{3}$ est égal à $\frac{1}{5}$.

▶ **3. Affirmation 3**

La solution de l'équation $4x - 5 = x + 1$ est une solution de l'équation $x^2 - 2x = 0$.

▶ **4. Affirmation 4**

Pour tous les nombres entiers n compris entre 2 et 9, $2^n - 1$ est un nombre premier.

LES CLÉS DU SUJET

■ Points du programme

Programme de calculs • Fractions • Équations du 1er degré à une inconnue • Arithmétique.

■ Nos coups de pouce

▶ **3.** Résous la première équation et remplace x par la valeur trouvée dans la seconde équation.

▶ **4.** Pour montrer qu'une affirmation est fausse, un contre-exemple suffit.

MATHS

CORRIGÉ 19

▶ **1.** Affirmation vraie.

Soit x un nombre. Le programme calcule : $2(x+3)-2x$.

Or $2(x+3)-2x=2x+6-2x=6$.

▶ **2.** Affirmation fausse.

$$\frac{7}{5}-\frac{4}{5}\times\frac{1}{3}=\frac{7}{5}-\frac{4}{15}=\frac{21}{15}-\frac{4}{15}=\frac{17}{15}\neq\frac{1}{5}.$$

▶ **3.** Affirmation vraie.

On résout la première équation :

$4x-5=x+1$

$4x-x=1+5$

$3x=6$

$x=6\div3=2$.

Donc la solution de la première équation est 2.

Or : $2^2-2\times2=4-4=0$.

Donc 2 est aussi solution de l'équation $x^2-2x=0$.

▶ **4.** Affirmation fausse.

Prenons $n=4$, alors $2^n-1=2^4-1=16-1=15$.

Or 15 est divisible par 3 et 5.

Donc 15 n'est pas un nombre premier.

SUJET 20

Polynésie française • Septembre 2017

Exercice 1 • 9 points

MATHS

Médailles aux Jeux olympiques de Rio

Sur une feuille de calcul, on a reporté le classement des dix premiers pays, par le nombre de médailles, aux Jeux olympiques de Rio en 2016.

	A	B	C	D	E	F
1	**Rang**	**Pays**	**Or**	**Argent**	**Bronze**	**Total**
2	1	États-Unis	46	37	38	**121**
3	2	Grande-Bretagne	27	23	17	**67**
4	3	Chine	26	18	26	**70**
5	4	Russie	19	18	19	**56**
6	5	Allemagne	17	10	15	**42**
7	6	Japon	12	8	21	**41**
8	7	France	10	18	14	**42**
9	8	Corée du Sud	9	3	9	**21**
10	9	Italie	8	12	8	**28**
11	10	Australie	8	11	10	**29**

▶ **1.** Quelle formule, parmi les trois proposées, a été saisie dans la cellule F2 de cette feuille de calcul, avant qu'elle soit étirée vers le bas ?

Formule A	Formule B	Formule C
=46+37+38	=SOMME(C2:E2)	C2+D2+E2

▶ **2.** On observe la série des nombres de médailles d'or de ces dix pays.

a) Quelle est l'étendue de cette série ?

b) Quelle est la moyenne de cette série ?

▶ **3.** Quel est le pourcentage de médailles d'or remportées par la France par rapport à son nombre total de médailles ? Arrondir le résultat au dixième de %.

▶ **4.** Le classement aux Jeux olympiques s'établit selon le nombre de médailles d'or obtenues et non selon le nombre total de médailles. Pour cette raison, la France avec 42 médailles se retrouve derrière le Japon qui n'en a que 41. En observant l'Italie et l'Australie, établir la règle de classement en cas d'égalité sur le nombre de médailles d'or.

▶ **5.** Un journaliste sportif propose une nouvelle procédure pour classer les pays : chaque médaille d'or rapporte 3 points, chaque médaille d'argent rapporte 2 points et chaque médaille de bronze rapporte 1 point. Dans ces conditions, la France dépasserait-elle le Japon ?

LES CLÉS DU SUJET

Points du programme

Statistiques • Pourcentage.

Nos coups de pouce

▶ **2. a)** Applique la définition de l'étendue d'une série statistique (voir le « **Mémo du brevet** »).
b) Applique la définition de la moyenne d'une série statistique (voir le « **Mémo du brevet** »).
▶ **3.** Tu peux faire, par exemple, un tableau de proportionnalité.
▶ **4.** Compare le nombre de médailles d'argent obtenues par chacun des pays.
▶ **5.** Calcule les nombres de points qu'obtiendraient la France et le Japon. Compare ensuite les résultats obtenus.

CORRIGÉ 20

▶ **1.** La formule saisie dans la cellule F2 est =SOMME(C2:E2), c'est-à-dire la formule B.

▶ **2. a)** On appelle étendue e d'une série statistique la différence entre la plus grande et la plus petite valeur de cette série statistique.
$e = 46 - 8 = 38$

L'étendue est $\boxed{e = 38}$.

b) On appelle moyenne m d'une série statistique le quotient de la somme des valeurs de la série statistique par l'effectif total.

$m = \dfrac{46+27+26+19+17+12+10+9+8+8}{10} = \dfrac{182}{10}$. Soit $\boxed{m = 18,2}$.

▶ **3.**

Nombre de médailles d'or obtenues par la France	10	p
Nombre total de médailles obtenues par la France	42	100

> **ATTENTION**
> Il s'agit du nombre de médailles d'or obtenues par la France et du nombre total de médailles obtenues par la France également.

On trouve $p = \dfrac{10 \times 100}{42}$ soit $\boxed{p = 23{,}8\ \%}$ valeur arrondie au dixième de %.

▶ **4.** L'Italie et l'Australie ont obtenu chacun 8 médailles d'or. Mais l'Italie a obtenu 12 médailles d'argent tandis que l'Australie n'en a obtenu que 11. Cela explique que l'Italie soit classée avant l'Australie.

La règle de classement en cas d'égalité sur le nombre de médailles d'or peut s'énoncer ainsi :

Si deux pays ont obtenu le même nombre de médailles d'or, le pays qui a obtenu plus de médailles d'argent que l'autre pays est classé avant ce dernier.

▶ **5.** Notons n_1 le nombre de points qu'obtiendrait la France.

Alors $n_1 = 10 \times 3 + 18 \times 2 + 14 \times 1 = 80$.

Notons n_2 le nombre de points qu'obtiendrait le Japon.

Alors $n_2 = 12 \times 3 + 8 \times 2 + 21 \times 1 = 73$.

Puisque 80 est supérieur à 73, la France dépasserait le Japon.

MATHS

SUJET

21

France métropolitaine • Juin 2017

Exercice 1 • 4 points

Tirage de boules

Dans une urne contenant des boules vertes et des boules bleues, on tire au hasard une boule et on regarde sa couleur. On replace ensuite la boule dans l'urne et on mélange les boules.

La probabilité d'obtenir une boule verte est $\frac{2}{5}$.

▶ **1.** Expliquer pourquoi la probabilité d'obtenir une boule bleue est égale à $\frac{3}{5}$.

▶ **2.** Paul a effectué 6 tirages et a obtenu une boule verte à chaque fois. Au 7e tirage, aura-t-il plus de chances d'obtenir une boule bleue qu'une boule verte ?

▶ **3.** Déterminer le nombre de boules bleues dans cette urne sachant qu'il y a 8 boules vertes.

LES CLÉS DU SUJET

■ Points du programme

Probabilités • Calculs fractionnaires de base.

■ Nos coups de pouce

▶ **1.** La somme des probabilités vaut 1.

CORRIGÉ 21

▶ **1.** $p(\text{« boule bleue »}) = 1 - p(\text{« boule verte »}) = \frac{5}{5} - \frac{2}{5} = \boxed{\frac{3}{5}}$.

▶ **2.** Dans cette expérience aléatoire, les boules sont remises dans l'urne à chaque tirage. Ainsi, l'issue d'un tirage ne dépend pas des résultats des tirages précédents. Cependant, comme la probabilité de tirer une boule bleue $\left(\frac{3}{5}\right)$ est supérieure à celle de tirer une boule verte $\left(\frac{2}{5}\right)$, Paul aura plus de chance d'obtenir une boule bleue qu'une boule verte.

▶ **3.** $p(\text{« boule verte »}) = \frac{2}{5} = \frac{8}{20}$.

Donc : $p(\text{« boule bleue »}) = 1 - \frac{8}{20} = \frac{12}{20}$.

Donc il y a 12 boules bleues.

SUJET

22

Centres étrangers • Juin 2017

Exercice 4 • 4 points

Fiabilité des volets électriques

Un fabricant de volets roulants électriques réalise une étude statistique pour connaître leur fiabilité. Il fait donc fonctionner un échantillon de 500 volets sans s'arrêter, jusqu'à une panne éventuelle. Il inscrit les résultats dans le tableur ci-dessous :

	A	B	C	D	E	F	G	H
1	Nombre de montées-descentes	Entre 0 et 999	Entre 1 000 et 1 999	Entre 2 000 et 2 999	Entre 3 000 et 3 999	Entre 4 000 et 4 999	Plus de 5 000	Total
2	Nombre de volets roulants tombés en panne	20	54	137	186	84	19	

▶ **1.** Quelle formule faut-il saisir dans la cellule H2 du tableur pour obtenir le nombre total de volets testés ?

▶ **2.** Un employé prend au hasard un volet dans cet échantillon. Quelle est la probabilité que ce volet fonctionne plus de 3 000 montées-descentes ?

▶ **3.** Le fabricant juge ses volets fiables si plus de 95 % des volets fonctionnent plus de 1 000 montées-descentes. Ce lot de volets roulants est-il fiable ? Expliquer votre raisonnement.

LES CLÉS DU SUJET

Points du programme

Tableur • Probabilités • Proportionnalité.

Nos coups de pouce

▶ **2.** Calcule le nombre de volets qui fonctionnent moins de 3 000 montées-descentes. Déduis-en le nombre de volets qui fonctionnent plus de 3 000 montées-descentes.

▶ **3.** Utilise la formule $p(\text{E}) = \dfrac{\text{nombre de résultats favorables}}{\text{nombre de résultats possibles}}$.

CORRIGÉ 22

> **Remarque**
> On peut aussi saisir en H2 la formule : « =B2+C2+D2+E2+F2+G2 ».

▶ **1.** En H2 il faut saisir la formule « = SOMME(B2:G2) ».

▶ **2.** Le nombre de volets qui tombent en panne avant 3 000 montées-descentes est égal à 20 + 54 + 137 soit 211.

Cela signifie que 500 – 211, c'est-à-dire 289, volets fonctionnent plus de 3 000 montées-descentes.

Soit E l'événement « le volet choisi fonctionne plus de 3 000 montées-descentes ».

Alors sa probabilité de réalisation $p(\mathrm{E})$ est telle que $p(\mathrm{E}) = \frac{289}{500}$ soit $p(\mathrm{E}) = 0{,}578$.

▶ **3.** Le nombre de volets qui tombent en panne avant 1 000 montées-descentes est égal à 20.

Ce qui signifie que 480 (soit 500 – 20) volets fonctionnent plus de 1 000 montées-descentes.

Cela correspond à un pourcentage égal à $\frac{480}{500} \times 100$ soit 96 %.

Ce résultat est supérieur à 95 %.

Conclusion : le lot de volets roulants est fiable.

MATHS

SUJET

23

Polynésie française • Juin 2017

Exercice 4 • 6 points

Baklava et probabilités

Le *baklava* est une pâtisserie traditionnelle dans plusieurs pays comme la Bulgarie ou le Maroc. Il s'agit d'un dessert long à préparer, à base de pâte feuilletée, de miel, de noix ou de pistaches ou de noisettes, selon les régions.
Dans un sachet non transparent, on a sept baklavas indiscernables au toucher portant les lettres du mot BAKLAVA.

B	A	K	L	A	V	A

On tire au hasard un gâteau dans ce sachet et on regarde la lettre inscrite sur le gâteau.

▶ **1.** Quelles sont les issues de cette expérience ?

▶ **2.** Déterminer les probabilités suivantes :

a) La lettre tirée est un L.

b) La lettre tirée n'est pas un A.

▶ **3.** Enzo achète un sachet contenant 10 baklavas tous indiscernables au toucher.
Ce sachet contient 2 baklavas à base de pistaches, 4 baklavas à base de noisettes et les autres baklavas sont à base de noix. Enzo pioche au hasard un gâteau et le mange ; c'est un gâteau à base de noix. Il souhaite en manger un autre.
Son amie Laura affirme que, s'il veut maintenant prendre un nouveau gâteau, il aura plus de chances de piocher un gâteau à base de noix.
A-t-elle raison ? Justifier la réponse.

LES CLÉS DU SUJET

Point du programme

Probabilités.

Nos coups de pouce

▶ **1.** Une issue désigne tout résultat obtenu par une expérience aléatoire.

▶ **2.** Utilise la formule permettant de calculer la probabilité d'un événement en fonction du nombre d'issues qui le réalisent.

▶ **3.** Compare les probabilités de piocher un gâteau à base de noisettes, un gâteau à base de pistaches et un gâteau à base de noix.

CORRIGÉ 23

▶ **1.** Il existe 7 issues possibles : B, A, K, L, A, V, A.

▶ **2. a)** Notons E l'événement : « Tirer un L ».

Il existe 1 issue favorable (L) et 7 issues possibles.

Donc $p(\text{E}) = \boxed{\dfrac{1}{7}}$.

b) Notons F l'événement : « La lettre tirée n'est pas un A ».

Il existe 4 issues favorables (B, K, L, V) et 7 issues possibles.

Donc $p(\text{F}) = \boxed{\dfrac{4}{7}}$.

▶ **3.** Puisqu'Enzo a tiré et mangé un gâteau à base de noix, il reste dans le sachet : 2 baklavas à base de pistaches, 4 baklavas à base de noisettes et 3 baklavas à base de noix.

Notons p_1, p_2 et p_3 les probabilités respectives de tirer un gâteau à base de pistaches, un gâteau à base de noisettes et un gâteau à base de noix.

> **Remarque**
> Attention, il ne reste plus que 9 gâteaux !

Nous avons $p_1 = \dfrac{2}{9}$, $p_2 = \dfrac{4}{9}$ et $p_3 = \dfrac{3}{9}$. Comparons ces trois probabilités. Nous remarquons que $p_2 > p_3 > p_1$.

Conclusion : Enzo a plus de chance de piocher un gâteau à base de noisettes qu'un gâteau à base de noix. Donc Laura a tort.

SUJET 24

France métropolitaine • Juin 2017
Exercice 3 • 4 points

Le condensateur

Un condensateur est un composant électronique qui permet de stocker de l'énergie électrique pour la restituer plus tard.
Le graphique suivant montre l'évolution de la tension mesurée aux bornes d'un condensateur en fonction du temps lorsqu'il est en charge.

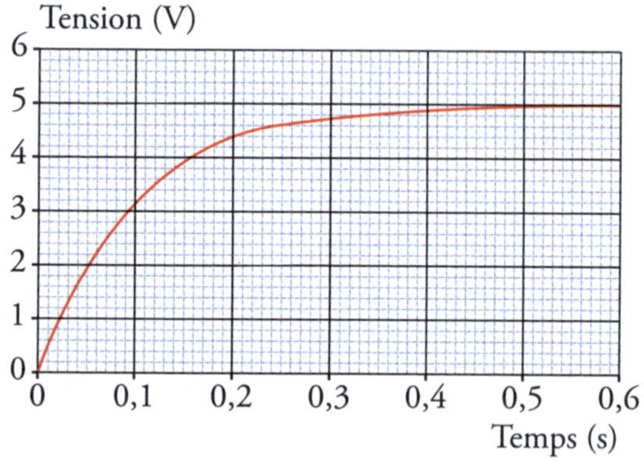

▶ **1.** S'agit-il d'une situation de proportionnalité ? Justifier.

▶ **2.** Quelle est la tension mesurée au bout de 0,2 s ?

▶ **3.** Au bout de combien de temps la tension aux bornes du condensateur aura-t-elle atteint 60 % de la tension maximale qui est estimée à 5 V ?

LES CLÉS DU SUJET

Points du programme

Lecture de courbe • Pourcentages.

Nos coups de pouce

▶ **3.** Pour appliquer un pourcentage à une quantité, multiplie le pourcentage par la quantité.

CORRIGÉ 24

▶ **1.** Il ne s'agit pas d'une situation de proportionnalité, car les points de la courbe ne sont pas alignés.

▶ **2.** Chaque petite subdivision de l'axe des ordonnées correspond à 0,2 V. Au bout de 0,2 s, la tension mesurée est de 4,4 V.

▶ **3.** 60 % de la tension maximale correspond à : $\frac{60}{100} \times 5 = 3$ V.

Chaque subdivision de l'axe des abscisses correspond à 0,01 s. Sur le graphique, la tension de 3 V s'obtient pour un temps de 0,09 s.

MATHS

SUJET

25

France métropolitaine • Juin 2017

Exercice 7 • 7 points

Les pots de confiture

Léo a ramassé des fraises pour faire de la confiture.

▶ **1.** Il utilise les proportions de sa grand-mère : 700 g de sucre pour 1 kg de fraises.
Il a ramassé 1,8 kg de fraises. De quelle quantité de sucre a-t-il besoin ?

▶ **2.** Après cuisson, Léo a obtenu 2,7 litres de confiture.
Il verse la confiture dans des pots cylindriques de 6 cm de diamètre et de 12 cm de haut, qu'il remplit jusqu'à 1 cm du bord supérieur.
Combien de pots pourra-t-il remplir ?
Rappels : 1 litre = 1 000 cm^3 ; volume d'un cylindre $= \pi \times R^2 \times h$.

▶ **3.** Il colle ensuite sur ses pots une étiquette rectangulaire de fond blanc qui recouvre toute la surface latérale du pot.
a) Montrer que la longueur de l'étiquette est d'environ 18,8 cm.
b) Dessiner l'étiquette à l'échelle $\frac{1}{3}$.

LES CLÉS DU SUJET

■ Points du programme

Proportionnalité • Volume d'un cylindre • Conversions de volumes • Semi-patron d'un cylindre.

■ Nos coups de pouce

▶ **1.** Utilise la proportionnalité entre les quantités de sucre et de fraises.
▶ **3.** Le patron d'un cylindre est, entre autres, constitué d'un rectangle dont la largeur correspond à la hauteur du cylindre et la longueur, au périmètre du cercle de base.

CORRIGÉ 25

▶ **1.** Il y a proportionnalité entre les quantités de sucre et de fraises :

Quantité de fraises (en kg)	1	1,8
Quantité de sucre (en g)	700	x

On trouve : $x = 700 \times 1{,}8 = \boxed{1\,260}$

Donc il faudra 1 260 g de sucre.

▶ **2.** Les pots sont cylindriques avec pour rayon de base 3 cm et hauteur de remplissage 11 cm.
Le volume d'un pot est donc égal à :
$\pi \times r^2 \times h = \pi \times 3^2 \times 11 = 99\,\pi \approx 311\ \text{cm}^3$.

> ATTENTION
> Il faut diviser le diamètre par 2 pour obtenir le rayon.

Par conversion, on a : $311\ \text{cm}^3 = 0{,}311$ L.

Comme $\dfrac{2{,}7}{0{,}311} \approx 8{,}7$, il pourra donc remplir entièrement 8 pots.

▶ **3. a)** La longueur L de l'étiquette correspond au périmètre du disque de base du pot.
Donc : $L = \pi \times D = \pi \times 6 \approx \boxed{18{,}8\ \text{cm}}$.

b) L'échelle de représentation est $\dfrac{1}{3}$.

Cela signifie que toutes les dimensions réelles sont divisées par 3.

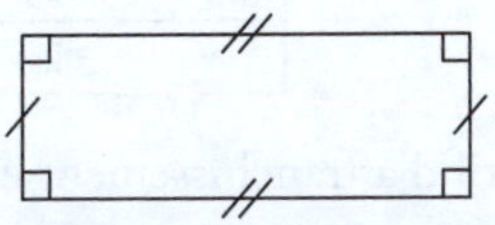

Le rectangle tracé aura donc pour longueur $18{,}8 \div 3 \approx 6{,}3$ cm et pour largeur $12 \div 3 = 4$ cm.

SUJET

26

Pondichéry • Mai 2017

Exercice 7 • 5 points

La candidature

Alban souhaite proposer sa candidature pour un emploi dans une entreprise. Il doit envoyer dans une seule enveloppe : 2 copies de sa lettre de motivation et 2 copies de son curriculum vitæ (CV). Chaque copie est rédigée sur une feuille au format A4.

▶ **1.** Il souhaite faire partir son courrier en lettre prioritaire. Pour déterminer le prix du timbre, il obtient sur Internet la grille de tarif d'affranchissement suivante :

Lettre prioritaire	
Masse jusqu'à	**Tarif net**
20 g	0,80 €
100 g	1,60 €
250 g	3,20 €
500 g	4,80 €
3 kg	6,40 €

Le tarif d'affranchissement est-il proportionnel à la masse d'une lettre ?

▶ **2.** Afin de choisir le bon tarif d'affranchissement, il réunit les informations suivantes :
- Masse de son paquet de 50 enveloppes : 175 g.
- Dimensions d'une feuille A4 : 21 cm de largeur et 29,7 cm de longueur.
- Grammage d'une feuille A4 : 80 g/m^2 (le grammage est la masse par m^2 de feuille).
- 1 m^2 = 10^4 cm^2.

Quel tarif d'affranchissement doit-il choisir ?

LES CLÉS DU SUJET

■ Points du programme

Proportionnalité • Trigonométrie • Pourcentage.

■ Nos coups de pouce

▶ **2.** Calcule l'aire en m^2 d'une copie puis des 4 copies.
Calcule la masse des 4 copies, de l'enveloppe puis du tout et conclus avec la grille d'affranchissement.

MATHS

CORRIGÉ 26

▶ **1.** On calcule le quotient de la masse par le tarif net :
$20 \div 0{,}8 = 25$; $100 \div 1{,}60 = 62{,}5\ldots$

Les quotients ne sont pas égaux, donc il n'y a pas proportionnalité entre la masse d'une lettre et le prix payé.

▶ **2.** Pour connaître la masse de l'envoi d'Alban, il faut calculer la masse d'une enveloppe et celle des quatre feuilles A4.

Puisque les 50 enveloppes pèsent 175 g, par proportionnalité, une seule enveloppe pèse :

$175 \div 50 = 3{,}5$ g.

L'aire d'une feuille A4 vaut :

$\mathscr{A}_{A4} = L \times l = 21 \times 29{,}7 = 623{,}7 \text{ cm}^2 = 0{,}062\ 37 \text{ m}^2$

Puisque 1 m^2 de feuille pèse 80 g, par proportionnalité, une feuille A4 pèse : $0{,}062\ 37 \times 80 = 4{,}989\ 6$ g

Donc, les quatre copies et l'enveloppe pèsent :

$4 \times 4{,}989\ 6 + 3{,}5 = 23{,}458\ 4$ g

Donc, puisque la masse est entre 20 g et 100 g, l'envoi lui coûtera $\boxed{1{,}60\ €}$.

Amérique du Sud • Novembre 2017
Exercice 5 • 8 points

Consommation de différentes énergies

Cet exercice porte sur la consommation d'énergie en France.
Le tableau ci-dessous donne la répartition (exprimée en pourcentages) de la consommation des différents types d'énergie entre 1973 et 2014.

	1973	1980	1990	2002	2014
Électricité	4,3	11,7	36,4	41,7	45,4
Pétrole	67,6	56,4	38,7	34,6	30,2
Gaz	7,4	11,1	11,5	14,7	14,0
Énergies renouvelables	5,2	4,4	5,0	4,3	7,0
Charbon	15,5	16,4	8,4	4,7	3,4

Source : INSEE.

▶ **1.** Quel pourcentage de la consommation d'énergie le pétrole représentait-il en 1980 ?

▶ **2.** À partir du tableau précédent, on a créé, pour une des années, un diagramme représentant la répartition des différents types d'énergie. Déterminer de quelle année il s'agit.

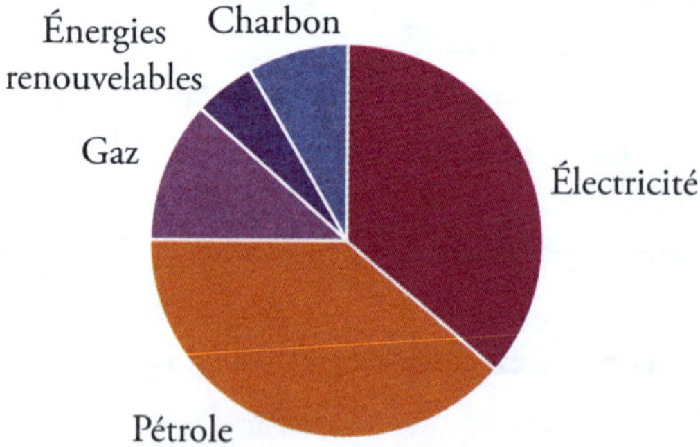

▶ **3.** On peut observer l'évolution de la part du pétrole au fil des années à partir d'une représentation graphique comme celle proposée ci-dessous.

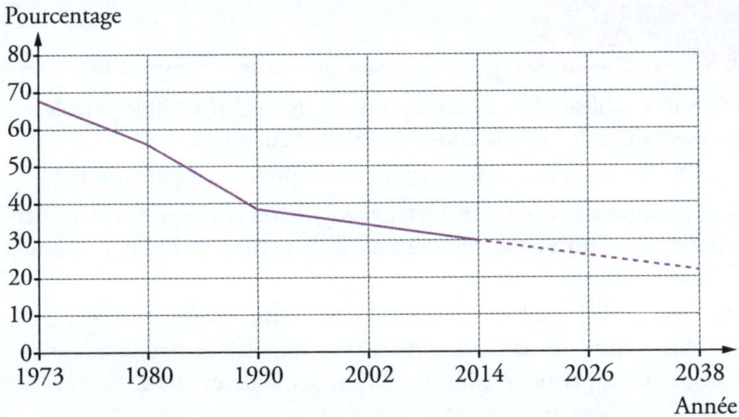

Part du pétrole (en pourcentage des énergies consommées)

Les pointillés indiquent que l'on suppose que la baisse de la part du pétrole va se poursuivre sur le rythme observé depuis 2002.
En suivant cette supposition, on peut modéliser la part du pétrole (exprimée en pourcentage) en fonction de l'année a par la fonction P, définie ainsi :

$$P(a) = \frac{-17}{48}a + 743{,}5.$$

a) Écrire le calcul permettant de vérifier que $P(1\,990) \approx 38{,}7$.

b) D'après ce modèle, à partir de quelle année la part du pétrole sera-t-elle nulle ?

LES CLÉS DU SUJET

■ Points du programme

Statistiques • Diagramme circulaire • Pourcentages • Notion de fonction.

■ Nos coups de pouce

▶ **1.** Le résultat est dans le tableau !

▶ **2.** Observe le diagramme circulaire et procède par élimination.

▶ **3.** Remplace a par 1 990 dans l'expression de $P(a)$ donnée. Résous l'équation $P(a) = 0$ et conclus.

MATHS

CORRIGÉ 27

▶ **1.** Sur le tableau donné, nous pouvons lire qu'en 1980 le pétrole représentait 56,4 % de la consommation d'énergie.

▶ **2.** Observons le diagramme circulaire et procédons par élimination.

• Les mesures des angles des secteurs angulaires correspondant à l'électricité et au pétrole sont très voisines. Cela permet d'éliminer les années 1973 et 1980.

• La mesure de l'angle du secteur angulaire correspondant au gaz est un peu plus grande que la mesure du secteur angulaire correspondant au charbon. Cela permet d'éliminer les années 2002 et 2014.

• Conclusion : le diagramme correspond à l'année 1990.

Autre méthode

Mesurons les angles des cinq secteurs circulaires avec un rapporteur.

Nous obtenons le tableau suivant :

REMARQUE
Les différentes mesures sont des valeurs approchées.

	Électricité	**Pétrole**	**Gaz**	**Énergies renouvelables**	**Charbon**
Angles (en degrés)	130	140	40	17	33
Pourcentages	36	39	11	5	9

Il s'agit donc de l'année 1990.

ATTENTION
Mesurer l'angle d'un seul secteur circulaire serait suffisant mais la mesure des 5 secteurs permet de mieux étayer la réponse.

▶ **3. a)** Calculons $P(1\,990)$.

$P(1\,990)=\dfrac{-17}{48}\times 1\,990+743{,}5$

soit $\boxed{P(1\,990)\approx 38{,}7}$.

b) Résolvons l'équation $P(a)=0$,

soit $\dfrac{-17}{48}a+743{,}5=0$.

Alors : $\dfrac{17}{48}a=743{,}5$ ou encore $a=\dfrac{743{,}5\times 48}{17}$

ce qui donne $2\,099{,}2\ldots$

Conclusion : c'est à partir de l'an 2100 que la part du pétrole sera nulle.

REMARQUE
Autre méthode : la lecture graphique.
On peut prolonger la droite en pointillés et lire l'abscisse du point d'intersection de cette droite avec l'axe des abscisses.

SUJET **28**

Nouvelle-Calédonie • Décembre 2017

Exercice 2 • 7 points

Un programme de calcul

Voici un programme de calcul :

- Choisir un nombre.
- Ajouter 1 à ce nombre.
- Calculer le carré du résultat.
- Soustraire le carré du nombre de départ au résultat précédent.
- Écrire le résultat.

▶ **1.** On choisit 4 comme nombre de départ. Prouver par le calcul que le résultat obtenu avec le programme est 9.

▶ **2.** On note x le nombre choisi.

a) Exprimer le résultat du programme en fonction de x.

b) Prouver que ce résultat est égal à $2x + 1$.

▶ **3.** Soit f la fonction définie par $f(x) = 2x + 1$.

a) Calculer l'image de 0 par f.

b) Déterminer par le calcul l'antécédent de 5 par f.

c) Tracer la droite représentative de la fonction f dans le repère suivant.

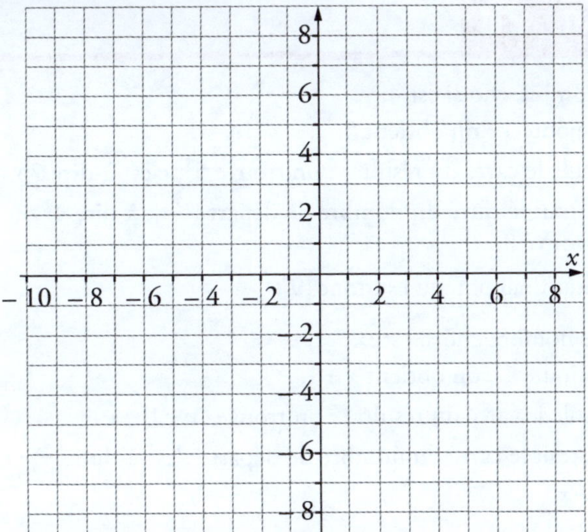

MATHS

d) Par lecture graphique, déterminer le résultat obtenu en choisissant -3 comme nombre de départ dans le programme de calcul. Laisser les traits de construction apparents.

LES CLÉS DU SUJET

Points du programme

Notion de fonction • Représentation graphique.

Nos coups de pouce

▶ **1.** et **2.** Effectue successivement et dans l'**ordre indiqué** les différents calculs du programme.

▶ **3. a)** Calcule $f(0)$.

b) Résous l'équation $f(x) = 5$.

c) La fonction est affine. Sa représentation graphique est une droite. Deux points permettent de la tracer.

d) Lis l'ordonnée du point situé sur la représentation graphique de la fonction f et d'abscisse -3.

CORRIGÉ 28

▶ **1.** Le nombre choisi est 4.

• On lui ajoute 1 : on obtient 5.

• On calcule le carré du résultat : on trouve 5^2, c'est-à-dire 25.

• On soustrait le carré du nombre de départ (c'est-à-dire 4^2 ou encore 16) : on trouve 9.

• Le résultat final obtenu est donc $\boxed{9}$.

▶ **2. a)** Le nombre choisi est x.

• On lui ajoute 1 : on obtient $x+1$.

• On calcule le carré du résultat : on trouve $(x+1)^2$.

• On soustrait le carré du nombre de départ (c'est-à-dire x^2) : on trouve $\boxed{(x+1)^2 - x^2}$.

b) Simplifions $(x+1)^2 - x^2$.

Pour ce faire, utilisons l'identité remarquable $(a+b)^2 = a^2 + 2ab + b^2$.

Alors $(x+1)^2 - x^2 = (x^2 + 2x + 1) - x^2 = 2x + 1$.

Le résultat final est bien $\boxed{2x+1}$.

▶ **3. a)** Calculons $f(0)$.

$f(0) = 2 \times 0 + 1 = 1$

Conclusion : l'image de 0 par f est 1.

b) Résolvons l'équation $f(x) = 5$ ou encore $2x + 1 = 5$.

Il vient $2x = 4$, c'est-à-dire $x = 2$.

Conclusion : l'antécédent de 5 par f est 2.

c) La fonction f est une fonction affine. Sa représentation graphique est une droite. Cette droite passe par les points A(0 ; 1) et B(2 ; 5).

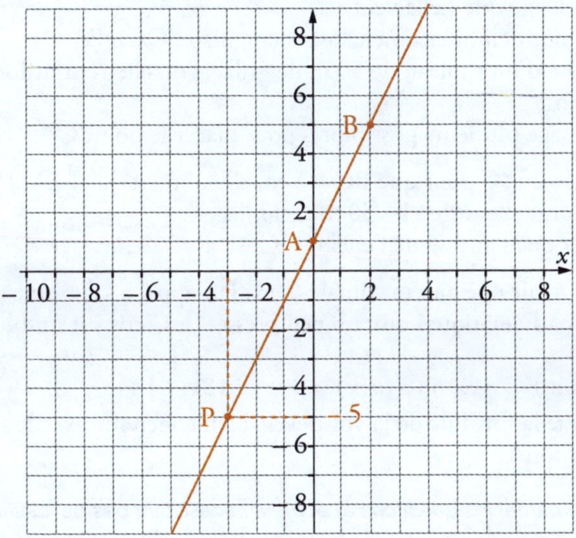

d) Nous lisons que l'ordonnée du point P situé sur la droite (AB) et d'abscisse -3 est égale à -5.

Conclusion : si l'on choisit le nombre -3 alors le résultat obtenu est -5.

ATTENTION

Le nombre choisi est l'abscisse d'un point de la droite, le résultat obtenu est son ordonnée.

MATHS

SUJET 29

Amérique du Nord • Juin 2017

Exercice 6 • 10 points

Installation d'un grillage pour délimiter un enclos

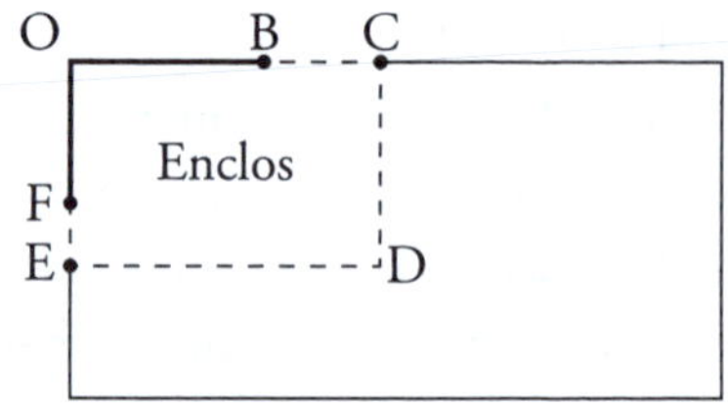

Le schéma ci-contre représente le jardin de Leïla. Il n'est pas à l'échelle.
[OB] et [OF] sont des murs, OB = 6 m et OF = 4 m.
La ligne pointillée BCDEF représente le grillage que Leïla veut installer pour délimiter un enclos rectangulaire OCDE.
Elle dispose d'un rouleau de 50 m de grillage qu'elle veut utiliser entièrement.
Leïla envisage plusieurs possibilités pour placer le point C.

▶ **1.** En plaçant C pour que BC = 5 m, elle obtient que FE = 15 m.
a) Vérifier qu'elle utilise les 50 m de grillage.
b) Justifier que l'aire $\mathscr{A}$ de l'enclos OCDE est 209 m^2.

▶ **2.** Pour avoir une aire maximale, Leïla fait appel à sa voisine professeure de mathématiques qui, un peu pressée, lui écrit sur un bout de papier :
« En notant BC = x, on a $\mathscr{A}(x) = -x^2 + 18x + 144$. »
Vérifier que la formule de la voisine est bien cohérente avec le résultat de la question **1**.

Dans cette partie, les questions a) et b) ne nécessitent pas de justification.

▶ **3. a)** Leïla a saisi une formule en B2 puis l'a étirée jusqu'à la cellule I2.

B2 f_x = –B1*B1+18*B1+144

	A	B	C	D	E	F	G	H	I	J
1	x	5	6	7	8	9	10	11	12	
2	$A(x) = -x^2+18x+144$	209	216	221	224	225	224	221	216	
3										

Quelle formule est alors inscrite dans la cellule F2 ?

b) Parmi les valeurs figurant dans le tableau, quelle est celle que Leïla va choisir pour BC afin d'obtenir un enclos d'aire maximale ?
c) Donner les dimensions de l'enclos ainsi obtenu.

LES CLÉS DU SUJET

Points du programme

Aire d'un rectangle • Tableur • Fonction.

Nos coups de pouce

▶ **1. b)** L'aire d'un rectangle est égale au produit de sa longueur par sa largeur.

▶ **2.** Remplace x par 5 dans la formule donnée par la professeure.

▶ **3.** Lis la mesure de l'aire maximale sur la feuille de calcul du tableur puis conclus.

CORRIGÉ 29

▶ **1. a)** Dans cette question, toutes les longueurs sont exprimées en mètres.

Notons L la longueur du grillage nécessaire à la réalisation de l'enclos. Nous avons :
$L = \text{BC} + \text{CD} + \text{DE} + \text{EF}$. Mais :

> **Attention**
> On ne pose pas de grillage sur les murs.

$\text{BC} = 5$ et $\text{EF} = 15$,

$\text{CD} = \text{OE} = \text{OF} + \text{FE}$ donc $\text{CD} = 4 + 15 = 19$,

$\text{DE} = \text{OC} = \text{OB} + \text{BC}$ donc $\text{DE} = 6 + 5 = 11$.

Alors $L = 5 + 19 + 11 + 15 = 50$.

Conclusion : Leïla a bien utilisé les 50 m de grillage.

b) Notons $\mathcal{A}$ l'aire de l'enclos OCDE. Nous avons $\mathcal{A} = \text{OC} \times \text{OE}$.

Mais nous avons vu à la question précédente que $\text{OC} = 11$ et $\text{OE} = 19$.

Alors $\mathcal{A} = 11 \times 19 = 209$, soit $\mathcal{A} = 209 \text{ m}^2$.

▶ **2.** Nous avons $\mathcal{A}(x) = -x^2 + 18x + 144$ avec BC = x. Calculons $\mathcal{A}(5)$.
$\mathcal{A}(5) = -5^2 + 18 \times 5 + 144$ soit $\mathcal{A}(5) = -25 + 90 + 144$ ou encore $\mathcal{A}(5) = 209$.

Conclusion : la formule donnée est bien cohérente avec le résultat de la question **1**.

▶ **3. a)** La formule inscrite dans la cellule F2 de la feuille de calcul est : « =–F1*F1+18*F1+144 ».

b) Leïla va choisir pour BC la valeur 9. En effet, dans ce cas, l'aire de l'enclos mesure 225 m^2 et est maximale.

c) Nous savons maintenant que BC = 9.

Alors OC = OB + BC = 6 + 9 = 15.

Nous avons $\mathcal{A}$ = OC × OE.

Donc 225 = 15 × OE, c'est-à-dire OE = $\frac{225}{15} = 15$.

Conclusion : la longueur et la largeur de l'enclos rectangulaire mesurent toutes deux 15 m.

L'enclos OCDE est un carré de 15 m de côté.

SUJET

30

Centres étrangers • Juin 2017

Exercice 5 • 6 points

Remplissage d'une piscine

Sarah vient de faire construire une piscine dont la forme est un pavé droit de 8 m de longueur, 4 m de largeur et 1,80 m de profondeur. Elle souhaite maintenant remplir sa piscine. Elle y installe donc son tuyau d'arrosage.
Sarah a remarqué qu'avec son tuyau d'arrosage elle peut remplir un seau de 10 litres en 18 secondes.
Pour remplir sa piscine, un espace de 20 cm doit être laissé entre la surface de l'eau et le haut de la piscine.
Faut-il plus ou moins d'une journée pour remplir la piscine ? Justifier votre réponse.

MATHS

LES CLÉS DU SUJET

■ Points du programme

Calcul de volume • Proportionnalité.

■ Nos coups de pouce

Voici une méthode possible :
- calcule le volume d'eau que doit contenir la piscine ;
- calcule le temps nécessaire pour effectuer cette opération ;
- calcule le nombre de secondes existant dans une journée ;
- compare les deux derniers résultats et rédige une conclusion.

CORRIGÉ 30

La piscine est « remplie » quand la hauteur d'eau est égale à :
1,8 – 0,2 soit 1,6 m (car 20 cm = 0,2 m).

• Notons $\mathcal{V}$ le volume d'eau que doit contenir la piscine.

$\mathcal{V}$ = longueur × largeur × hauteur d'eau

$\mathcal{V} = 8 \times 4 \times 1{,}6$ soit $\mathcal{V} = 51{,}2\ \text{m}^3$.

Mais $1\ \text{m}^3 = 1\ 000\ \text{dm}^3 = 1\ 000$ litres.

Donc $\mathcal{V} = 51{,}2 \times 1\ 000$ litres, soit $\mathcal{V} = 51\ 200$ litres.

> **Attention**
> Ne confonds pas la profondeur de la piscine avec la hauteur d'eau.

• Notons t le temps nécessaire pour remplir la piscine. Nous avons le tableau de proportionnalité suivant :

Volume (en litres)	10	51 200
Temps (en secondes)	18	t

Nous obtenons $t = \dfrac{51\ 200 \times 18}{10}$ soit $t = 92\ 160$ s.

• Notons t' le nombre de secondes contenues dans une journée.

Nous avons $t' = 24 \times 60 \times 60 = 86\ 400$ s.

Nous remarquons que $92\ 160 > 86\ 400$.

Conclusion : il faudra plus d'une journée pour remplir la piscine.

Polynésie française • Septembre 2017
Exercice 5 • 7 points

Le marathon

L'épreuve du marathon consiste à parcourir le plus rapidement possible la distance de 42,195 km en course à pied. Cette distance se réfère historiquement à l'exploit effectué par le Grec Philipidès, en 490 av. J.-C., pour annoncer la victoire des Grecs contre les Perses. Il s'agit de la distance entre Marathon et Athènes.

▶ **1.** En 2014, le Kényan Dennis Kimetto a battu l'ancien record du monde en parcourant cette distance en 2 h 2 min 57 s. Quel est alors l'ordre de grandeur de sa vitesse moyenne :
5 km/h, 10 km/h ou 20 km/h ?

▶ **2.** Lors de cette même course, le Britannique Scott Overall a mis 2 h 15 min pour réaliser son marathon. Calculer sa vitesse moyenne en km/h. Arrondir la valeur obtenue au centième de km/h.

▶ **3.** Dans cette question, on considérera que Scott Overall court à une vitesse constante. Au moment où Dennis Kimetto franchit la ligne d'arrivée, déterminer :
a) le temps qu'il reste à courir à Scott Overall ;
b) la distance qu'il lui reste à parcourir. Arrondir le résultat au mètre près.

LES CLÉS DU SUJET

Points du programme

Calculs de vitesses • Conversions de durées • Différence de durées.

Nos coups de pouce

▶ **1.** Un ordre de grandeur consiste à prendre des nombres proches de ceux de l'énoncé mais plus simples à utiliser.
▶ **3.** Soustrais les deux temps de course.

CORRIGÉ 31

> RAPPEL
> $V = \frac{d}{t}$.

▶ **1.** Le Kenyan a parcouru les 42 km en environ 2 h.

Sa vitesse est donc d'environ

$V = \frac{d}{t} = \frac{42}{2} = \boxed{21 \text{ km/h}}$.

L'ordre de grandeur de sa vitesse est 20 km/h.

▶ **2.** On a $d = 42{,}195$ km et $t = 2$ h 15 min $= 2{,}25$ h.

Donc : $V = \frac{d}{t} = \frac{42{,}195}{2{,}25} \approx \boxed{18{,}75 \text{ km/h}}$.

▶ **3. a)** La différence de temps de course entre les deux coureurs est de :

2 h 15 min – 2 h 2 min 57 s = 2 h 14 min 60 s – 2 h 2 min 57 s
= 12 min 3 s.

Il restera à Scott Overall 12 min 3 s de course.

b) On a $t = 12$ min 3 s $= 12{,}05$ min.

> RAPPEL
> Il y a 60 minutes dans 1 heure.

Puisque Scott Overall court à une vitesse de 18,75 km/h, on a :

$V = 18{,}75 \div 60 = 0{,}3125$ km/min.

$d = V \times t = 0{,}3125 \times 12{,}05 \approx \boxed{3{,}766 \text{ km}}$.

Il restera à Scott Overall 3,766 km à parcourir, au mètre près.

France métropolitaine • Septembre 2017
Exercice 6 • 5 points

Les canons à neige

© TechnoAlpin/DR

Dans une station de ski, les responsables doivent enneiger la piste de slalom avec de la neige artificielle. La neige artificielle est produite à l'aide de canons à neige. La piste est modélisée par un rectangle dont la largeur est 25 m et la longueur est 480 m.
Chaque canon à neige utilise 1 m^3 d'eau pour produire 2 m^3 de neige.
Débit de production de neige : 30 m^3 par heure et par canon.

▶1. Pour préparer correctement la piste de slalom, on souhaite produire une couche de neige artificielle de 40 cm d'épaisseur. Quel volume de neige doit-on produire ? Quel sera le volume d'eau utilisé ?

▶2. Sur cette piste de ski, il y a 7 canons à neige qui produisent tous le même volume de neige. Déterminer la durée nécessaire de fonctionnement des canons à neige pour produire les 4 800 m^3 de neige souhaités. Donner le résultat à l'heure près.

LES CLÉS DU SUJET

Points du programme

Volumes de pavés droits • Proportionnalité.

Nos coups de pouce

▶ **1.** Le volume d'un pavé droit est donné par la formule : $\mathcal{V}_{\text{pavé droit}} = L \times l \times h$.

CORRIGÉ 32

▶ **1.** $\mathcal{V}_{\text{pavé droit}} = L \times l \times h$
$= 480 \times 25 \times 0{,}40 = 4\,800 \text{ m}^3$

On va produire 4 800 m^3 de neige donc utiliser 2 400 m^3 d'eau.

> **ATTENTION**
> Pense à convertir les 40 cm en mètres !

▶ **2.** Un canon à neige produit 30 m^3 de neige par heure.
Donc les 7 canons vont produire $30 \times 7 = 210$ m^3 de neige en 1 heure.
Puisqu'il faut produire 4 800 m^3 de neige, il faudra faire fonctionner ces canons pendant environ $4\,800 \div 210 \approx \boxed{23 \text{ h}}$.

SUJET

33

Polynésie française • Septembre 2017
Exercice 3 • 6 points

L'arrosage automatique

Le jardinier d'un club de football décide de semer à nouveau du gazon sur l'aire de jeu. Pour que celui-ci pousse correctement, il installe un système d'arrosage automatique qui se déclenche le matin et le soir, à chaque fois, pendant 15 minutes.

- Le système d'arrosage est constitué de 12 circuits indépendants.
- Chaque circuit est composé de 4 arroseurs.
- Chaque arroseur a un débit de 0,4 m^3 d'eau par heure.

Combien de litres d'eau auront été consommés si on arrose le gazon pendant tout le mois de juillet ?

On rappelle que 1 m^3 = 1 000 litres et que le mois de juillet compte 31 jours.

LES CLÉS DU SUJET

■ Points du programme

Conversions de durées et de volumes • Proportionnalité.

■ Nos coups de pouce

Calcule la durée totale d'arrosage puis le nombre de m^3 débités par l'ensemble des arroseurs.

MATHS

CORRIGÉ 33

• Le mois de juillet compte 31 jours donc l'arrosage se fera 62 fois dans le mois.

Chaque arrosage dure 15 minutes donc l'arrosage total durera :

$62 \times 15 = 930$ minutes = $\boxed{15{,}5 \text{ h}}$.

• Le circuit d'arrosage est composé de $12 \times 4 = 48$ arroseurs.

Chaque arroseur débitant 0,4 m^3 d'eau par heure, l'ensemble des arroseurs débitera :

$48 \times 0{,}4 = \boxed{19{,}2 \text{ m}^3 \text{ par heure}}$.

• Finalement, l'ensemble des arroseurs débitera

$19{,}2 \times 15{,}5 = 297{,}6$ m^3 = 297 600 L sur le mois de juillet.

SUJET **34**

D'après Asie • Juin 2013
Exercice 7 • 4 points

MATHS

Moule à muffin

Dans cet exercice, si le travail n'est pas terminé, laisser tout de même une trace de la recherche. Elle sera prise en compte dans l'évaluation.

Un moule à muffin (un muffin est une pâtisserie) est constitué de 9 cavités.
Toutes les cavités sont identiques.
Chaque cavité a la forme d'un tronc de cône (cône coupé par un plan parallèle à sa base) représenté ci-contre.
Les dimensions sont indiquées sur la figure.

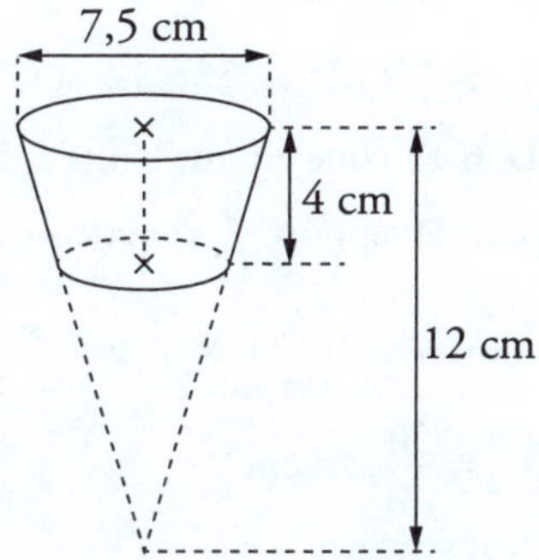

Rappels :

• Le volume d'un cône de rayon de base r et de hauteur h est $\frac{1}{3}\pi r^2 h$.

• $1\ \text{L} = 1\ \text{dm}^3$.

▶ **1.** Montrer que le volume d'une cavité est d'environ $125\ \text{cm}^3$.

▶ **2.** Léa a préparé 1 litre de pâte. Elle veut remplir chaque cavité du moule au $\frac{3}{4}$ de son volume.

A-t-elle suffisamment de pâte pour les 9 cavités du moule ? Justifier la réponse.

LES CLÉS DU SUJET

■ Points du programme

Volume d'un cône • Coefficient d'agrandissement/réduction • Fraction d'une quantité • Conversions.

■ Nos coups de pouce

▶ **1.** Calculer les volumes des deux cônes en appliquant la formule rappelée dans l'énoncé. En déduire le volume d'une cavité.

CORRIGÉ 34

▶ **1.** Notons $\mathcal{V}$ le volume d'une cavité, c'est-à-dire le volume d'un tronc de cône.

Notons $\mathcal{V}_1$ et $\mathcal{V}_2$ les volumes respectifs du grand et du petit cône et utilisons la formule rappelée dans l'énoncé.

Le grand cône a pour hauteur 12 cm et le rayon de sa base mesure $\frac{7,5}{2}$ soit 3,75 cm.

$\mathcal{V}_1 = \frac{1}{3} \times \pi \times 3,75^2 \times 12$ soit $\mathcal{V}_1 = 56,25\pi$ cm^3.

Le petit cône a pour hauteur 8 cm. C'est une réduction du grand cône dans le rapport $\frac{8}{12}$ ou encore $\frac{2}{3}$.

Alors $\mathcal{V}_2 = \left(\frac{2}{3}\right)^3 \times \mathcal{V}_1$ soit $\mathcal{V}_2 = \frac{8}{27} \times 56,25\pi$ ou encore

$\mathcal{V}_2 = \frac{50}{3} \times \pi$ cm^3.

Nous avons $\mathcal{V} = \mathcal{V}_1 - \mathcal{V}_2$

$\mathcal{V} = 56,25\pi - \frac{50}{3} \times \pi$

$\mathcal{V} = 124,35$ cm^3 valeur arrondie au centième.

Conclusion : le volume d'une cavité est bien égal à environ 125 cm^3.

▶ **2.** Notons $\mathcal{V}'$ le volume de pâte nécessaire pour remplir chacun des 9 moules au $\frac{3}{4}$ de son volume.

$\mathcal{V}' = 9 \times \frac{3}{4} \times 125$ soit environ 844 cm^3 c'est-à-dire 0,844 litre.

Conclusion : Léa a préparé suffisamment de pâte.

SUJET 35

Asie • Juin 2017
Exercice 8 • 5 points

Assemblage de cubes

La figure ci-dessous représente un solide constitué de l'assemblage de quatre cubes :
– trois cubes d'arêtes 2 cm ;
– un cube d'arête 4 cm.

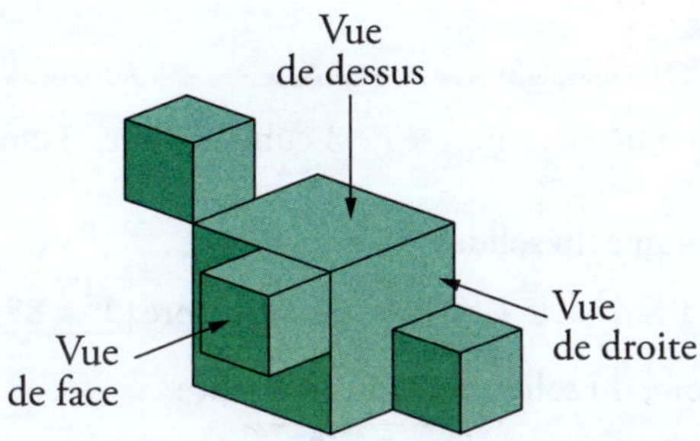

▶ **1.** Quel est le volume de ce solide ?

▶ **2.** On a dessiné deux vues de ce solide (elles ne sont pas en vraie grandeur).

Vue de face **Vue de dessus**

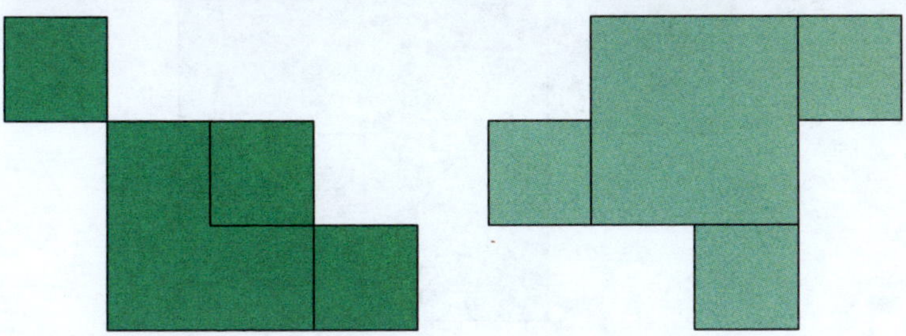

Dessiner la **vue de droite** de ce solide en **vraie grandeur**.

MATHS

LES CLÉS DU SUJET

Points du programme

Calcul de volumes • Construction d'après une figure dans l'espace.

Nos coups de pouce

▶ **1.** Utilise la formule donnant le volume $\mathcal{V}$ d'un cube d'arête a : $\mathcal{V} = a^3$.

CORRIGÉ 35

▶ **1.** Le solide donné est composé de 3 cubes d'arêtes 2 cm et d'un cube d'arête 4 cm.

Notons $\mathcal{V}$ le volume du solide.

$\mathcal{V} = 3 \times 2^3 + 1 \times 4^3$ soit $\mathcal{V} = 24 + 64$ ou encore $\boxed{\mathcal{V} = 88 \text{ cm}^3}$.

▶ **2.** Vue de droite du solide en vraie grandeur :

SUJET
36

Centres étrangers • Juin 2017
Exercice 3 • 6 points

Comparaison des volumes de quatre solides

Voici les dimensions de quatre solides :
- Une pyramide de 6 cm de hauteur dont la base est un rectangle de 6 cm de longueur et de 3 cm de largeur.
- Un cylindre de 2 cm de rayon et de 3 cm de hauteur.
- Un cône de 3 cm de rayon et de 3 cm de hauteur.
- Une boule de 2 cm de rayon.

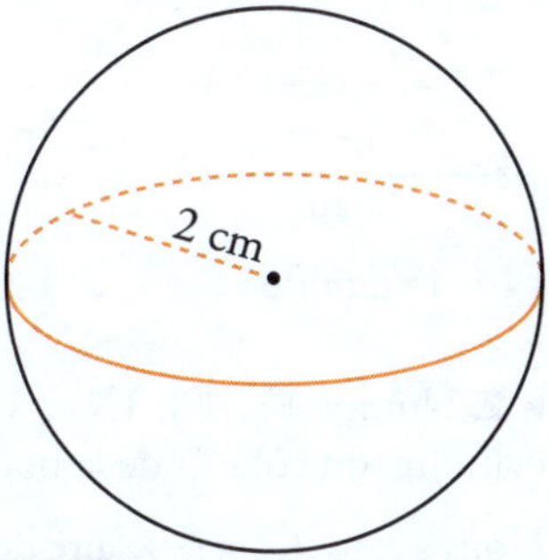

▶ **1. a)** Représenter approximativement les trois premiers solides comme l'exemple ci-dessus.
b) Placer les dimensions données sur les représentations.

▶ **2.** Classer ces quatre solides dans l'ordre croissant de leurs volumes.

Quelques formules :

- $\frac{4}{3} \times \pi \times \text{rayon}^3$
- $\pi \times \text{rayon}^2 \times \text{hauteur}$
- $\frac{1}{3} \times \pi \times \text{rayon}^2 \times \text{hauteur}$
- $\frac{1}{3} \times \text{aire de la base} \times \text{hauteur}$

LES CLÉS DU SUJET

Points du programme

Tracer des figures dans l'espace • Calculs de volumes.

Nos coups de pouce

▶ **1.** Utilise une règle graduée, une équerre et un compas.
▶ **2.** Pour calculer les quatre volumes, applique les formules données.

MATHS

CORRIGÉ 36

▶ **1. a)** et **b)**

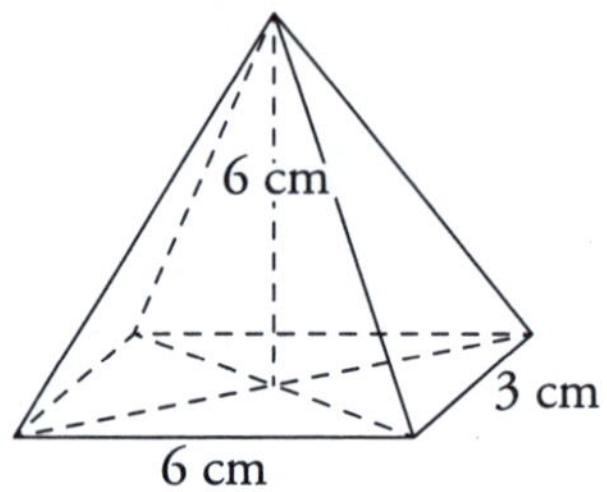

Pyramide

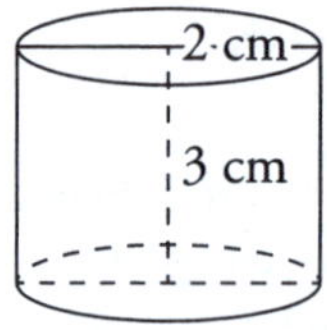

Cylindre

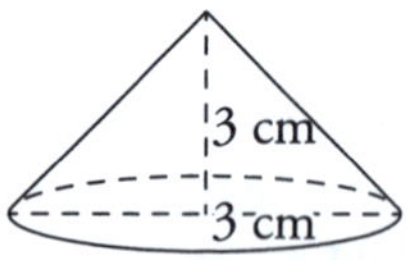

Cône

▶ **2.** Notons $\mathcal{V}_1$, $\mathcal{V}_2$, $\mathcal{V}_3$ et $\mathcal{V}_4$ les volumes respectifs de la pyramide, du cylindre, du cône et de la boule.

Nous avons $\mathcal{V}_1 = \frac{1}{3} \times$ aire de la base $\times$ hauteur

soit $\mathcal{V}_1 = \frac{1}{3} \times (3 \times 6) \times 6$

Donc $\mathcal{V}_1 = 36 \text{ cm}^3$.

Nous avons $\mathcal{V}_2 = \pi \times \text{rayon}^2 \times \text{hauteur}$ soit $\mathcal{V}_2 = \pi \times 2^2 \times 3$ ou encore $\mathcal{V}_2 = 12\pi$.

Donc $\mathcal{V}_2 = 37{,}7 \text{ cm}^3$ (valeur arrondie au dixième).

Nous avons $\mathcal{V}_3 = \frac{1}{3} \times \pi \times \text{rayon}^2 \times \text{hauteur}$, soit $\mathcal{V}_3 = \frac{1}{3} \times \pi \times 3^2 \times 3$, soit $\mathcal{V}_3 = 9\pi$. Donc $\mathcal{V}_3 = 28{,}3 \text{ cm}^3$ (valeur arrondie au dixième).

Nous avons $\mathcal{V}_4 = \frac{4}{3} \times \pi \times \text{rayon}^3$, soit $\mathcal{V}_4 = \frac{4}{3} \times \pi \times 2^3$ ou encore $\mathcal{V}_4 = \frac{32\pi}{3}$.

Donc $\mathcal{V}_4 = 33{,}5 \text{ cm}^3$ (valeur arrondie au dixième).

Conclusion : par ordre croissant des volumes, nous avons :

volume du cône – volume de la boule – volume de la pyramide – volume du cylindre, car $\mathcal{V}_3 < \mathcal{V}_4 < \mathcal{V}_1 < \mathcal{V}_2$.

Amérique du Sud • Novembre 2017
Exercice 2 • 7 points

Aménagement des combles d'une maison

Madame Duchemin a aménagé un studio dans les combles de sa maison, ces combles ayant la forme d'un prisme droit avec comme base le triangle ABC isocèle en C.
Elle a pris quelques mesures, au cm près pour les longueurs et au degré près pour les angles. Elle les a reportées sur le dessin ci-dessous représentant les combles, ce dessin n'est pas à l'échelle.

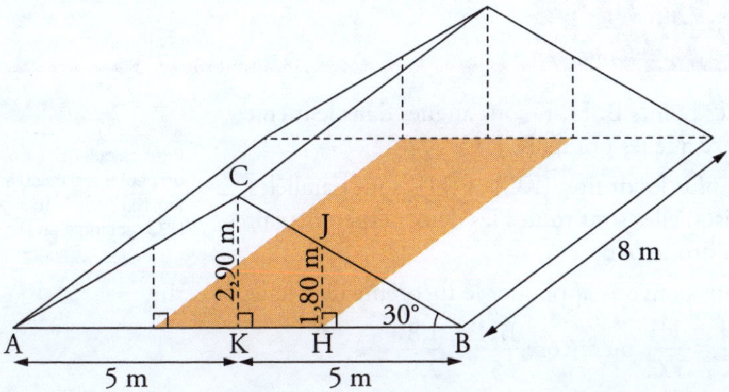

Madame Duchemin souhaite louer son studio.
Les prix de loyer autorisés dans son quartier sont au maximum de 20 € par m^2 de surface habitable.
Une surface est dite habitable si la hauteur sous plafond est de plus de 1,80 m (*article R111-2 du Code de construction*) : cela correspond à la partie beige sur la figure.
Madame Duchemin souhaite fixer le prix du loyer à 700 €.
Peut-elle louer son studio à ce prix ?

LES CLÉS DU SUJET

Points du programme

Théorème de Thalès • Calcul d'aire.

Nos coups de pouce

Marche à suivre possible pour répondre à la question posée :
- Calculer HB en appliquant le théorème de Thalès.
- En déduire KH.
- Calculer l'aire de la partie rectangulaire beige.
- Calculer le montant maximum du loyer.
- Conclure.

CORRIGÉ 37

• Les points B, H, K sont alignés dans le même ordre que les points B, J, C.

De plus les droites (KC) et (HJ) sont parallèles puisqu'elles sont toutes les deux perpendiculaires à la droite (AB).

> REMARQUE
> Pour calculer BH, on peut aussi calculer $\tan\widehat{HBJ}$ dans le triangle HBJ rectangle en H.

Nous pouvons appliquer le théorème de Thalès et écrire :

$\frac{BH}{BK} = \frac{HJ}{KC}$ ou encore $\frac{BH}{5} = \frac{1,8}{2,9}$.

Nous en déduisons $BH = \frac{5 \times 1,8}{2,9}$ soit BH = 3,10 m, valeur arrondie au cm près.

• Nous avons KH = KB – BH = 5 – 3,10, soit KH = 1,90 m, valeur arrondie au cm près.

• La partie beige rectangulaire a pour longueur 8 m et pour largeur 2 × 1,90 m, soit 3,80 m. L'aire de la partie beige est $\mathscr{A} = 8 \times 3,80\ m^2$, soit 30,4 m^2.

• Le loyer maximum est égal à 30,4 × 20, soit 608 euros.

• Puisque madame Duchemin souhaite louer son studio pour 700 euros et que le montant maximum autorisé est de 608 euros, celle-ci ne pourra pas louer au prix souhaité.

Centres étrangers • Juin 2017

Exercice 1 • 6 points

Vrai ou faux ?

Pour chacune des affirmations suivantes, dire si elle est vraie ou fausse. Chaque réponse doit être justifiée.

Affirmation 1

Un menuisier prend les mesures suivantes dans le coin d'un mur à 1 mètre au-dessus du sol pour construire une étagère ABC : AB = 65 cm ; AC = 72 cm et BC = 97 cm

Il réfléchit quelques minutes et assure que l'étagère a un angle droit.

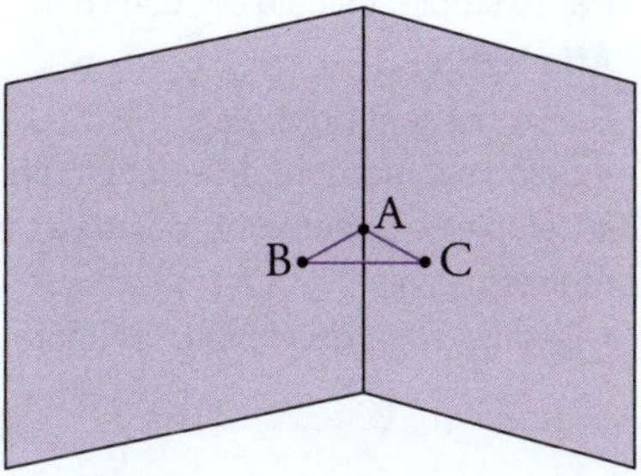

Affirmation 2

Les normes de construction imposent que la pente d'un toit représentée ici par l'angle $\widehat{CAH}$ doit avoir une mesure comprise entre 30° et 35°. Une coupe du toit est représentée ci-contre : AC = 6 m et AH = 5 m. H est le milieu de [AB].

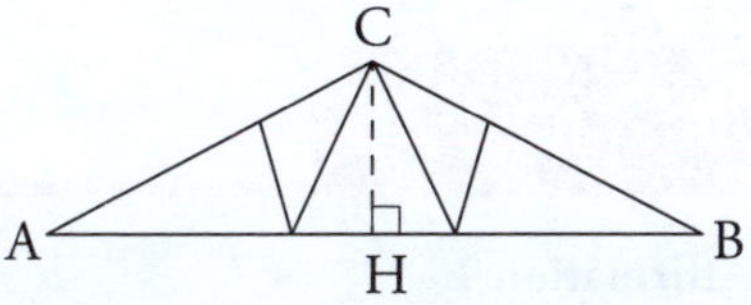

Le charpentier affirme que sa construction respecte la norme.

Affirmation 3

Un peintre souhaite repeindre les volets d'une maison. Il constate qu'il utilise $\frac{1}{6}$ du pot pour mettre une couche de peinture sur l'intérieur et l'extérieur d'un volet. Il doit peindre ses 4 paires de volets et mettre sur chaque volet 3 couches de peinture. Il affirme qu'il lui faut 2 pots de peinture.

LES CLÉS DU SUJET

■ Points du programme

Réciproque du théorème de Pythagore • Trigonométrie.

■ Nos coups de pouce

Affirmation 1

Calcule AB^2, AC^2, BC^2, puis applique la réciproque du théorème de Pythagore.

Affirmation 2

Par exemple, calcule $\cos\widehat{CAH}$ dans le triangle CAH rectangle en H.

Affirmation 3

Raisonnement possible :

- Calcule le nombre de volets à repeindre.
- Calcule la quantité de peinture nécessaire pour passer une couche sur tous les volets.
- Déduis-en la quantité de peinture nécessaire pour passer 3 couches sur tous les volets.

CORRIGÉ 38

Affirmation 1

Calculons :

$AB^2 = 65^2 = 4\,225$

$AC^2 = 72^2 = 5\,184$

$BC^2 = 97^2 = 9\,409$

Nous remarquons que $9\,409 = 4\,225 + 5\,184$, donc $BC^2 = AB^2 + AC^2$.

D'après la réciproque du théorème de Pythagore, le triangle ABC est rectangle en A. L'étagère a un angle droit et l'affirmation 1 est vraie.

Affirmation 2

D'après le codage, le triangle CAH est rectangle en H. Nous avons :

$$\cos\widehat{CAH} = \frac{AH}{AC} = \frac{5}{6}$$

> **Rappel**
> $\cos\widehat{CAH} = \frac{AH}{AC} = \frac{\text{côté adjacent}}{\text{hypoténuse}}$

La calculatrice donne $\widehat{CAH} = 34°$ (valeur arrondie au degré).

Pour que la norme soit respectée, il faut avoir $30° < \widehat{CAH} < 35°$.
Nous avons bien $30° < 34° < 35°$.
En conséquence l'affirmation 2 est vraie.

Affirmation 3

Le peintre doit repeindre 4 paires de volets, soit 8 volets. La quantité de peinture nécessaire pour une couche est donc égale à $8 \times \frac{1}{6}$ de pot.

Mais il doit mettre 3 couches de peinture. Il lui faut $8 \times \frac{1}{6} \times 3$ pots, soit 4 pots. Donc l'affirmation 3 est fausse.

Nouvelle-Calédonie • Décembre 2017

Exercice 8 • 4 points

Fusil sous-marin

On dispose des informations suivantes.
Toutes les valeurs présentes sur les schémas sont en millimètres.

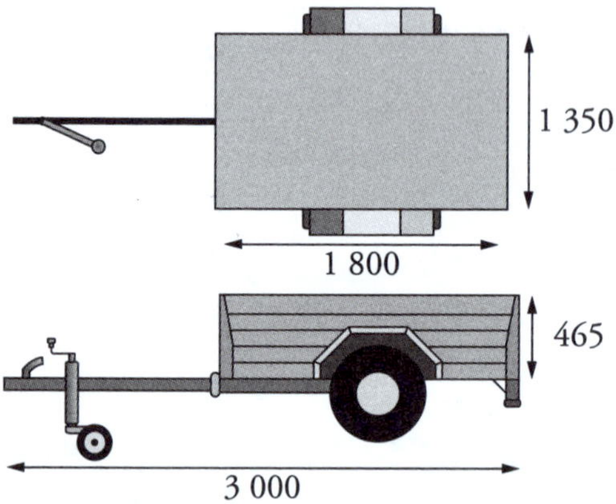

Dimensions de la remorque

ph © Dmitry Vereshchagin/ stock.adobe.com

Longueur du fusil sous-marin : 2 100

On suppose que le fond de la remorque est un rectangle.
Le fusil sous-marin peut-il être placé « à plat » dans la remorque ? Justifier la réponse.

Dans cet exercice, toute trace de recherche, même incomplète ou non fructueuse, sera prise en compte dans l'évaluation.

LES CLÉS DU SUJET

■ Point du programme

Théorème de Pythagore.

■ Nos coups de pouce

Calcule la mesure de la diagonale du fond de la remorque rectangulaire, puis compare-la à la longueur du fusil sous-marin.

MATHS

CORRIGÉ 39

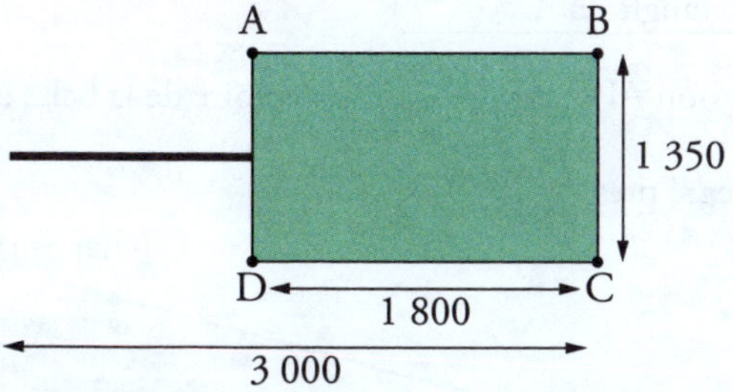

REMARQUE
Les différentes dimensions sont données en mm.

Puisque le fond de la remorque est le rectangle ABCD, alors le triangle ABC est rectangle en B. Nous pouvons lui appliquer le théorème de Pythagore : $AC^2 = AB^2 + BC^2$.

Nous savons que AB = 1 800 mm et BC = 1 350 mm.

Alors $AC^2 = 1\,800^2 + 1\,350^2 = 5\ 062\ 500$ et $AC = \sqrt{5\ 062\ 500}$, soit AC = 2 250 mm.

Le fusil sous-marin ayant une longueur de 2 100 mm, il pourra être placé à plat dans la remorque car 2 100 < 2 250.

ATTENTION
Pour répondre avec plus de certitude, il faudrait connaître la largeur du fusil !

SUJET

40

Nouvelle-Calédonie • Décembre 2017

Exercice 6 • 3 points

Lucky Luke et Averell

Pour toucher le chapeau d'Averell, Lucky Luke va devoir incliner son pistolet avec précision.
On suppose que les deux cow-boys se tiennent perpendiculairement au sol.

- Taille d'Averell : 7 pieds soit 2,13 m.
- Distance du sol au pistolet : PS = 1 m.
- Distance du pistolet à Averell : PA = 6 m.
- Le triangle PAC est rectangle en A.

Calculer l'angle d'inclinaison $\widehat{APC}$ formé par la trajectoire de la balle et l'horizontale.
Arrondir le résultat au degré près.

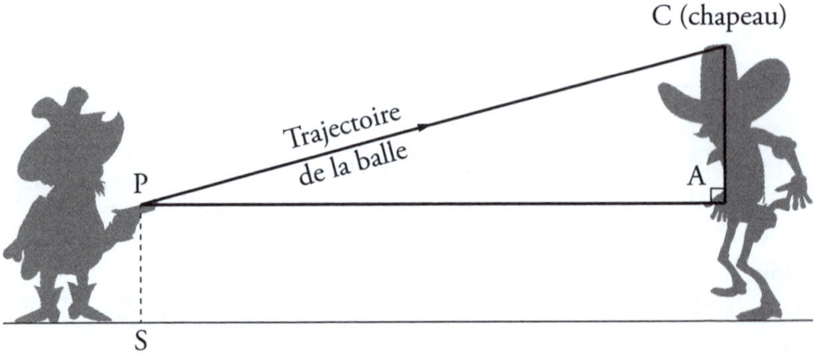

LES CLÉS DU SUJET

■ Point du programme

Trigonométrie.

■ Nos coups de pouce

Utilise un des trois rapports trigonométriques judicieusement choisi.

CORRIGÉ 40

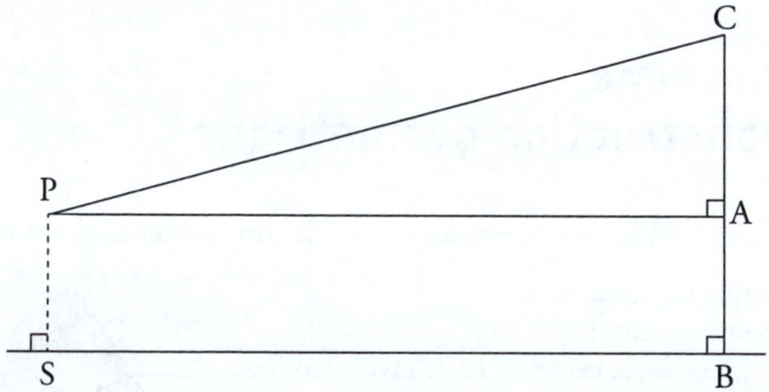

Dans le triangle CAP rectangle en A, on cherche la mesure de l'angle $\widehat{APC}$ connaissant les mesures du côté opposé et du côté adjacent.

Calculons donc $\tan\widehat{APC} = \dfrac{AC}{AP}$.

Le quadrilatère PABS a trois angles droits, c'est donc un rectangle. En particulier, SP = BA, et donc :

AC = BC – BA = BC – SP = 2,13 – 1, soit AC = 1,13 m.

Nous avons alors $\tan\widehat{APC} = \dfrac{1,13}{6}$.

La calculatrice donne $\widehat{APC} = 10,665...$ soit $\boxed{\widehat{APC} = 11°}$ valeur arrondie au degré près.

> **RAPPEL**
> Les trois rapports trigonométriques :
> $\sin\widehat{APC} = \dfrac{AC}{PC} = \dfrac{\text{côté opposé}}{\text{hypoténuse}}$
> $\cos\widehat{APC} = \dfrac{AP}{PC} = \dfrac{\text{côté adjacent}}{\text{hypoténuse}}$
> $\tan\widehat{APC} = \dfrac{AC}{AP} = \dfrac{\text{côté opposé}}{\text{côté adjacent}}$

MATHS

SUJET

41

Amérique du Nord • Juin 2017

Exercice 2 • 9,5 points

Programme de construction géométrique

Avec un logiciel de géométrie, on exécute le programme ci-dessous.

Programme de construction :
- construire un carré ABCD ;
- tracer le cercle de centre A et de rayon [AC] ;
- placer le point E à l'intersection du cercle et de la demi-droite [AB) ;
- construire un carré DEFG.

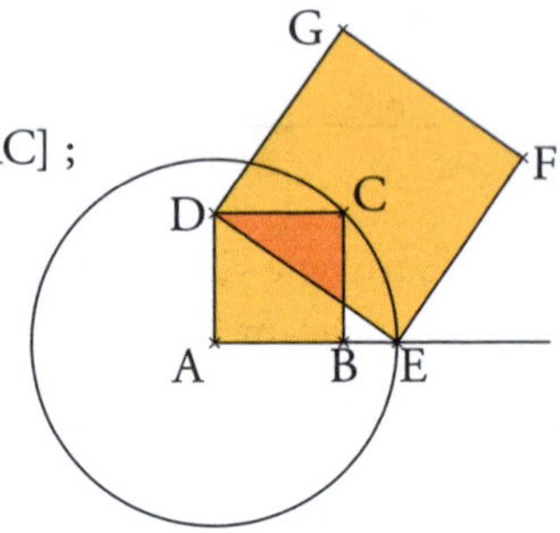

▶ **1.** Sur la copie, réaliser la construction avec AB = 3 cm.

▶ **2.** Dans cette question, AB = 10 cm.

a) Montrer que $AC = \sqrt{200}$ cm.

b) Expliquer pourquoi $AE = \sqrt{200}$ cm.

c) Montrer que l'aire du carré DEFG est le triple de l'aire du carré ABCD.

▶ **3.** On admet pour cette question que pour n'importe quelle longueur du côté [AB], l'aire du carré DEFG est toujours le triple de l'aire du carré ABCD.

En exécutant ce programme de construction, on souhaite obtenir un carré DEFG ayant une aire de 48 cm^2.

Quelle longueur AB faut-il choisir au départ ?

LES CLÉS DU SUJET

Points du programme

Théorème de Pythagore • Aire d'un carré.

Nos coups de pouce

▶ **1.** Utilise un compas et une règle graduée.

▶ **2. a** et **c)** Applique le théorème de Pythagore.

MATHS

CORRIGÉ 41

▶ **1.** Voir figure ci-dessous.

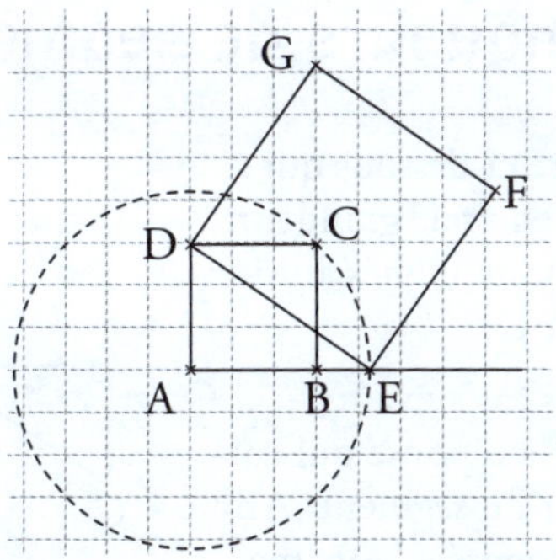

Échelle $\frac{1}{3}$.

▶ **2. a)** Appliquons le théorème de Pythagore au triangle ABC rectangle en B. Nous obtenons $AC^2 = AB^2 + BC^2$ soit $AC^2 = 10^2 + 10^2 = 200$. En effet AB = BC =10 cm puisque ABCD est un carré dont le côté mesure 10 cm.

Nous avons $AC = \sqrt{200}$ cm.

b) [AE] et [AC] sont deux rayons d'un même cercle. Ils ont donc même mesure et $AE = \sqrt{200}$ cm.

c) Notons $\mathcal{A}_1$ et $\mathcal{A}_2$ les aires respectives des carrés DEFG et ABCD.

Nous avons $\mathcal{A}_1 = DE^2$. Appliquons le théorème de Pythagore au triangle ADE rectangle en A. Nous obtenons $DE^2 = AD^2 + AE^2$ soit $DE^2 = 100 + 200 = 300$. Donc $\mathcal{A}_1 = 300$ cm^2.

> **Rappel**
> Aire du carré = côté × côté = (côté)^2.

Nous avons aussi $\mathcal{A}_2 = AB^2 = 10^2 = 100$ soit $\mathcal{A}_2 = 100$ cm^2.

Conclusion : $\mathcal{A}_1 = 3 \times \mathcal{A}_2$ et l'aire du carré DEFG est le triple de l'aire du carré ABCD.

▶ **3.** Nous voulons avoir $\mathcal{A}_1 = 48$ cm^2. Alors $\mathcal{A}_2 = \frac{1}{3} \times \mathcal{A}_1 = 16$ cm^2 et $AB = \sqrt{16}$.

Conclusion : AB = 4 cm. C'est la valeur qu'il faut choisir au départ.

SUJET

42

Asie • Juin 2017

Exercice 3 • 6 points

Calcul de longueurs de segments

On considère la figure ci-dessous qui n'est pas représentée en vraie grandeur. Les points A, B et E sont alignés ainsi que les points C, B et D.

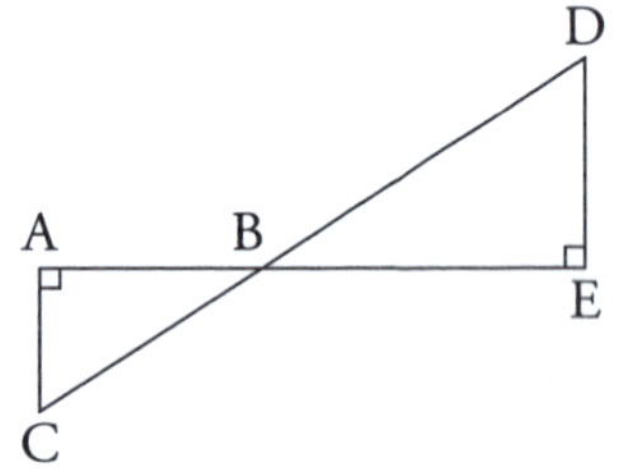

▶ **1.** Dans chacun des cas suivants, indiquer sur la copie la réponse qui correspond à la longueur du segment [AB] parmi les réponses proposées. Aucune justification n'est attendue.

	Données	Réponse A	Réponse B	Réponse C
Cas 1	AC = 51 cm CB = 85 cm DE = 64 cm	68 cm	99,1 cm	67,7 cm
Cas 2	$\widehat{ACB} = 62°$ CB = 9 cm BE = 5 cm	Environ 10,2 cm	Environ 4,2 cm	Environ 7,9 cm
Cas 3	AC = 8 cm BE = 7 cm DE = 5 cm	11,2 cm	10,6 cm	4,3 cm

▶ **2.** Pour l'un des trois cas uniquement, au choix, justifier la réponse en rédigeant.

LES CLÉS DU SUJET

■ Points du programme

Théorème de Pythagore • Trigonométrie • Théorème de Thalès.

■ Nos coups de pouce

▶ **1. Cas 1 :** applique le théorème de Pythagore au triangle ABC rectangle en A.

Cas 2 : dans le triangle ABC rectangle en A, calcule sin $\widehat{ACB}$.

Cas 3 : démontre que les droites (AC) et (DE) sont parallèles et applique ensuite le théorème de Thalès.

CORRIGÉ 42

▶ **1.** et **2.**

> MÉTHODE
> Pour une meilleure préparation au brevet, les réponses aux trois cas ont été justifiées.

• **Cas 1** : la bonne réponse est la réponse A.
En effet, le triangle ABC est rectangle en A.
Appliquons le théorème de Pythagore :
$BC^2 = AB^2 + AC^2$.

Nous avons $AB^2 = BC^2 - AC^2 = 85^2 - 51^2$.

Alors $AB^2 = 4\,624$ et $AB = \sqrt{4\,624} = 68$.

Conclusion : AB = 68 cm.

• **Cas 2** : la bonne réponse est la réponse C.

En effet, dans le triangle ABC rectangle en A,

nous avons $\sin\widehat{ACB} = \dfrac{AB}{BC}$,

soit $AB = BC \times \sin\widehat{ACB}$ ou encore
$AB = 9 \times \sin 62°$.

La calculatrice donne AB = 7,946... cm.

La bonne réponse est donc : **environ 7,9 cm**.

> RAPPEL
> La mesure de l'angle $\widehat{ACB}$ est de 62 degrés.
> Ne pas oublier de choisir le « mode degré » pour la calculatrice.

• **Cas 3** : la bonne réponse est la réponse A.

Les droites (AC) et (DE) sont perpendiculaires à la droite (AE). Elles sont donc parallèles entre elles.

Les points A, B, E sont alignés dans le même ordre que les points C, B, D et de plus les droites (AC) et (DE) sont parallèles. Nous pouvons appliquer le théorème de Thalès et écrire : $\dfrac{AB}{EB} = \dfrac{AC}{DE}$.

Alors $\dfrac{AB}{7} = \dfrac{8}{5}$ et $AB = \dfrac{8 \times 7}{5} = 11{,}2$.

Conclusion : AB = 11,2 cm.

MATHS

SUJET

43

France métropolitaine • Septembre 2017

Exercice 2 • 7 points

Étude de deux triangles bien particuliers

Pour illustrer l'exercice, la figure ci-dessous a été faite à main levée.

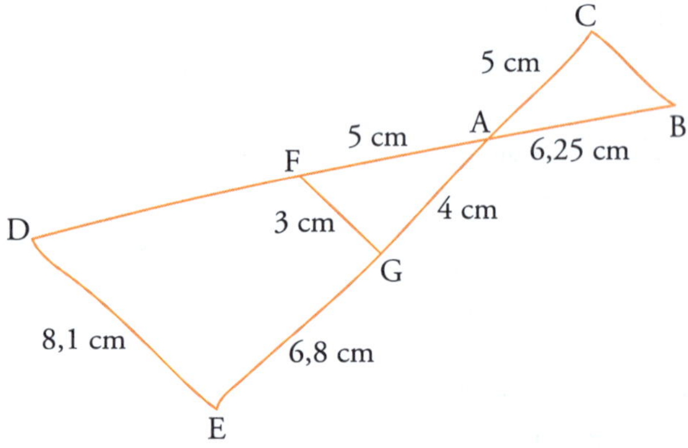

Les points D, F, A et B sont alignés, ainsi que les points E, G, A et C. De plus, les droites (DE) et (FG) sont parallèles.

▶ **1.** Montrer que le triangle AFG est un triangle rectangle.

▶ **2.** Calculer la longueur du segment [AD]. En déduire la longueur du segment [FD].

▶ **3.** Les droites (FG) et (BC) sont-elles parallèles ? Justifier.

LES CLÉS DU SUJET

■ Points du programme

Réciproque du théorème de Pythagore • Théorème de Thalès et sa réciproque.

■ Nos coups de pouce

▶ **1.** Utilise la réciproque du théorème de Pythagore.

▶ **2.** Applique le théorème de Thalès.

▶ **3.** Utilise la réciproque du théorème de Thalès.

CORRIGÉ 43

▶ **1.** Le plus grand côté du triangle AGF est [AF]. Donc si ce triangle est rectangle alors il est rectangle en G. Calculons :

$AF^2 = 5^2 = 25$

$GF^2 = 3^2 = 9$

$GA^2 = 4^2 = 16$

Nous remarquons que $25 = 9 + 16$ donc $AF^2 = GF^2 + GA^2$.

D'après la réciproque du théorème de Pythagore le triangle AFG est rectangle en G.

▶ **2.** Les points A, F, D sont alignés dans le même ordre que les points A, G, E. De plus les droites (DE) et (FG) sont parallèles. Nous pouvons appliquer le théorème de Thalès et écrire : $\frac{AD}{AF} = \frac{AE}{AG}$. Cette égalité peut encore s'écrire $\frac{AD}{5} = \frac{10{,}8}{4}$ car $AE = AG + GE = 4 + 6{,}8 = 10{,}8$.

Le « produit en croix » donne $4 \times AD = 5 \times 10{,}8$, soit $AD = \frac{5 \times 10{,}8}{4}$ ou encore **AD = 13,5 cm**.

Puisque les points A, F et D sont alignés et que F est sur le segment [AD], alors $FD = AD - AF$.

Donc $FD = 13{,}5 - 5$ et **FD = 8,5 cm**.

▶ **3.** Calculons :

$\frac{AF}{AB} = \frac{5}{6{,}25} = 0{,}8$

$\frac{AG}{AC} = \frac{4}{5} = 0{,}8$

Alors nous remarquons que $\frac{AF}{AB} = \frac{AG}{AC}$.

Les points F, A, B sont alignés dans le même ordre que les points G, A, C et de plus $\frac{AF}{AB} = \frac{AG}{AC}$.

D'après la réciproque du théorème de Thalès, les droites (FG) et (BC) sont parallèles.

RAPPEL
Ne pas confondre un théorème et la réciproque du théorème.

MATHS

Pondichéry • Mai 2017
Exercice 3 • 7 points

Un programme de calcul en trois étapes

On considère le programme de calcul ci-contre dans lequel *x*, *Étape 1*, *Étape 2* et *Résultat* sont quatre variables.

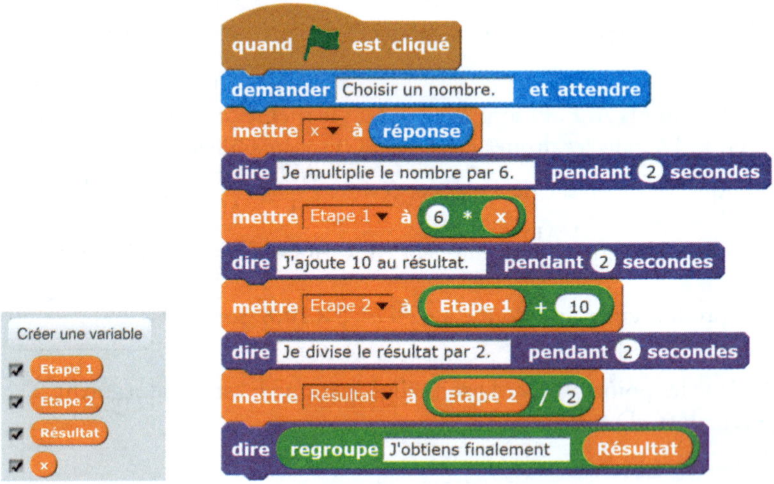

▶ **1. a)** Julie a fait fonctionner ce programme en choisissant le nombre 5. Vérifier que ce qui est dit à la fin est : « J'obtiens finalement 20 ».

b) Que dit le programme si Julie le fait fonctionner en choisissant au départ le nombre 7 ?

▶ **2.** Julie fait fonctionner le programme, et ce qui est dit à la fin est : « J'obtiens finalement 8 ». Quel nombre Julie a-t-elle choisi au départ ?

▶ **3.** Si l'on appelle x le nombre choisi au départ, écrire en fonction de x l'expression obtenue à la fin du programme, puis réduire cette expression autant que possible.

▶ **4.** Maxime utilise le programme de calcul ci-dessous :

- Choisir un nombre.
- Lui ajouter 2.
- Multiplier le résultat par 5.

Peut-on choisir un nombre pour lequel le résultat obtenu par Maxime est le même que celui obtenu par Julie ?

LES CLÉS DU SUJET

Points du programme

Comprendre un algorithme de programmation • Calcul littéral • Équation du 1er degré.

Nos coups de pouce

▶ **3.** Choisis x comme nombre de départ.

▶ **4.** Écris le programme de Maxime en fonction de x et résouds une équation bien choisie.

MATHS

CORRIGÉ 44

▶ **1. a)** Julie choisit le nombre 5 au départ : $x = 5$.

• Ce nombre est ensuite multiplié par 6 ; on obtient :

$$\textit{Étape 1} = 6 \times x = 6 \times 5 = 30$$

• À ce résultat, on ajoute 10 ; on obtient :

$$\textit{Étape 2} = \textit{Étape 1} + 10 = 30 + 10 = 40$$

• Ce résultat est ensuite divisé par 2 ; on obtient :

$$\textit{Résultat} = \textit{Étape 2} \div 2 = 40 \div 2 = \boxed{20}$$

Le programme affiche bien « J'obtiens finalement 20 ».

b) Choisissons 7 comme nombre de départ.

$x = 7$

$\textit{Étape 1} = 6 \times 7 = 42$

$\textit{Étape 2} = 42 + 10 = 52$

$\textit{Résultat} = 52 \div 2 = \boxed{26}$

Le programme affiche « J'obtiens finalement 26 ».

▶ **2.** Remontons le programme à l'envers :
$(8 \times 2 - 10) \div 6 = 1$

Si Julie obtient 8 comme résultat final, c'est qu'elle a choisi comme nombre de départ : $\boxed{1}$.

▶ **3.** Choisissons x comme nombre de départ.

Étape 1 $= 6 \times x = 6x$

Étape 2 $= 6x + 10$

Résultat $= (6x + 10) \div 2 = \boxed{3x + 5}$

> **Attention !**
> Tous les termes de *Étape 2* sont divisés par 2, ne pas oublier les parenthèses.

▶ **4.** Pour un nombre x de départ, le programme de Maxime calcule $(x + 2) \times 5 = 5x + 10$.

Pour trouver la valeur de x pour laquelle le programme de Maxime donne le même résultat que le programme Scratch utilisé par Julie, il suffit de résoudre une équation :

$5x + 10 = 3x + 5$

$5x - 3x = 5 - 10$

$2x = -5$

$x = -2{,}5$

La seule valeur pour laquelle les deux programmes donnent le même résultat est $\boxed{x = -2{,}5}$.

SUJET 45

Polynésie française • Septembre 2017

Exercice 6 • 6 points

Programme de calcul sous Scratch

La figure ci-contre est la copie d'écran d'un programme réalisé avec le logiciel « Scratch ».

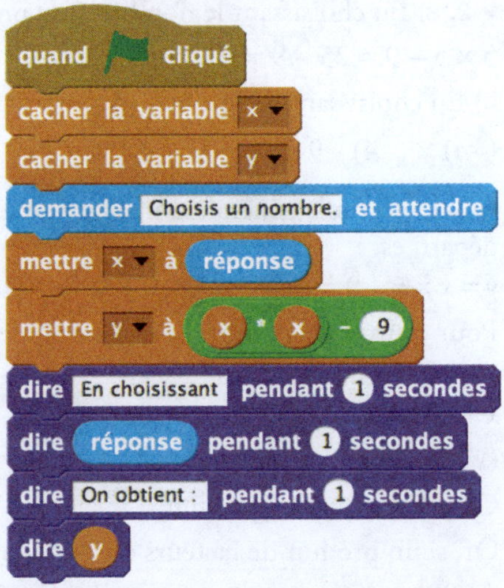

▶ **1.** Montrer que si on choisit 2 comme nombre de départ, alors le programme renvoie -5.

▶ **2.** Que renvoie le programme si on choisit au départ :

a) le nombre 5 ?

b) le nombre -4 ?

▶ **3.** Déterminer les nombres qu'il faut choisir au départ pour que le programme renvoie 0.

LES CLÉS DU SUJET

■ Points du programme

Programmation algorithmique • Équations carrées • Calcul littéral.

■ Nos coups de pouce

▶ **1 et 2.** La ligne 6 du programme donne la formule à utiliser.

CORRIGÉ 45

▶ **1.** En choisissant 2 comme nombre de départ, le programme renverra le nombre :

$2 \times 2 - 9 = 4 - 9 = \boxed{-5}$.

▶ **2. a)** En choisissant le nombre 5, le programme renverra le nombre :

$5 \times 5 - 9 = 25 - 9 = \boxed{16}$.

b) En choisissant le nombre -4, le programme renverra le nombre :

$(-4) \times (-4) - 9 = 16 - 9 = \boxed{7}$.

▶ **3.** La formule générale du programme, pour un nombre x choisi au départ, est :

$y = x \times x - 9 = x^2 - 9$.

Pour trouver les nombres à choisir au départ pour obtenir 0, il faut résoudre l'équation :

$x^2 - 9 = 0$

$(x - 3)(x + 3) = 0$

C'est une équation produit.

Or, si un produit de facteurs est nul, alors l'un au moins de ses facteurs est nul.

Donc :

$x - 3 = 0$ ou $x + 3 = 0$

$\boxed{x = 3}$ ou $\boxed{x = -3}$

Les nombres à choisir au départ sont 3 ou -3.

SUJET 46

France métropolitaine • Juin 2017
Exercice 2 • 6 points

Figures sous Scratch

On donne le programme suivant qui permet de tracer plusieurs triangles équilatéraux de tailles différentes.
Ce programme comporte une variable nommée « **côté** ». Les longueurs sont données en pixels.
On rappelle que l'instruction `s'orienter à 90` signifie que l'on se dirige vers la droite.

Script

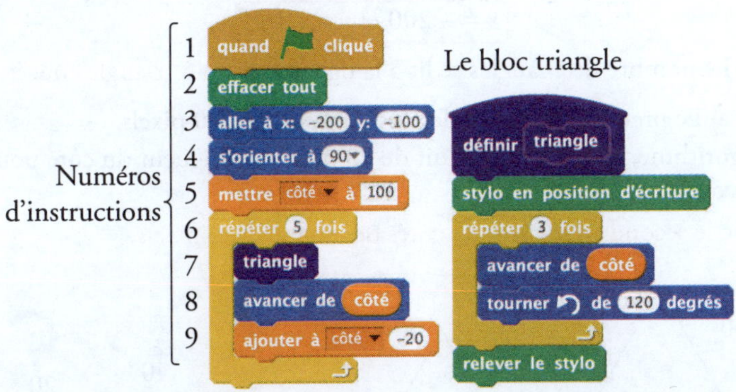

▶ **1.** Quelles sont les coordonnées du point de départ du tracé ?

▶ **2.** Combien de triangles sont dessinés par le script ?

▶ **3. a)** Quelle est la longueur (en pixels) du côté du deuxième triangle tracé ?
b) Tracer à main levée l'allure de la figure obtenue quand on exécute ce script.

▶ **4.** On modifie le script initial pour obtenir la figure ci-contre.
Indiquer le numéro d'une instruction du script **après laquelle** on peut placer l'instruction `tourner de 60 degrés` pour obtenir cette nouvelle figure.

MATHS

LES CLÉS DU SUJET

■ Points du programme

Compréhension d'un algorithme sous Scratch.

■ Nos coups de pouce

▶ **3. b)** La ligne 5 donne la longueur des côtés du premier triangle.

▶ **4.** Entre chaque tracé de triangle, oriente le lutin de 60° vers la gauche.

CORRIGÉ 46

▶ **1.** Les coordonnées du point de départ du tracé se lisent à la ligne 3 :

$$\boxed{x = -200 \text{ et } y = -100}$$

▶ **2.** Le nombre de triangles se lit à la ligne 6 : il y a 5 triangles tracés.

▶ **3. a)** Le premier triangle a des côtés mesurant 100 pixels.
L'algorithme, à la ligne 9, réduit de 20 pixels la longueur du côté pour le second triangle.

Donc le second triangle a des côtés de longueur 80 pixels.

b)

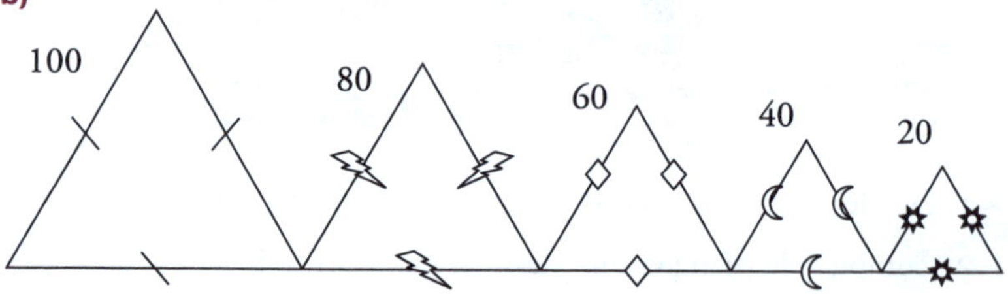

▶ **4.** On peut placer l'instruction après la ligne 8 ou 9.

SUJET

47

France métropolitaine • Juin 2018

ANALYSER UN DOCUMENT • 20 points

Un enfant dans la Résistance (1943-1944)

DOCUMENT Le témoignage de Jean-Jacques Auduc

Mon travail était de récupérer les messages. Je venais à bicyclette, de chez ma grand-mère. Je récupérais les messages ; j'en récupérais d'autres que me donnait André Dubois. Et je rentrais à Foulletourte[1]… 25 kilomètres à l'aller, 25 kilomètres au retour. J'avais 12 ans. Je franchissais les barrages allemands sans être inquiété. Je cachais les messages dans la pompe de mon vélo.

Outre mes activités d'agent de liaison, on m'envoyait aussi dans les endroits où les adultes ne pouvaient pas aller. Par exemple, les Allemands avaient positionné sur le terrain d'aviation du Mans trois escadrilles de bombardiers « Junker ». Les Anglais les avaient repérées et ça les inquiétait. […] On m'a envoyé avec un cerf-volant et je me suis approché le plus près possible. Les gardes – c'étaient de vieux soldats allemands – se sont même mis à jouer avec moi. À un moment, en me baissant, je me suis aperçu que les avions en question étaient en bois… C'était des leurres ! J'ai signalé ça. Les Anglais ont été rassurés. […] Il n'y avait qu'un enfant qui pouvait s'approcher sans éveiller la méfiance des soldats. C'était le 21 septembre 1943 ; pour cette action, je recevrai, le 13 juin 1945, la Croix de guerre avec étoile de vermeil. […]

En novembre 1943, mes parents ont donc été arrêtés sur dénonciation. Moi, j'étais parti chez ma grand-mère pour apporter des plis. Les voisins m'attendaient au bout de la rue : « Surtout tu rentres pas chez toi parce que la Gestapo t'attend. » Les Allemands voulaient absolument me prendre pour me faire parler.

On avait prévu, en cas d'arrestation, que j'aille à Chartres, chez un commandant d'aviation. Je suis parti, sans argent, sans ticket d'alimentation, sans papiers ! Traqué par la Gestapo. Ne sachant pas ce que mes parents étaient devenus. […]

HISTOIRE

Entre-temps, mes parents avaient été déportés. La Gestapo ne s'intéressait plus à moi. J'ai pu rentrer chez ma grand-mère. J'ai repris l'école avec l'idée de m'engager dans les FFI[2] pour aller libérer les camps et mes parents. C'est ce que j'ai fait à l'automne 1944. J'ai rejoint les FFI de Foulletourte. On traquait les Allemands en déroute. Mais je ne suis pas allé plus loin. J'étais trop jeune pour m'engager chez le général Leclerc[3]. Les Anglais m'ont récupéré, encore une fois. Ils m'ont emmené en Angleterre. J'ai vécu dans une famille d'officiers jusqu'au retour de mes parents.

D'après Philippe Chapleau, *Des enfants dans la Résistance (1939-1945)*, Éditions Ouest France, 2008.

1. Foulletourte : commune située dans l'ouest de la France.
2. Forces françaises de l'intérieur : regroupement des principaux réseaux de résistants combattant en France.
3. Général Leclerc : officier général des Forces françaises libres devenues l'armée française de la Libération à partir d'août 1943.

▶ **1.** Présentez l'auteur de ce témoignage. *(2 points)*

▶ **2.** Décrivez la situation de la France au moment des faits racontés. *(4 points)*

▶ **3.** Indiquez les différentes missions confiées à Jean-Jacques Auduc et la raison pour laquelle la Résistance fait appel à lui. *(6 points)*

▶ **4.** Relevez les principaux acteurs de la lutte contre les Allemands avec lesquels il a été en contact. *(4 points)*

▶ **5.** Expliquez pourquoi les actions de la Résistance pouvaient être dangereuses. *(4 points)*

LES CLÉS DU SUJET

■ Comprendre le document

Le document est un témoignage, celui d'un enfant : Jean-Jacques Auduc. Il n'a que huit ans en 1939 quand la guerre éclate, quatorze en mai 1945. Son récit est publié en 2008 par un historien (Philippe Chapleau). La date à laquelle il a été recueilli par ce dernier n'est pas connue. Elle est sans doute tardive. Le témoin rapporte les actions qu'il a accomplies pour le compte de la Résistance entre 1943 (ses douze ans) et 1944 (la Libération). Il évoque aussi les conséquences de ses actes pour lui et sa famille.

Répondre aux questions

▶ **1.** Calcule l'âge de Jean-Jacques Auduc au fil du texte. Quelle est sa situation familiale après novembre 1943 ?

▶ **2.** Calcule la date de la première action de Jean-Jacques à partir de l'âge qu'il a. Puis utilise celles qu'il donne dans la suite de son récit. Quel est le régime politique de la France, sa situation militaire ? Quelle grande opération a lieu en juin 1944 ?

▶ **3.** Qu'est-ce qu'un « agent de liaison », un « leurre » ? Quel type de travail fait Jean-Jacques Auduc quand il informe les Anglais ?

▶ **4.** Qui lui commande d'aller voir les bombardiers allemands ? Utilise aussi la note 2. Pourquoi ses parents sont-ils arrêtés par la Gestapo ?

▶ **5.** Comment la Gestapo faisait-elle « parler » ses prisonniers ? À quel sort Jean-Jacques veut-il échapper en se cachant ? Que sont devenus ses parents ?

CORRIGÉ 47

HISTOIRE

▶ **1.** Jean-Jacques Auduc est un enfant. Il a entre huit et quatorze ans pendant la guerre. À partir de novembre 1943, c'est un adolescent livré à lui-même et en fuite : ses parents ont été arrêtés.

▶ **2.** Entre 1943 et 1944, la France, vaincue en juin 1940, est occupée. La zone libre sous le contrôle du régime de Vichy a été envahie par les Allemands. Contre l'occupant, la Résistance s'organise. Elle aide les Alliés et la « France libre » du général de Gaulle à préparer la Libération. En juin 1944, le débarquement en Normandie annonce celle-ci et la fin de la guerre en Europe (mai 1945).

> **GAGNE DES POINTS**
> Sois précis dans les informations que tu donnes. Date les événements, localise-les quand c'est possible.

▶ **3.** Comme « agent de liaison » (l. 7), Jean-Jacques Auduc transporte des messages de la Résistance à l'insu des Allemands. Il fait aussi du renseignement, découvrant que les bombardiers qui inquiètent les Alliées sont des faux, des « leurres » (l. 15).

Les résistants l'utilisent parce que les Allemands ne se méfient pas d'un enfant qui va voir sa grand-mère (l. 2) ou qui joue (l. 13).

> **INFO +**
> En juin 1943, Jean Moulin fut envoyé en France par le général de Gaulle pour fédérer les mouvements de la Résistance. Arrêté, il meurt le 8 juillet 1943 lors de sa déportation vers l'Allemagne.

▶ **4.** Jean-Jacques Auduc est en contact avec des résistants qui travaillent pour le compte des Anglais (l. 10 et 15). Ces résistants sont peut-être ses parents. En 1944, il entre en contact avec les combattants de la Résistance (les FFI, Forces françaises de l'intérieur).

INFO +
Le maquisard est un résistant armé qui se cache dans des régions difficiles d'accès (montagnes, forêts). Il participe au travail de renseignement et se prépare à combattre en soutien des forces alliées. Parfois, il aide des réfugiés à franchir les frontières.

▶ **5.** Les actions de la Résistance sont dangereuses en cas d'échec ou de « dénonciation » (l. 20). La police politique allemande (ou Gestapo) emprisonne les résistants et les torture pour leur soutirer des informations. Le résistant est ensuite déporté, comme le sont les parents de Jean-Jacques Auduc, ou fusillé. Le résistant engagé dans des unités combattantes (FFI) peut être tué lors d'un affrontement avec l'ennemi.

France métropolitaine • Juin 2018

MAÎTRISER LES DIFFÉRENTS LANGAGES • 20 points

Les territoires ultramarins français : problèmes spécifiques et aménagements

▶ **1.** Rédigez un développement construit d'environ vingt lignes pour montrer les problèmes spécifiques rencontrés par les territoires ultramarins français et les aménagements réalisés pour tenter d'y remédier. Vous pouvez prendre appui sur un exemple étudié en classe. *(13 points)*

▶ **2.** L'organisation du territoire français *(7 points)*

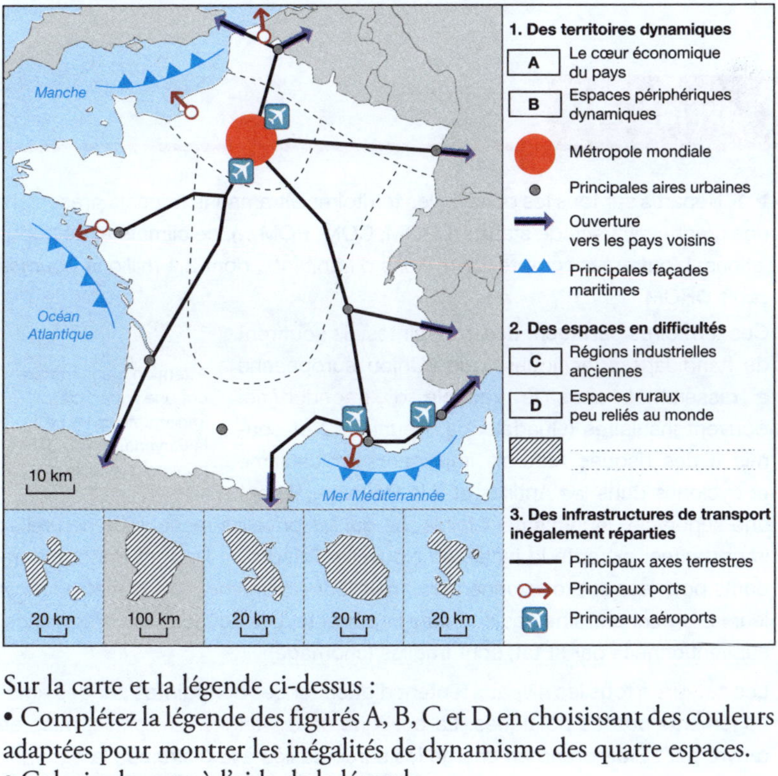

Sur la carte et la légende ci-dessus :

• Complétez la légende des figurés A, B, C et D en choisissant des couleurs adaptées pour montrer les inégalités de dynamisme des quatre espaces.

• Coloriez la carte à l'aide de la légende.

• Complétez la légende en indiquant l'information qui correspond au figuré hachuré.
• Localisez et nommez quatre aires urbaines de votre choix.
• Expliquez le choix du figuré pour les façades maritimes.

LES CLÉS DU SUJET

▶ **1.** Le sujet invite à construire un développement en deux parties : dans la première, présente les problèmes spécifiques auxquels sont confrontés les territoires ultramarins français ; dans la seconde, explique les aménagements mis en place pour les surmonter. Pense bien aux différents acteurs (locaux, national, européen) qui interviennent.
En introduction, pense à présenter la diversité des territoires ultramarins : cela montrera que tu maîtrises ton sujet et valorisera ta copie.

CORRIGÉ 48

▶ **1.** Répartis sur tous les océans, les territoires ultramarins français présentent une grande diversité de statuts (DROM, COM, POM...), de climats et de populations. L'outremer compte 2,7 millions d'habitants, dont 2,1 millions pour les seuls DROM.

Ces territoires partagent des contraintes. Ils souffrent de handicaps spécifiques, que l'Union européenne a rassemblés sous le vocable d'ultrapériphérie. Souvent insulaires (Guadeloupe, Réunion...) et soumis à des risques naturels importants (volcanisme et cyclones dans les Antilles et à la Réunion), ils ont une superficie généralement faible, ce qui les prive de ressources naturelles importantes, excepté le nickel en Nouvelle-Calédonie. Ils sont donc dépendants pour leur approvisionnement, mais leur éloignement de la métropole et leur isolement entraîne des surcoûts importants. Les économies ultramarines, subventionnées par l'État, sont fragiles (chômage).

> CONSEIL
> Attention, des territoires ont une superficie importante, comme la Guyane. Pense à nuancer ton propos.

Les acteurs à tous les niveaux tentent d'atténuer ces contraintes par des aménagements ou des politiques. La politique de continuité territoriale, mise en œuvre par l'État, prend en charge les surcoûts liés à la distance ; la politique de convergence de l'UE se traduit par des subventions européennes.

Les aménagements s'efforcent d'améliorer l'accessibilité, et donc la compétitivité de l'outremer, à travers la construction ou la rénovation de ports, d'aéroports, ou de routes. Ainsi, la « nouvelle route du littoral », à la Réunion, en voie d'achèvement, doit décongestionner l'axe principal de l'île, entre le port et la capitale.

GAGNE DES POINTS
Développe un exemple d'aménagement vu en cours.

▶ 2.

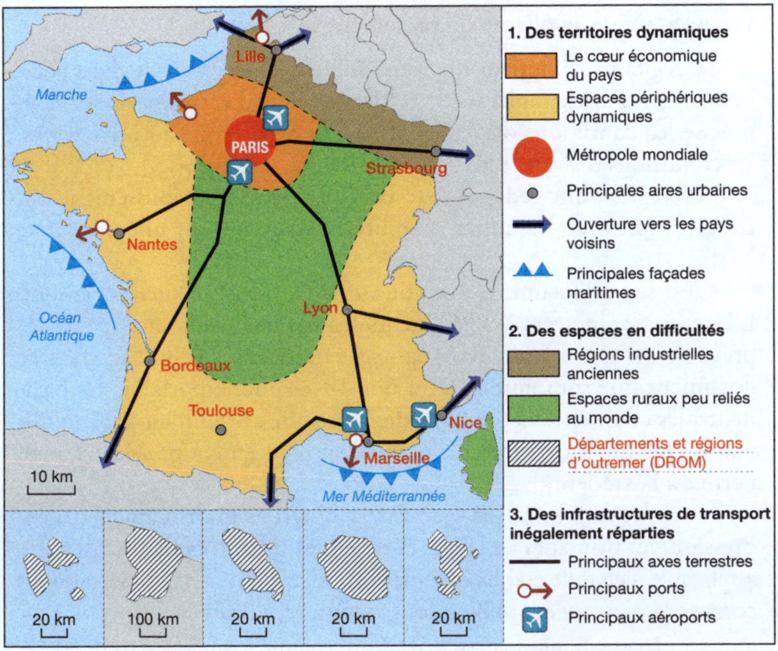

Le figuré des façades maritimes est un symbole d'interface qui insiste sur les connexions de la France au reste du monde.

SUJET

49

France métropolitaine • Juin 2018

ENSEIGNEMENT MORAL ET CIVIQUE • 10 points

Le règlement intérieur d'un collège

DOCUMENT 1 **À quoi sert un règlement intérieur ?**

Le règlement intérieur fixe l'ensemble des règles de vie dans l'établissement. Par exemple, il édicte[1] les horaires d'entrée et de sortie et précise les conditions d'exercice de la liberté d'expression des élèves, les conditions d'accès et les usages de l'établissement. [...]

Les règles sont rédigées par la direction de l'établissement, en concertation avec les autres membres de la communauté éducative [...].

C'est sur ce document que vous saurez ce qui est interdit ou non. L'interdiction de certains vêtements (casquette, short, etc.) peut être prévue ainsi que les sanctions qui s'y rattachent. C'est aussi dans ce document que sont autorisés ou non le téléphone portable, les baladeurs, les casques... Le principe demeure que ce qui n'est pas interdit par le règlement intérieur est permis, si, bien entendu, cela est aussi permis à l'extérieur. [...]

Le règlement intérieur garantit la liberté d'information et d'expression, les principes de laïcité et de pluralisme, le cadre disciplinaire applicable à chaque établissement, l'interdiction de certaines pratiques comme le bizutage, et prévoit les sanctions applicables.

Centre d'information et de documentation jeunesse (CIDJ), 2016.

1. Édicte : impose.

DOCUMENT 2 **Extrait du règlement intérieur d'un collège**

Le règlement intérieur met en application :

- La liberté d'information et d'expression.
- Le principe de neutralité politique, idéologique et religieuse.
- Le respect des principes de laïcité et de pluralisme.
- Le devoir de tolérance et le respect d'autrui.

• Les garanties de protection contre toute agression physique ou morale et contre toutes discriminations. Il en découle pour chacun le devoir de n'user d'aucune forme de violence.
• L'égalité des chances et de traitement entre filles et garçons.

Site Internet du collège de Rousset (Bouches-du-Rhône).

▶ **1.** Relevez deux valeurs de la République auxquelles font référence les deux documents.

▶ **2.** Nommez un texte qui garantit ces valeurs pour tous les citoyens.

▶ **3.** Reproduisez sur votre copie le tableau ci-dessous. À partir des deux documents, complétez le tableau en donnant deux interdictions et deux garanties présentes dans un règlement intérieur.

Le règlement intérieur interdit…	Le règlement intérieur garantit…
•	• ....
•	• ....

▶ **4.** Vous accueillez dans votre collège des élèves de CM2. À un écolier qui vous dit que « connaître le règlement intérieur ne sert pas à grand-chose », vous répondez en lui montrant ce qui fait l'intérêt du règlement et la nécessité de bien le connaître.
Votre réponse ne comportera aucune information d'identité ou de signature.

EMC

LES CLÉS DU SUJET

Comprendre les documents

• Le document 1 est un texte du CIDJ (Centre d'information et de documentation jeunesse). Le CIDJ est une association loi 1901, créée en 1969 par le ministère de la Jeunesse et des Sports et placée sous le haut patronage du ministère de l'Éducation nationale. Son rôle est d'offrir à tous les jeunes un accès égal à l'information nécessaire à leur autonomie.
• Le document 2 est un extrait du règlement intérieur d'un collège des Bouches-du-Rhône. Ce pourrait être le tien. Autrement dit, ce document t'incite à te mettre en situation.
• Note que les questions ne font explicitement référence à aucun document en particulier. Tu dois donc les utiliser tous les deux pour tes réponses.

■ **Répondre aux questions**

▶ **1.** Les grandes valeurs de la République sont contenues dans sa devise « liberté, égalité, fraternité », à laquelle on peut ajouter « laïcité ».
▶ **2.** Tu as le choix entre plusieurs textes : privilégie le plus récent.
▶ **3.** Inutile de disserter sur ces exemples d'interdiction et de garantie : relève simplement les informations nécessaires.
▶ **4.** Veille à te mettre en situation, en donnant dans ton texte quelques éléments de mise en scène. Sur le fond, attache-toi à montrer que les valeurs de la République se traduisent dans le règlement intérieur. Il est fortement conseillé de construire rapidement un plan au brouillon pour identifier les parties principales de ton argumentation.

CORRIGÉ 49

▶ **1.** La liberté et la laïcité sont des valeurs de la République présentes dans les deux documents : la liberté aux lignes 15 (doc. 1) et 2 (doc. 2) ; la laïcité aux lignes 16 (doc. 1) et 4 (doc. 2).

CONSEIL
Tu peux citer les lignes des documents pour justifier ta réponse.

▶ **2.** De nombreux textes, tout au long de l'histoire de la France, ont affirmé ces grands principes (liberté, égalité, fraternité, puis laïcité). On peut citer la *Déclaration des Droits de l'Homme et du Citoyen* du 26 août 1789 ou, plus récemment, la Constitution de 1958, qui est la base de notre système politique et qui garantit ces valeurs aujourd'hui.

▶ **3.**

Le règlement intérieur interdit…	Le règlement intérieur garantit…
• toute forme de violence	• la protection contre toute agression physique ou morale
• certaines pratiques comme le bizutage	• l'égalité des chances et de traitement entre filles et garçons

▶ **4.** C'est la journée d'accueil des CM2 : les futurs élèves de sixième viennent visiter le collège. Notre classe les reçoit et le professeur leur explique les grands principes du règlement intérieur. L'un des CM2 se penche vers moi et me souffle, l'air complice :
« Connaître le règlement intérieur ne sert pas à grand-chose.

GAGNE DES POINTS
Quelques lignes pour introduire le sujet et te mettre en situation sont bienvenues.

– Tu te trompes, lui dis-je. Le règlement intérieur regroupe des règles de vie commune. Il donne d'abord des renseignements pratiques : ne veux-tu pas savoir à quelle heure tu sors du collège ? ou si tu peux utiliser ton téléphone dans la cour pendant la récréation ? Préfères-tu être puni pour avoir fait quelque chose d'interdit et découvrir après coup cette interdiction ?

Le règlement te dit aussi quels sont tes droits. Par exemple, si un grand de troisième te brutalise, tu sais que c'est interdit et que tu es protégé par ce règlement qui bannit le bizutage. Mais le règlement te dit également que ces droits correspondent à des devoirs : tu dois respecter les autres comme les autres doivent te respecter.

Un règlement intérieur te donne donc les recettes pour vivre ensemble.

– Pourtant, ce n'est pas très long, le règlement intérieur », me répond le futur élève de sixième. Il me fait rire.

« C'est que, répliquais-je, tout ce qui n'est pas interdit est permis, à condition que cela soit aussi permis à l'extérieur de l'établissement. Tu sais, la loi est la même pour tous et les règles du collège ne sont pas différentes de celles qui s'appliquent au-dehors.

CONSEIL
N'hésite pas à réutiliser des mots-clés ou expressions tirés des documents.

En tant que collégiens, on se forme à devenir plus tard des citoyens responsables. Tes professeurs t'apprendront les grandes valeurs de la République et tu verras que ce sont les mêmes que celles que tu auras appris à respecter dans le collège. Le collège, c'est une République en miniature ! »

« Un peu de silence, dans le fond ! » C'est le professeur qui nous rappelle à l'ordre. Il ne peut pas savoir que je viens d'expliquer l'intérêt du règlement intérieur à mon petit voisin.

SUJET

50

Pondichéry • Mai 2018

ANALYSER UN DOCUMENT • 20 points

La déportation et l'extermination des Juifs

DOCUMENT **Témoignage d'une déportée**

Simone Veil (1927-2017) est arrêtée par la Gestapo à Nice en mars 1944, avec sa mère et sa sœur. Elles sont conduites au camp de transit de Drancy en région parisienne et déportées ensemble en avril 1944.

Le 13 avril 1944, nous[1] avons été embarquées à cinq heures du matin, pour une nouvelle étape dans cette descente aux enfers qui semblait sans fin. Des autobus nous ont conduits à la gare de Bobigny[2], où l'on nous a fait monter dans des wagons à bestiaux formant un convoi aussitôt parti vers l'Est. […] Nous étions effroyablement serrés, une soixantaine d'hommes, de femmes, d'enfants, de personnes âgées, mais pas de malades. Tout le monde se poussait pour gagner sa place. […] Le voyage a duré deux jours et demi ; du 13 avril à l'aube au 15 au soir à Auschwitz-Birkenau[3]. C'est une des dates que je n'oublierai jamais, avec celle du 18 janvier 1945, jour où nous avons quitté Auschwitz et celle du retour en France, le 23 mai 1945. Ces dates demeurent attachées à mon être le plus profond, comme le tatouage du numéro 78651 sur la peau de mon bras gauche. […]

Plus tard le soir de l'arrivée au camp, dans un baraquement surveillé par des kapos[4].

Celles qui avaient été séparées des leurs commençaient à s'inquiéter, se demandant où étaient passés leurs parents ou leurs enfants. […] Les kapos montraient par la fenêtre la cheminée des crématoires et la fumée qui s'en échappait. Nous ne comprenions pas, nous ne pouvions pas comprendre. […] Une kapo qui se tenait dans un coin de la pièce se mettait à crier ou menaçait certaines d'entre nous de son fouet. […] Puis les kapos nous ont fait lever et mettre en rang par ordre alphabétique et nous sommes passées l'une après l'autre devant des déportés qui nous ont tatouées. [...] Ensuite nous sommes passées au sauna. Les Allemands étaient obsédés par les microbes [...] la folie de la pureté les hantait. [...] Peu leur importait que par la suite, celles d'entre nous qui ne mourraient pas à la tâche survivent dans la vermine et les conditions d'hygiène épouvantables. [...]

Au printemps de 1944, les autorités du camp avaient décidé de prolonger la rampe de débarquement des convois pour la rapprocher des chambres à gaz. [...] Nous nous faisions à l'effroyable ambiance qui régnait dans le camp, la pestilence des corps brûlés, la fumée qui obscurcissait le ciel, la boue partout, l'humidité pénétrante des marais. [...]

À partir de début mai, les trains chargés de déportés hongrois se sont succédé de jour comme de nuit, remplis d'hommes, de femmes, d'enfants et de vieillards. [...] Une épouvantable tristesse m'étreignait en voyant, éparpillés au sol, les vêtements des personnes qui venaient d'être gazées.

Extraits de l'ouvrage *Une jeunesse au temps de la Shoah*, écrit par Simone Veil, 2017.

1. *Nous* désigne Simone Veil, sa mère Yvonne et sa sœur Madeleine.
2. Bobigny : nom d'une ville proche de Drancy d'où partaient les convois de déportés.
3. Auschwitz-Birkenau : plus grand centre de mise à mort du Reich, situé en Pologne.
4. Kapos : déportés choisis pour faire régner l'ordre dans le camp.

▶ **1.** Relevez cinq étapes de la déportation de Simone Veil à Auschwitz-Birkenau. *(5 points)*

▶ **2.** Relevez deux éléments du texte montrant que les déportés sont « déshumanisés », c'est-à-dire qu'ils ne sont plus considérés comme des êtres humains. *(4 points)*

▶ **3.** Dans ce témoignage, relevez au moins trois éléments montrant que les déportés sont arrivés dans un centre de mise à mort. *(6 points)*

▶ **4.** Quels éléments de l'idéologie nazie expliquent les génocides des Juifs et des Tziganes ? *(2 points)*

▶ **5.** Expliquez la phrase soulignée dans le texte. *(3 points)*

LES CLÉS DU SUJET

■ Comprendre le document

Le document est un témoignage. L'auteur raconte ce qu'elle a vu. Simone Veil est une jeune fille juive de seize ans, déportée à Auschwitz avec sa mère et sa sœur en 1944. Elle a survécu à sa déportation. Elle raconte son histoire 73 ans après les faits, qui l'ont assez marquée pour que ses souvenirs restent précis. Ce témoignage est publié dans un contexte de retour des idéologies extrémistes, alors que les derniers survivants disparaissent. Simone Veil est elle-même décédée le 30 juin 2017.

■ Répondre aux questions

▶ **1.** Les étapes demandées renvoient aux différents trajets entre Nice et Auschwitz, ainsi qu'aux moments marquants de l'arrivée au camp. Attention : les « étapes de la déportation » ne comprennent pas celle du retour en France.

▶ **2.** Identifie les mots du texte qui évoquent des espèces animales et la manière de traiter celles-ci, de les dresser ou de les marquer.

▶ **3.** Recherche dans le document tout ce qui a trait à l'exécution des Juifs et à l'élimination de leurs corps.

▶ **4.** Revois le sens du mot « génocide » dans ton cours. Comment nomme-t-on la haine ou le rejet des Juifs ? Selon quel critère le nazisme classait-il les hommes ?

▶ **5.** L'important dans la phrase soulignée n'est pas dans l'incompréhension dont témoigne Simone Veil, mais dans le fait qu'elle « ne peut pas » comprendre. Que signifie une telle impossibilité, le fait qu'il n'y ait pas d'explication possible ?

CORRIGÉ 50

▶ **1.** Les étapes de la déportation de Simone Veil sont : un trajet en autobus jusqu'à Bobigny, au camp de Drancy ; un voyage de deux jours et demi en train de Drancy à Auschwitz ; une sélection à l'arrivée et la séparation des familles ; une séance de marquage (ou tatouage) des prisonniers pour mieux les contrôler ; une séance de nettoyage au sauna pour éviter les épidémies.

> **CONSEIL**
> Dans la description des étapes, précise les lieux de passage, les moyens de transport, les objectifs des Allemands.

▶ **2.** Plusieurs éléments du texte montrent que les déportés sont « déshumanisés » : ils sont transportés dans des « wagons à bestiaux » ; les kapos (ou surveillants du camp) menacent les prisonniers avec des « fouets » ; les survivants sont soumis à « des conditions d'hygiène épouvantables » où grouille la « vermine » (punaises, poux, puces, « microbes ») ; ils sont marqués (« tatoués ») comme des animaux d'élevage.

▶ **3.** Les éléments qui montrent qu'Auschwitz est un camp « de mise à mort » sont : la présence de « chambres à gaz » (3e et 4e paragraphes) ; celle de « cheminées des crématoires » (2e paragraphe) dans lesquelles les corps des personnes assassinées étaient brûlés ; le fait que les prisonniers mourraient pendant leur détention (fin du 2e paragraphe).

CONSEIL
Précise à quelle ligne ou dans quel paragraphe du texte se situent les passages que tu cites.

▶ **4.** Les éléments de l'idéologie nazie qui expliquent les génocides des Juifs et des Tziganes sont, d'une part, la théorie raciale, qui définit la population aryenne (la « race » supposée allemande) comme une communauté d'hommes supérieurs, et, d'autre part, l'antisémitisme (haine des Juifs) qui désigne les Juifs comme ennemis du peuple allemand.

INFO +
Les Aryens (population d'origine indo-iranienne) sont désignés par Hitler comme les ancêtres des Allemands et comme une « race supérieure ».

▶ **5.** « Nous ne comprenions pas, nous ne pouvions pas comprendre. » Dans cette phrase, Simone Veil dit ne pas trouver d'explication à ce qu'elle découvre en arrivant à Auschwitz. Elle souligne surtout le fait qu'elle « ne peut pas » comprendre : cela signifie que la réalité est inimaginable, inconcevable, tant elle est « inhumaine » (contraire à toute humanité).

HISTOIRE

SUJET **51**

Centres étrangers • Juin 2017

MAÎTRISER LES DIFFÉRENTS LANGAGES • 20 points

Les violences de guerre

▶ **1.** Rédigez un développement construit d'environ vingt lignes décrivant les violences subies par les combattants et les civils au cours de la Première Guerre mondiale. Vous pouvez vous appuyer sur les exemples vus en classe.

▶ **2.** Complétez la frise chronologique et le tableau :
– nommez la période représentée en grisé sur la frise ;
– indiquez l'année de chaque événement dans le tableau ;
– reportez précisément sur la frise les numéros des événements du tableau.

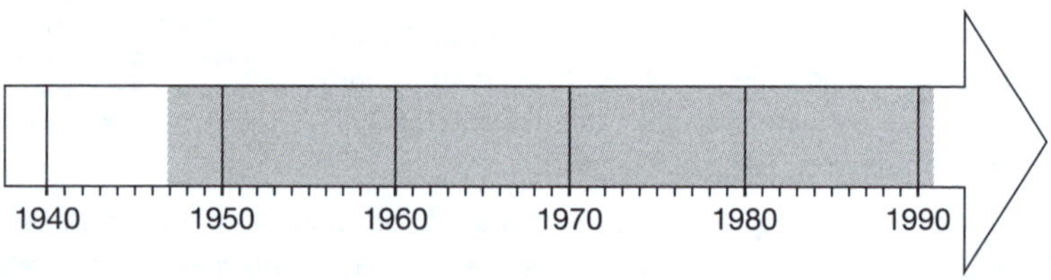

❶	❷
 ph © Keystone-France	 Coll. Dixmier/KHARBINE-TAPABOR
Indépendance de l'Algérie	**Création de l'ONU**
Année : …………	Année : …………

3

© Europa Grafica-Commission européenne/DR

Traité de Rome
Année : ....

4

ph © Stinger/Reuters

Chute du mur de Berlin
Année : ....

LES CLÉS DU SUJET

▶ **1.** Pour introduire ton développement, rappelle les dates de la guerre et son caractère principal. Lis attentivement l'énoncé : il t'oriente vers une réponse en deux parties.
Recense les exemples vus en cours et classe-les par catégories.
Dans ta conclusion, énonce un autre caractère important de la guerre et mentionne l'espoir pacifiste des survivants : que signifie l'expression « Der des der » ?

CORRIGÉ 51

▶ **1.** De 1914 à 1918, une guerre mondiale ravage l'Europe. C'est une guerre totale. Elle touche non seulement les militaires, mais aussi les civils. Tous subissent de terribles violences.

• Lors des combats, les militaires sont exposés à l'utilisation d'armes puissantes qui font d'importants dégâts : mines, grenades et obus déchiquettent les corps. Les « gueules cassées » et les invalides témoignent de ces violences physiques. Les

> **Info +**
> Les « gueules cassées » sont des soldats défigurés par les projectiles qui les ont atteints.

préparations d'artillerie avant les assauts assourdissent les hommes et leur déchirent les tympans. Les gaz asphyxient les combattants, leur brûlent les yeux et les tuent en leur infligeant de terribles souffrances.

Dans les tranchées, la violence est aussi psychologique. La peur est permanente. L'exposition aux intempéries (pluies, gel, chaleur) et la dureté de la vie démoralisent.

• Les civils sont parfois pris pour cible dans le cadre des bombardements. Des villes sont transformées en champs de ruines. Les populations vivent dans la peur d'être ensevelies dans leurs abris. Eux-mêmes effrayés par les violences qu'ils subissent, des soldats ennemis agressent les populations désarmées. Dans le cadre d'opérations de représailles, ils brutalisent des otages. Ils s'en prennent parfois aux femmes. Des viols ont lieu. Les réquisitions sont aussi l'occasion de mauvais traitements infligés aux personnes qui résistent.

Info +
Des villages comme Regniéville ont été si détruits qu'ils n'ont pas été reconstruits après la guerre.

Contre toutes ces violences, les hommes se sont parfois insurgés (mutineries de 1917, grèves à l'arrière). L'épreuve fut telle que les survivants jurèrent que la guerre qu'ils venaient de vivre serait la dernière, que « plus jamais » les populations ne devraient être soumises à pareil calvaire. Totale, la Grande Guerre fut aussi une guerre brutale.

▶ **2.**

❶ Indépendance de l'Algérie : 1962.

❷ Création de l'ONU : 1945.

❸ Traité de Rome : 1957.

❹ Chute du mur de Berlin : 1989.

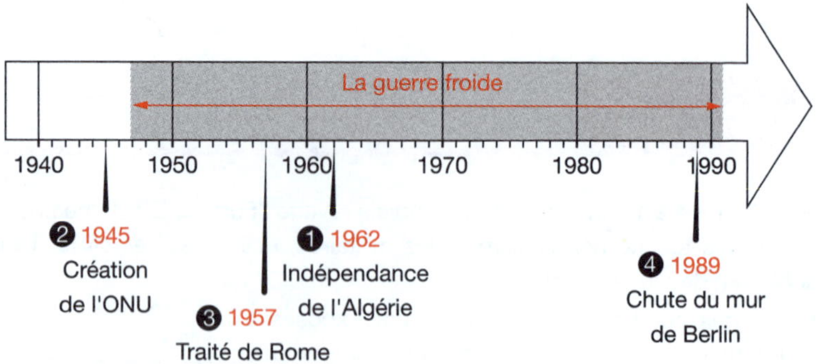

SUJET

52

Amérique du Nord • Juin 2018

ANALYSER DES DOCUMENTS • 20 points

Berlin, territoire de la guerre froide

DOCUMENT 1 **Berlin, Checkpoint Charlie (1961)**

Checkpoint Charlie est un point de passage entre Berlin-Ouest et Berlin-Est. Le 25 octobre 1961, les gardes-frontières de Berlin-Est refusent le passage d'un ambassadeur américain. Des chars américains et soviétiques se retrouvent face à face. Après plusieurs heures, ils se retirent sans qu'aucun coup de feu n'ait été tiré.

© Stephane Compoint / Bureau233

R. Hesse, Bundesarchiv, 1961.

DOCUMENT 2 **L'Allemagne au temps de la guerre froide**

Au cours de la guerre froide, la famille Berdau (composée de quatre sœurs, Käthe, mariée à Heinz, Traute, Rose-Marie et Anneliese et leurs parents) est séparée par les événements.

En 1959, en RDA, Heinz et Käthe Krause sont arrêtés, accusés d'avoir voulu fuir à l'Ouest. Le jeune géologue est condamné à douze

HISTOIRE

mois de prison, elle [Käthe, sa femme] est détenue vingt-quatre heures et perd son travail.

[...] Heinz et Käthe sont décidés. Ils vivent « avec une valise sous le lit ». Le jeune couple demande l'autorisation de partir en vacances sur la presqu'île de Hela, en Pologne. En réalité ils vont à Berlin. En 1960, le mur n'a pas encore été construit et un train régional circule entre deux destinations de l'Est, avec quelques arrêts très surveillés dans Berlin-Ouest. « Mon mari était très courageux, il a pris l'initiative » raconte Käthe, les yeux brillants. Au premier arrêt dans le district ouest, il dit à sa femme : « On sort ! » Ils descendent sans rien dire, attendant qu'on les arrête, mais on ne les remarque pas. [...]

Quand le Mur est construit en 1961, Traute vit à Hambourg (RFA), Rose-Marie en Autriche, Käthe à Waiblingen (RFA), seule Anneliese est restée à Greifswald (RDA) avec leur mère. « On était séparés, peut-être pour toujours. » Anneliese et Käthe restent très proches. « On échangeait des photos, mais les lettres étaient contrôlées. On ne pouvait pas parler de nos vies. Les paquets étaient fouillés. En trente ans, les visites se comptent sur les doigts d'une main. [...] En 1989 on n'avait pas idée que le Mur pouvait tomber. On ne se rendait pas compte que c'était proche. »

Nathalie Lacube, « En Allemagne, les sœurs Berdau ont vécu au rythme de l'histoire », *La Croix*, 14 janvier 2011.

DOCUMENT 1

▶ **1.** Quelles sont les deux principales puissances rivales au cours de la guerre froide ? *(2 points)*

DOCUMENT 2

▶ **2.** Qu'ont décidé Heinz et Käthe ? En quoi cela permet-il d'expliquer la construction du mur de Berlin ? *(4 points)*

▶ **3.** Montrez que la guerre froide a rendu difficile la vie quotidienne des Allemands (au moins deux éléments attendus). *(4 points)*

▶ **4.** Relevez dans le texte, en indiquant sa date, l'événement qui correspond à la fin de la guerre froide. *(2 points)*

DOCUMENTS 1 ET 2

▶ **5.** Montrez que la situation à Berlin et en Allemagne illustre les tensions entre l'Est et l'Ouest pendant la guerre froide. *(8 points)*

LES CLÉS DU SUJET

■ Comprendre les documents

• Le premier document est une photographie témoignant d'un face-à-face militaire au cœur de Berlin, quelques mois après l'édification du mur. Elle illustre un moment de tension entre forces américaines et soviétiques.

• Le second document est un témoignage recueilli par une journaliste (Nathalie Lacube) dans un quotidien français (*La Croix*) en 2011, soit 20 ans après la fin de la guerre froide. Il rapporte les souvenirs d'une famille berlinoise confrontée aux difficultés de la vie quotidienne, liées à la présence du mur qui coupe la ville en deux.

• La confrontation de ces documents aide à comprendre l'impact de la guerre froide sur des citoyens ordinaires. Ce sont surtout les difficultés vécues du côté communiste qui sont soulignées, mais attention à ne pas réduire pour autant le sujet à la seule Allemagne de l'Est.

■ Répondre aux questions

▶ **2.** De quoi sont accusés les Krause en 1959 ? Quel moyen de transport utilisent-ils dans Berlin ? Qu'empêche la construction du mur en 1961 ?

▶ **3.** De quoi ont peur les Allemands de l'Est ? Relève dans le texte des mots exprimant cette peur. Que font les Krause pour masquer leur voyage à Berlin ? Quelle liberté n'est pas respectée ?

▶ **5.** Pour gagner les 8 points, tu dois développer ta réponse. La question portant sur toute la période de la guerre froide (1945-1991), organise-la de façon chronologique, en utilisant 1961 comme date centrale. Appuie-toi sur ton cours pour évoquer de façon équilibrée les deux Allemagne ou les deux Berlin. En conclusion, caractérise l'Allemagne par rapport à la guerre froide.

HISTOIRE

CORRIGÉ 52

▶ **1.** Les deux principales puissances rivales de la guerre froide sont les États-Unis d'Amérique, *leader* du bloc de l'Ouest capitaliste, et l'Union soviétique (URSS), *leader* du bloc de l'Est communiste.

> **GAGNE DES POINTS**
> Ne te contente pas de nommer les deux puissances rivales, précise le camp dont elles sont les chefs de file.

▶ **2.** Hans et Käthe ont décidé de se rendre à Berlin-Ouest par le train régional. Ils veulent quitter la RDA, « fuir à l'Ouest ». La construction du mur empêchait d'entrer dans Berlin-Ouest et d'y trouver refuge pour les uns, d'entrer en RDA pour les autres.

▶ **3.** Les autorités est-allemandes punissent sévèrement ceux qui veulent quitter le pays : un an de prison pour Heinz, la perte de son travail pour Käthe ; ceux-ci sont obligés de mentir (§ 2 du document 2). Les populations sont espionnées (« surveillées », « contrôlées » et « fouillées »), les familles séparées. Elles manquent d'informations (« on n'avait pas idée que… »).

▶ **4.** L'événement évoqué dans le texte, qui correspond à la fin de la guerre froide, est la chute du mur de Berlin le 9 novembre 1989.

GAGNE DES POINTS
Précise le jour et le mois de l'événement.

▶ **5.** Pendant la guerre froide (1947-1991), l'Allemagne est coupée en deux entre les blocs de l'Ouest et de l'Est. Les tensions entre les États-Unis et l'URSS y sont vives. Dès 1948-1949, les Soviétiques imposent un blocus à Berlin-Ouest pour en chasser les Américains. Coupés du monde, les Berlinois de l'Ouest sont approvisionnés par un pont aérien.

Soumis à un régime totalitaire qui réprime tout opposant, les habitants de la RDA (Allemagne de l'Est) tentent de fuir à l'Ouest. Entre 1949 et 1959, le pays perd 10 % de sa population. Pour stopper les départs, le gouvernement érige pendant l'été 1961 un mur autour de Berlin-Ouest. Le libre passage d'une zone à l'autre de la ville devient impossible. Des familles sont séparées. Les Occidentaux dénoncent ces agissements. Le 25 octobre 1961, chars américains et soviétiques se font face au seul point de passage possible (Checkpoint Charlie), prenant le risque d'un affrontement armé. En 1963, le président Kennedy vient exprimer son soutien aux Berlinois de l'Ouest.

De 1961 à 1991, les deux Allemagnes sont le terrain de manifestations dénonçant la situation. Parce qu'ils craignent un conflit armé sur leur territoire, des Allemands de l'Ouest expriment leur souhait d'être « plutôt rouges que morts ».

INFO +
L'expression « plutôt rouges que morts » signifie qu'ils préfèrent être soumis à un régime communiste et vivants plutôt que libres mais morts.

En effet, la crise des euromissiles (1977-1983) menace l'intégrité du territoire allemand. L'affaiblissement de l'URSS permet aux Berlinois de l'Est de se libérer du régime communiste et d'abattre le Mur (novembre 1989). Le démantèlement de celui-ci annonce la fin de la guerre froide.

Pendant toute la période, l'Allemagne a été un des territoires privilégiés de l'affrontement Est-Ouest.

France métropolitaine • Juin 2017

MAÎTRISER LES DIFFÉRENTS LANGAGES • **20 points**

La décolonisation : l'exemple de l'Algérie

▶ **1.** Rédigez un développement construit d'environ vingt lignes expliquant comment une colonie est devenue indépendante. Vous vous appuierez sur l'exemple étudié en classe. *(14 points)*

▶ **2.** Quelques temps forts du XXe siècle en France, en Europe et dans le monde :

ph © Stringer/Reuters

1. Chute du mur de Berlin

ph © Keystone-France

2. Libération de la France

ph © AFP PHOTO

3. Naissance de la Ve République

ph © Tallandier/Rue des Archives

4. Première Guerre mondiale

ph © AKg-Images

5. Arrivée d'Hitler au pouvoir

a) Situez les événements sur la frise chronologique suivante, en reportant le numéro correspondant dans la case. *(2,5 points)*

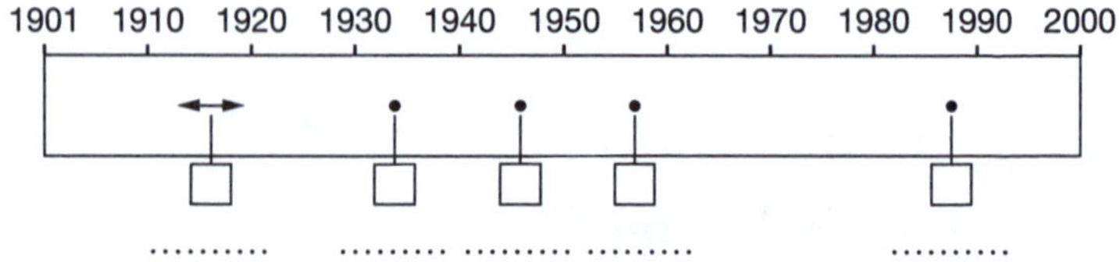

b) Sur les pointillés, vous indiquerez la date de deux événements de votre choix. *(2 points)*

c) À partir de la frise chronologique, trouvez l'événement en lien avec la guerre froide et justifiez votre choix en quelques mots. *(1,5 point)*

LES CLÉS DU SUJET

▶ **1.** Commence par rappeler en introduction le contexte de l'après Seconde Guerre mondiale pour les empires coloniaux.

- Dans un premier paragraphe, situe dans le temps et l'espace ton exemple, évoque les principaux événements, les moyens utilisés par les indépendantistes et les réponses données par la métropole.
- Dans un second paragraphe, explique comment se déroule l'accession à l'indépendance.
- Termine ton récit par une conclusion sur les conditions de la décolonisation en général.

CORRIGÉ 53

▶ **1.** Au lendemain de la Seconde Guerre mondiale, les empires coloniaux sont affaiblis. Les peuples veulent leur indépendance. Comment y parviennent-t-ils ?

- En 1954, les partisans de l'Algérie indépendante (le FLN) décident de passer à la lutte armée. Les indépendantistes tendent des embuscades, commettent des attentats (Toussaint rouge). La France envoie son armée ; elle traque les « rebelles » qui sont parfois torturés et exécutés. Les dirigeants cherchent des solutions. La division des Français sur le sujet provoque une crise politique en 1958.

Attention !
Le corrigé est établi sur un exemple. Il sert de modèle. Si tu as étudié un autre pays, l'organisation du développement peut rester la même.

• Le général de Gaulle propose ses services. Appelé à former un gouvernement, il change la Constitution. Avec des pouvoirs renforcés, il impose ses choix politiques aux Français et négocie discrètement avec les indépendantistes. Le 18 mars 1962, les accords d'Évian donnent son indépendance à la République algérienne démocratique et populaire. Désormais, les Algériens se gouvernent selon le principe du droit des peuples à disposer d'eux-mêmes. Les Français d'Algérie et quelques harkis quittent le territoire dans la précipitation.

Info +
Les harkis sont des musulmans qui avaient choisi de combattre aux côtés des Français.

• L'exemple algérien montre que l'indépendance des colonies a été difficile à obtenir. Manifestations et violences ont fait de nombreuses victimes dans tous les camps.

Conseil
Même si l'exemple choisi est moins violent que le cas algérien, montre que les difficultés ont toujours provoqué des heurts.

▶ **2. a)** et **b)**

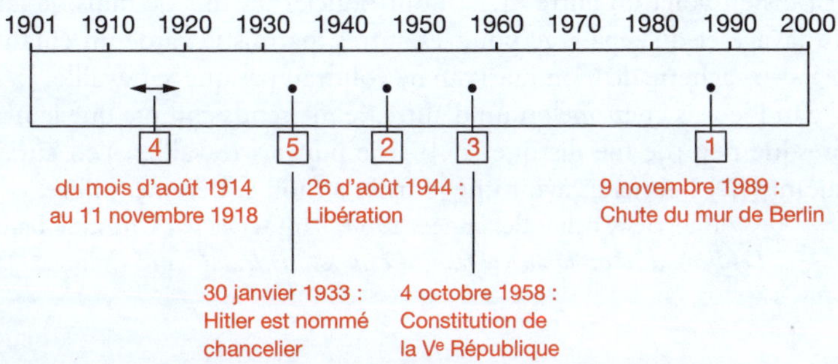

c) L'événement en lien avec la guerre froide est la chute du mur de Berlin. Ce mur fut érigé (1961) pour séparer les deux Allemagne et les deux blocs, celui de l'est (communiste) et celui de l'ouest (capitaliste). Sa chute symbolise la fin de la guerre froide.

HISTOIRE

SUJET

54

Polynésie française • Juin 2017

ANALYSER DES DOCUMENTS • 20 points

La place des femmes dans la société (1960-1980)

DOCUMENT 1 **Témoignage d'une femme d'ouvrier**

« S'il n'y avait pas les enfants, j'aurais recommencé à travailler comme avant. Mais il y a ce quatrième ; ah ; il n'a pas été désiré celui-là ; j'en avais eu trois en moins de trois ans, je pensais que cela suffisait et puis en voilà un autre ! [...] Pour boucler les fins de mois, je fais du lavage et du repassage pour les autres, parfois je garde un enfant, mais en cachette de mon mari qui ne voudrait pas que je travaille. [...] Quand je vais chez quelqu'un d'autre, je me rends compte que je n'ai presque rien ; je me dis que [...]) si je pouvais travailler, j'en aurais autant [...] J'aimerais avoir une journée à moi, entièrement libre. »

Interview, début des années 1960, Paris, citée par Christine Bard, *Les Femmes dans la société française au XXe siècle,* Armand Colin, 2003.

DOCUMENT 2 **Loi Veil : une loi pour légaliser l'avortement**

Art. L. 162.1. La femme enceinte que son état place dans une situation de détresse peut demander à un médecin l'interruption de sa grossesse. Cette interruption ne peut être pratiquée qu'avant la fin de la dixième semaine de grossesse. (*Délai porté à 12 semaines en 2001*)

Art. L. 162.7. Si la femme est mineure célibataire, le consentement de l'une des personnes qui exerce l'autorité parentale est requis.

Art. L. 162.8. Un médecin n'est jamais tenu de donner suite à une demande d'interruption de grossesse ni de pratiquer celle-ci, mais il doit informer l'intéressée de son refus.

D'après la loi Veil du 17 janvier 1975.

DOCUMENT 3 **Des inégalités qui subsistent**

« La situation de la femme dans notre société reste marquée par la dépendance, l'inégalité et le non-respect du droit de la personne [...] Les femmes sont majoritaires parmi les smicards[1], les chômeurs, les allocataires du minimum vieillesse. »

Discours de François Mitterrand pour la journée de la femme (8 mars 1982) devant 400 ouvrières, employées, mères de famille invitées à l'Élysée.

1. Travailleurs payés au salaire minimum.

▶ **1.** Document 1 : quels sont les souhaits de cette femme d'ouvrier ? Deux réponses sont attendues. *(4 points)*

▶ **2.** Qu'est ce qui l'empêche de les réaliser ? Deux réponses sont attendues. *(4 points)*

▶ **3.** Document 2 : que permet la loi Veil ? *(2 points)*

▶ **4.** Quelles sont les limites prévues par la loi ? Deux réponses sont attendues. *(4 points)*

▶ **5.** Après avoir analysé tous les documents, précisez comment la place des femmes dans la société a évolué entre 1960 et 1980. *(6 points)*

HISTOIRE

LES CLÉS DU SUJET

Comprendre les documents

Nous sommes en présence de trois documents de natures très différentes couvrant la période allant de 1960 (doc. 1) à 1982 (doc. 3). Le deuxième (1975) est un **texte officiel** ; c'est une loi. Il définit un droit accordé aux femmes. Les deux autres exposent des **points de vue** : celui d'une ouvrière qui évoque les difficultés de sa vie quotidienne en tant que femme et mère ; celui du président de la République élu un an auparavant (1981), qui dénonce la condition des femmes. Ces trois documents permettent d'évaluer certains progrès dans la vie des Françaises et surtout leurs limites.

Répondre aux questions

▶ **1.** Que découvre cette femme d'ouvrier chez les autres ? Qu'est-ce qui lui permettrait d'être libre ?

▶ **2.** Pourquoi se plaint-elle d'avoir un quatrième enfant ? Que lui manque-t-il pour accéder à ce dont elle rêve ? Que signifie « boucler les fins de mois » ?

▶ **3.** Qu'est-ce qu'une IVG, interruption volontaire de grossesse ?
▶ **4.** Les deux principales limites sont données dès le premier article. D'autres conditions sont énoncées dans les suivants. Cherche le sens du mot « consentement ». Qu'est-ce que « l'autorité parentale » ? Quel est le droit du médecin ?
▶ **5.** Document par document, recense ce qui est impossible ou limité pour les femmes d'un côté, ce qui leur est permis de l'autre. Compare les dates. Aide-toi de ce que tu sais de la situation des femmes aujourd'hui. Utilise le troisième document pour évaluer les limites des changements.

CORRIGÉ 54

▶ **1.** Cette femme d'ouvrier souhaite avoir plus d'argent pour s'offrir des biens qu'elle voit chez les autres. Elle souhaite aussi avoir plus de temps libre.

▶ **2.** Elle ne peut réaliser ses souhaits parce qu'elle doit s'occuper de ses enfants qui lui prennent tout son temps, et parce qu'elle n'a pas l'autorisation de son mari pour travailler. Elle n'a donc pas de travail régulier qui lui fournirait des revenus suffisants. Le peu qu'elle gagne complète le salaire de son mari et sert à payer l'indispensable.

▶ **3.** La loi Veil permet aux femmes de mettre fin à une grossesse, de ne pas avoir un enfant qu'elles ne désirent pas.

▶ **4.** La loi limite l'accès à l'interruption de la grossesse : la femme doit être en « situation de détresse » (physique, sociale ou financière) ; l'intervention doit avoir lieu « avant la dixième semaine de grossesse ». Si la femme est mineure, l'accord des parents est nécessaire. L'accord du médecin est aussi obligatoire pour procéder à l'opération.

Info +
En 2001, le délai autorisant une IVG a été porté à 12 semaines au lieu de 10, soit trois mois.

▶ **5.** Depuis les années 1960, la place des femmes en France s'est améliorée : elles peuvent travailler sans demander l'autorisation de leur mari (situation évoquée dans le doc. 1). Après la loi Neuwirth (1967) qui autorise la contraception, elles peuvent avoir le nombre d'enfants qu'elles souhaitent. En cas de grossesse non désirée, elles peuvent demander son interruption volontaire (doc. 2). Sur le plan juridique, les époux deviennent égaux devant la loi : les femmes cessent d'être dépendantes de leur mari. Mais, en 1980, la condition des femmes reste difficile. Elles sont souvent en situation de précarité (bas salaires, chômage). L'égalité avec les hommes est loin d'être acquise (doc. 3).

Info +
En 2014, la condition de « situation de détresse » a été supprimée de la loi sur l'IVG.

SUJET

55

Pondichéry • Mai 2017

ANALYSER UN DOCUMENT • 20 points

Les revendications des jeunes dans les années 1960

DOCUMENT **Les nouvelles aspirations de la jeunesse**

Ce que n'est pas une vie normale.

Avoir 20 ans et vivre en potache[1].

Ne pas pouvoir recevoir son père ou son frère dans sa chambre mais dans un foyer totalement impersonnel.

Demander l'autorisation pour danser dans un foyer qui nous est réservé.

Vivre dans une ambiance malsaine parce que la société qui veille sur nous a peur des « abus » de la jeunesse.

Enregistrer bêtement et passivement la culture imposée.

Mener une vie misérable dans tous les sens du terme, faire un travail au noir pour payer ses études ou sa piaule[2].

Abandonner ses études après trois ans en cité[3] parce qu'on est incapable de les payer.

Ce qu'est une vie normale.

Vivre libre et être responsable.

Être respecté au même titre que n'importe quel citoyen.

Avoir les mêmes droits et les mêmes responsabilités, que l'on soit un garçon ou une fille.

Faire de la cité[3] un lieu d'animation culturelle et de création artistique qui soit le fait des étudiants.

Pouvoir arriver au terme de ses études sans être aidé financièrement par papa.

Pouvoir discuter sur un pied d'égalité avec l'administration et ne pas recevoir de bonbons pour nous faire plaisir.

Si vous contestez ou si vous approuvez la politique menée, manifestez-vous, exprimez-vous.
Réunion d'information [...]
Au foyer F jeudi 8 février [1967] à 20 h 30.

Tract de l'Association des résidents de la cité universitaire de Nanterre (ARCUN) rapporté par Emmanuelle Loyer, *Mai 68 dans le texte*, Bruxelles, Complexe, coll. « De source sûre », 2008.

1. Potache : collégien, lycéen (familier).
2. Piaule : chambre (familier).
3. Cité universitaire : résidence où sont logés des étudiants.

▶ **1.** Pourquoi peut-on dire que la jeunesse étudiante est confrontée à des difficultés financières selon les auteurs de ce texte ? *(6 points)*

▶ **2.** Relevez dans le document deux éléments qui montrent que les jeunes aspirent à plus de liberté et deux éléments qui montrent qu'ils aspirent à plus d'égalité. *(6 points)*

▶ **3.** Relevez la phrase du texte qui incite les jeunes à s'engager dans la vie politique. *(4 points)*

▶ **4.** À l'aide de vos connaissances, indiquez deux exemples d'évolution qui ont répondu aux aspirations de la jeunesse depuis les années 1960. *(4 points)*

LES CLÉS DU SUJET

■ Comprendre le document

Le document est le texte d'un **tract**. Ce support a vocation à diffuser une information, une **opinion** et à proposer une action. Dans les deux dernières lignes, le tract invite le lecteur à venir à une réunion d'information. Il date de février 1967, soit un an avant la crise étudiante de 1968. Comme l'indique la première ligne, « Avoir 20 ans et vivre en potache », le texte s'adresse à des jeunes. Il traduit les **revendications de la jeunesse** dans les années 1960.

■ Répondre aux questions

▶ **1.** D'après le texte, pourquoi un jeune abandonnerait-il ses études ?
▶ **2.** Pense à ce qui est interdit aux jeunes de l'époque. Que cherchent-ils en termes de droits ? Les garçons et les filles sont-ils traités à l'identique ?
▶ **3.** Ne te contente pas de citer la phrase. Justifie ton choix.

CORRIGÉ 55

▶ **1.** Selon les auteurs de ce texte, les jeunes sont confrontés à des difficultés financières : ils ne peuvent pas payer leurs études ou le loyer de leur chambre. Ils sont obligés de trouver un emploi « au noir » ou de se faire aider par leurs parents.

Info +
Un emploi « au noir » est un travail non déclaré à l'administration.

▶ **2.** Les étudiants veulent être libres de recevoir leurs proches dans leur chambre, de pratiquer des activités de loisir (danser, par exemple) ou de création artistique. Ils veulent l'égalité entre garçons et filles (les mêmes droits) et être à égalité avec l'administration quand ils échangent avec elle.

▶ **3.** La phrase qui incite les jeunes à s'engager dans la vie politique est la suivante : « si vous contestez ou si vous approuvez la politique menée, manifestez-vous, exprimez-vous ». Les auteurs du texte invitent ainsi les lecteurs à revendiquer et à expliquer les réformes qu'ils souhaitent.

▶ **4.** Parmi les réformes qui ont répondu aux revendications de la jeunesse, il y a, par exemple :

Conseil
Ne te contente pas de citer une réforme : date-la.

- l'abaissement de la majorité électorale de 21 à 18 ans (1974) ;
- la création du collège unique (égalité des élèves) par la loi Haby (1975) ;
- la généralisation de la mixité dans les écoles ou le développement des Maisons de la jeunesse et de la culture (MJC) dans les années 1960 ;
- la loi Neuwirth autorisant l'usage des contraceptifs (1967) ;
- la création des délégués de classe dans les écoles (1969) ;
- ou encore la mise en place des bourses d'étude et des allocations d'aide au logement pour les étudiants.

HISTOIRE

SUJET

56

France métropolitaine • Juin 2017

ANALYSER UN DOCUMENT • 20 points

Les aires urbaines françaises

DOCUMENT **Évolutions de la France urbaine**

L'un des éléments majeurs qui transforme le territoire national et la société française est la généralisation du fait urbain. Le seuil des 50 % de population urbaine, atteint au niveau mondial en 2007, a été franchi en France dès 1931. [...] Les villes occupent aujourd'hui près de 22 % du territoire métropolitain, soit 119 000 km^2 sur un total de 550 000, contre 100 000 km^2 en 1999, ce qui représente une progression de 19 % en dix ans. Le rythme de la croissance urbaine est ainsi plus soutenu qu'au cours des décennies précédentes, proche de celui des années 1950 et 1960.

La croissance urbaine se traduit par l'agrandissement d'agglomérations existantes ou par l'apparition de nouvelles villes isolées. [...] Aujourd'hui, l'urbanisation du territoire français est essentiellement le produit de l'étalement urbain, c'est-à-dire l'extension des surfaces urbanisées. [...]

Cette généralisation du fait urbain a des conséquences majeures pour les territoires et leurs habitants. Elle transforme aussi bien les formes que les paysages. Lyon est un bon exemple de la diversité des espaces urbains à l'intérieur d'une même aire urbaine. L'étalement urbain brouille en effet les frontières traditionnelles de la ville. L'apparition de l'adjectif « périurbain » souligne l'émergence d'un espace mélangeant ville et campagne.

D'après Magali Reghezza-Zitt, « La France, une géographie en mouvement », *La Documentation photographique*, n° 8096, 2013.

▶ **1.** Recopiez deux informations du texte montrant que la population habitant dans les villes augmente. *(4 points)*

▶ **2.** Citez une information du texte qui montre que l'étalement urbain concerne l'ensemble du territoire national. *(3 points)*

▶ **3.** Indiquez une conséquence de l'étalement urbain. *(3 points)*

▶ **4.** Expliquez la phrase soulignée. *(4 points)*

▶ **5.** Réalisez un schéma et sa légende des différents types d'espaces qui composent une aire urbaine. *(6 points)*

LES CLÉS DU SUJET

■ Comprendre le document

• Le document est un article extrait d'un dossier de la Documentation photographique, consacré à la géographie de la France, écrit par une des meilleures spécialistes du sujet, Magali Reghezza-Zitt.

• Le premier paragraphe présente le développement de l'urbanisation en France. Le deuxième paragraphe établit l'étalement urbain comme forme principale de l'urbanisation contemporaine. Le troisième montre comment l'étalement urbain crée un nouveau type d'espace, le périurbain.

■ Répondre aux questions

▶ **1.** Attention à bien te concentrer sur la population ou la croissance urbaine, et pas sur l'étalement urbain.

▶ **3.** Le mot-clé « conséquence » figure dans le troisième paragraphe.

▶ **4.** Il faut définir et expliquer ce qu'est un espace périurbain, en s'attachant à montrer aussi bien ses caractères ruraux que ses caractères urbains.

▶ **5.** Prends le temps de faire un schéma propre. Pense à intégrer les axes de transports, essentiels pour comprendre le fonctionnement d'une aire urbaine. N'oublie pas la légende !

CORRIGÉ 56

▶ **1.** Deux informations montrent que la population habitant dans les villes augmente :

• « Le seuil des 50 % de population urbaine, atteint au niveau mondial en 2007, a été franchi en France dès 1931. »

• « Le rythme de la croissance urbaine est ainsi plus soutenu qu'au cours des décennies précédentes, proche de celui des années 1950 et 1960. »

▶ **2.** Une information montre que l'étalement urbain concerne l'ensemble du territoire national : « Les villes occupent aujourd'hui près de 22 % du territoire métropolitain. »

▶ **3.** Une conséquence de l'étalement urbain, c'est-à-dire de l'extension des surfaces urbanisées, est le développement de la périurbanisation. Les aires urbaines françaises sont à présent entourées d'une couronne périurbaine, dont les habitants travaillent souvent dans la ville-centre, mais résident au-delà de la banlieue, dans cet espace intermédiaire qu'est le périurbain.

▶ **4.** Le « périurbain » est en effet « un espace mélangeant ville et campagne ». Périurbain signifie « autour de la ville ». Le périurbain est un espace intermédiaire entre le pôle urbain (la ville et ses banlieues) et l'espace rural. Les habitants du périurbain sont des citadins qui vivent « à la campagne », ce qui leur permet de gagner en surface et en mode de vie, au prix de déplacements incessants (explosion des mobilités). Mais les villages périurbains, jadis ruraux, sont dès lors devenus des espaces urbanisés, où les fonctions résidentielles et commerciales sont prédominantes et les fonctions agricoles marginales, voire absentes. L'espace rural périurbain, fantasmé par des citadins en mal de nature et de calme bucolique, devient un nouvel espace : ce n'est plus la ville et ce n'est plus vraiment la campagne.

> **Gagne des points**
> Développe cette réponse tout en gardant à l'esprit le sujet : tu dois montrer que le périurbain est un mélange ville-campagne.

▶ **5.** Schéma d'une aire urbaine.

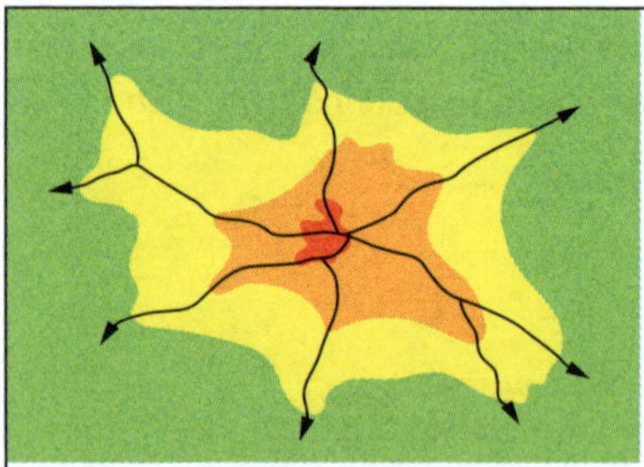

→ Principaux axes de communication

- Ville-centre, Banlieue } PÔLE URBAIN[2]
- Couronne périurbaine[3]
- (Pôle urbain + couronne périurbaine) } AIRE URBAINE[1]
- Espace rural

1. Aire urbaine : espace constitué d'un pôle urbain et d'une couronne périurbaine.
2. Pôle urbain : agglomération comptant 5 000 emplois ou plus.
3. Couronne périurbaine : ensemble des communes dont au moins 40 % des habitants actifs vont travailler dans l'aire urbaine.

SUJET

57

Pondichéry • Mai 2017

MAÎTRISER LES DIFFÉRENTS LANGAGES • 20 points

Les espaces productifs industriels français et la mondialisation

▶ **1.** Rédigez un texte structuré d'une vingtaine de lignes montrant que la mondialisation transforme les espaces productifs français. Vous traiterez au choix : espaces productifs industriels *ou* espaces productifs agricoles *ou* espaces productifs touristiques *ou* espaces productifs d'affaires. Vous pouvez vous appuyer sur un exemple étudié en classe.

▶ **2.** En utilisant la légende, localisez et nommez sur la carte :
– un grand port maritime ;
– deux métropoles.
Placez sur la carte la principale façade maritime française ouverte sur le monde et reportez le figuré choisi en légende.

Territoire français et mondialisation : quelques aspects

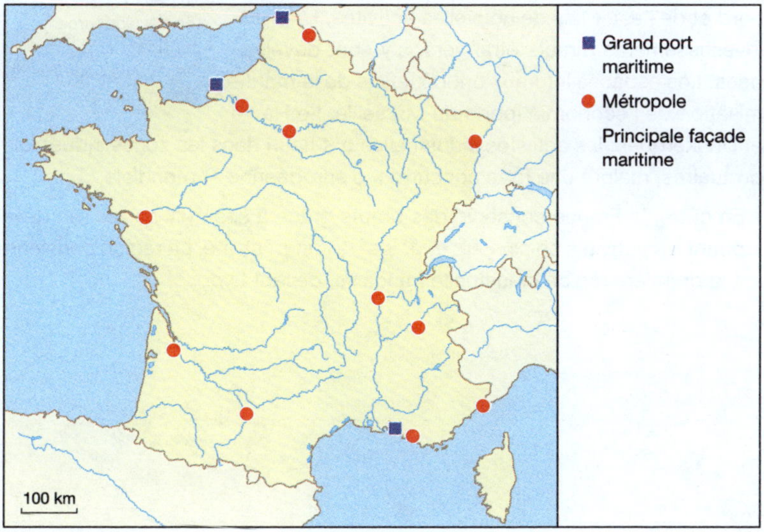

LES CLÉS DU SUJET

▶ **1.** On traitera ici le cas des **espaces productifs industriels.**
- Commence par poser la question centrale du déclin industriel français.
- Analyse ensuite les mutations des espaces industriels français sous l'effet de la compétition internationale.
- Décris enfin les formes métropolitaines de l'industrie actuelle.

CORRIGÉ 57

▶ **1.** Face à la mondialisation, la France est-elle en voie de désindustrialisation ? En effet, l'industrie française ne crée plus que 12,5 % de la valeur ajoutée nationale et 0,5 million d'emplois industriels ont été détruits depuis 2007 ! L'industrie française manque de compétitivité. Néanmoins, les espaces industriels ont évolué pour s'adapter à la concurrence internationale.

- La mondialisation a entraîné le déclin des activités industrielles traditionnelles dans les régions du nord et de l'est. Mais de nouvelles activités, liées aux investissements directs étrangers, s'y sont développées. Les espaces littoraux ont bénéficié de la maritimisation de l'économie (ports de Marseille, Le Havre et Dunkerque) : les activités industrielles ont fleuri dans les zones industrialo-portuaires, malgré une forte concurrence européenne et mondiale.

> **Gagne des points**
> Tu peux compléter ton développement par un schéma simple (hexagone) pour illustrer ton propos.

- En outre, la France conserve des atouts grâce à ses métropoles, en développant les activités en clusters et pôles de compétitivité. La région parisienne est la première région industrielle française, devant Lyon.

▶ 2.

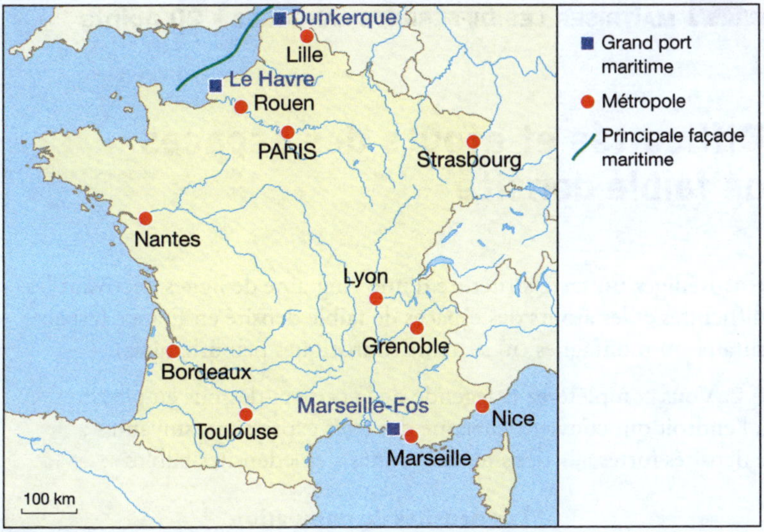

NB : Sur la carte ci-dessus, toutes les localisations ont été renseignées, mais contente-toi de celles qui sont demandées.

SUJET

58

Amérique du Sud • Décembre 2017

MAÎTRISER LES DIFFÉRENTS LANGAGES • 20 points

Difficultés et atouts des espaces de faible densité

▶ **1.** Rédigez un texte structuré d'une vingtaine de lignes décrivant les difficultés et les atouts des espaces de faible densité en France (espaces ruraux OU montagnes OU secteurs touristiques peu urbanisés).

▶ **2.** Vous compléterez la légende de la carte ci-dessous en plaçant à l'endroit qui convient chacune des trois expressions suivantes : « densités fortes », « densités moyennes » et « densités faibles ».

Les densités de population

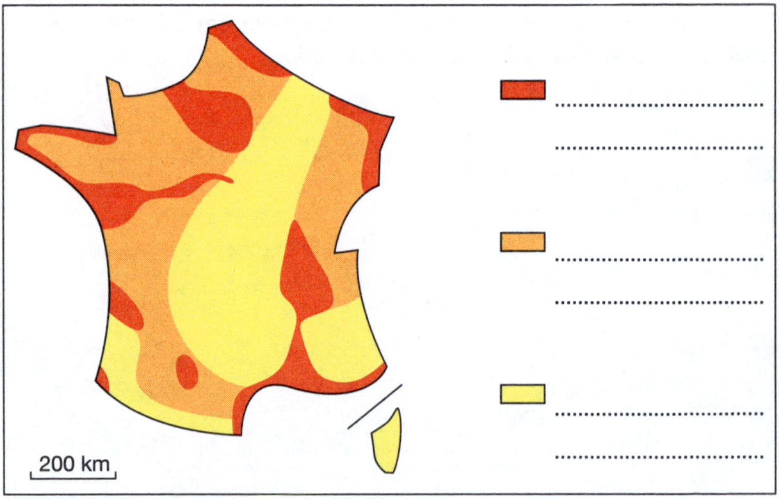

LES CLÉS DU SUJET

▶ **1.** Tu peux suivre l'énoncé du sujet en organisant ton développement en deux parties, avec d'abord les difficultés, puis les atouts des espaces de faible densité.

• Pour rendre ton texte plus percutant, tu peux aussi choisir de décomposer ton analyse en thèmes. Montre alors dans chaque partie les difficultés et les atouts de ces espaces :

– tout d'abord, la démographie : quelles sont ses évolutions récentes ?

– ensuite, la société : est-elle dépendante ?

– enfin, l'économie : est-elle en difficulté ?

• Tu as dû étudier en classe un exemple d'espace de faible densité qui entre dans une des catégories indiquées par le sujet : espaces ruraux, montagnes ou secteurs touristiques peu urbanisés. Utilise-le pour illustrer tes idées. Le corrigé traite ici des espaces ruraux.

CORRIGÉ 58

GÉOGRAPHIE

▶ **1.** La France compte près de quatre millions d'habitants dans les espaces de faible densité (moins de 30 hab/km^2). Ces espaces, en particulier les espaces ruraux, renvoient souvent l'image de lieux en difficulté. Est-ce toujours le cas ?

• Les espaces de faible densité sont des lieux où les hommes sont rares, plus rares qu'ailleurs. Toutefois, depuis une trentaine d'années, on observe un renouveau migratoire du rural isolé, surtout quand il n'est pas trop éloigné d'un pôle urbain : c'est le cas des campagnes du Sud-Ouest aquitain, à bonne distance de Toulouse. Les espaces ruraux sont redevenus attractifs pour des populations qui rejettent le mode de vie périurbain, on parle de rurbanisation.

> **INFO +**
> Le rural isolé correspond à l'espace rural non soumis à l'influence d'une aire urbaine.

• Les sociétés des espaces ruraux représentent certes un coût. Les équipements publics ne sont pas toujours rentables : dans l'Yonne, département rural de la diagonale du vide, la plupart des maternités ont ainsi fermé. La population, plus âgée que la moyenne nationale, dépend davantage des retraites ou pensions. Mais la reprise démographique produit des sociétés plus dynamiques : anciens habitants demeurés sur place, migrants partis puis revenus, néoruraux…

• L'agriculture est l'activité traditionnelle sur laquelle s'appuie l'économie des espaces ruraux. Si les pratiques anciennes, tel l'élevage extensif, sont en voie de disparition, des systèmes agricoles intégrés se sont souvent développés, tournés vers l'exportation : la Champagne non viticole est ainsi devenue une zone de production céréalière et betteravière de premier plan. Avec l'émergence du développement durable, l'espace rural est perçu de façon plus positive qu'avant. Les espaces de faible densité sont enfin le théâtre privilégié du tourisme vert.

Loin d'être systématiquement en difficulté, les espaces ruraux présentent de sérieux atouts dans la France du XXIe siècle.

> CONSEIL
> Pour conclure, fais le bilan des difficultés et atouts des espaces ruraux.

▶ 2.

Les densités de la population

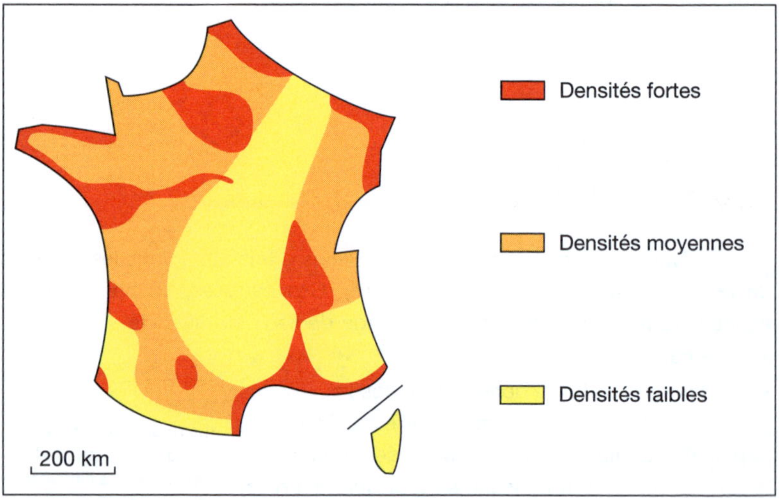

SUJET

59

Polynésie française • Septembre 2017

ANALYSER DES DOCUMENTS • 20 points

L'aménagement du Grand Ouest

DOCUMENT 1

Le projet d'aéroport du Grand Ouest à Notre-Dame-des-Landes

Aujourd'hui nul ne sait quand les travaux de cette infrastructure, destinée à remplacer l'actuel aéroport de Nantes, pourront être mis en œuvre. Les voix des opposants n'ont cessé de se faire entendre. Plus d'une centaine d'entre eux se sont même installés sur la zone d'aménagement différé (ZAD[1]), rebaptisée « zone à défendre ».

Cécile Rialland-Juin, géographe à l'université d'Angers : « Dans les années 1960, cette zone était faiblement peuplée et l'agriculture n'était pas considérée comme prioritaire. Toutes les conditions étaient réunies pour que l'aéroport se fasse. »

Les paysans concernés vont pourtant s'organiser contre le projet et s'engager dans les luttes sociales et la défense de l'environnement. « Entre-temps, l'étalement urbain a fait son œuvre et de plus en plus de pavillons ont poussé autour de Notre-Dame-des-Landes », poursuit Cécile Rialland. Cette hausse de la population riveraine ne pouvait que mener au conflit.

« Notre-Dame-des-Landes, du projet local à l'enjeu national », *La Croix*, 28 janvier 2016.

1. ZAD (Zone d'aménagement différé) : zone mise en réserve afin d'être aménagée.

DOCUMENT 2 **Aménager l'Ouest français**

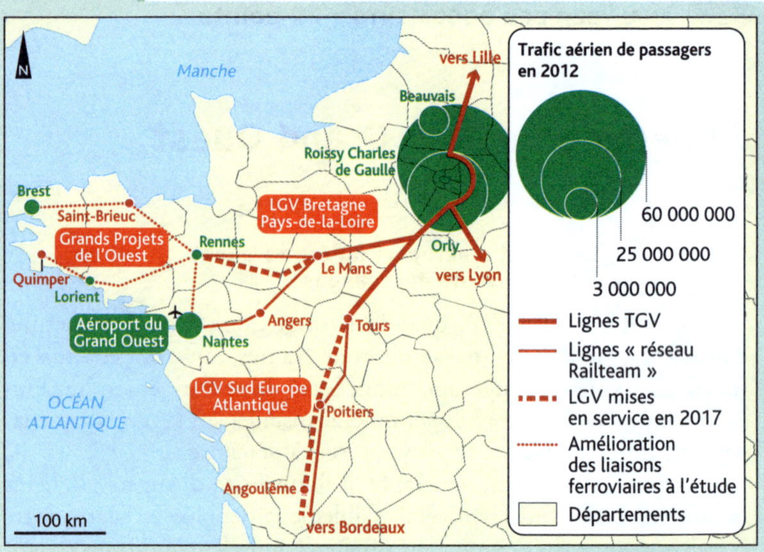

D'après rapport UAF 2012, RFF 2012 et http://geoconfluences.ens-lyon.fr.

▶ **1.** Quelle « infrastructure » est évoquée dans la première ligne du texte ? *(2 points)*

▶ **2.** En vous aidant de la carte, localisez ce projet d'infrastructure. *(2 points)*

▶ **3.** Quels aménagements sont réalisés dans l'ouest de la France ? Deux réponses attendues. *(4 points)*

▶ **4.** Pourquoi ce projet d'infrastructure permettrait-il d'équilibrer le trafic aérien de passagers en France ? *(4 points)*

▶ **5.** Expliquez les difficultés rencontrées par le projet en identifiant les opposants et leurs motivations. *(8 points)*

LES CLÉS DU SUJET

Comprendre les documents

• Le **document 1** est extrait d'un article du quotidien *La Croix*. Il fait le point en 2016 sur un dossier longtemps très controversé, mais abandonné depuis par le gouvernement d'Édouard Philippe : le projet d'aéroport de Notre-Dame-des-Landes.

• Le **document 2** est une carte tirée du site Internet de géographie, Géoconfluences. Il permet de visualiser les trafics aéroportuaires existants et les lignes à grande vitesse desservant l'Ouest de la France.

Répondre aux questions

▶ **4.** Analyse le déséquilibre du trafic aérien sur la carte.

▶ **5.** Développe ta réponse en l'organisant en plusieurs petits paragraphes, sans te limiter aux opposants et à leurs motivations.

CORRIGÉ 59

▶ **1.** L'infrastructure projetée est celle de l'aéroport international du Grand Ouest, situé à Notre-Dame-des-Landes, destiné à remplacer l'actuel aéroport de Nantes.

▶ **2.** Cet aéroport devait être construit sur la commune de Notre-Dame-des-Landes, à 25 km au nord-ouest de la métropole de Nantes, capitale de la région Pays de la Loire.

▶ **3.** Deux aménagements sont réalisés dans l'Ouest français : il s'agit du prolongement, achevé en 2017 depuis Tours et Le Mans, de deux lignes à grande vitesse (LGV). La LGV Sud Europe Atlantique relie Paris à Bordeaux en deux heures, et la LGV Bretagne Pays de la Loire met Rennes à une heure et demie de Paris. Ces deux aménagements permettent d'améliorer l'intégration du Grand Ouest au territoire français en général, et à la région parisienne en particulier.

▶ **4.** Le projet d'aéroport du Grand Ouest partait du constat que l'actuel aéroport de Nantes est saturé. Or, le trafic aérien de passagers du Grand Ouest (Nantes, Rennes, Brest) totalise moins de cinq millions de personnes par an, soit douze fois moins que

GAGNE DES POINTS
Utilise les données figurant sur la carte et donne-leur du sens en calculant un rapport.

le seul aéroport parisien de Roissy Charles-de-Gaulle : il y a donc sans doute des besoins en la matière ! On peut constater, toutefois, que l'aménagement d'un nouvel aéroport semble presque contradictoire avec la création de nouvelles LGV : sur de telles distances (moins de 500 km), le train est plus compétitif que l'avion. Reste le trafic international…

▶ **5.** Le projet de construction de l'aéroport international du Grand Ouest à Notre-Dame-des-Landes a été envisagé dès « les années 1960 ». Avec l'essor des régions littorales atlantiques, et Nantes en particulier, l'une des agglomérations les plus dynamiques de France, le développement d'infrastructures de transport modernes paraît aller de soi.

• Pourtant, cette dynamique positive, avec la poussée de la couronne périurbaine, a conduit de nombreux habitants à s'installer près de la zone d'aménagement différé de Notre-Dame-des-Landes. Ces personnes sont réticentes à l'idée de devenir riveraines d'un aéroport, avec les nuisances sonores que cela implique.

> CONSEIL
> Réinvestis des notions provenant d'autres parties du programme : ici, la couronne périurbaine.

• Par ailleurs, le succès des préoccupations écologiques dans la population se traduit aussi par le soutien aux agriculteurs locaux, peu désireux de céder des terres qui ont pris de la valeur avec la proximité des zones périurbaines. L'arrivée de militants écologistes et d'extrême-gauche, qui ont transformé la ZAD en « zone à défendre », permet de comprendre la radicalisation de l'opposition, le retard pris par le projet puis son abandon.

> GAGNE DES POINTS
> Étoffe le développement avec quelques connaissances tirées de l'actualité.

SUJET 60

Pondichéry • Mai 2018

MAÎTRISER LES DIFFÉRENTS LANGAGES • 20 points

L'influence de l'Union européenne dans le monde

▶ **1.** Rédigez un développement construit d'une vingtaine de lignes montrant à la fois l'influence de l'Union européenne dans le monde et les limites de son rayonnement. *(15 points)*

▶ **2.** Complétez la carte ci-dessous et la légende *(5 points)* :
– nommez sur la carte les trois pôles du commerce mondial ;
– dans la légende, choisissez un figuré pour représenter les flux de marchandises ;
– puis placez sur la carte les principaux flux de marchandises du commerce mondial.

DOCUMENT **L'Union européenne dans le commerce mondial**

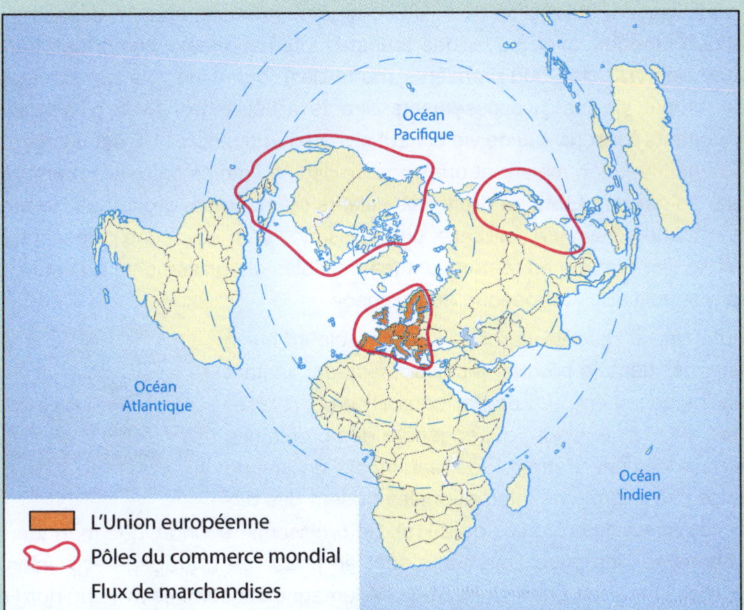

GÉOGRAPHIE

LES CLÉS DU SUJET

▶ **1.** L'énoncé du sujet t'invite à construire un développement en deux paragraphes : un premier qui montrera l'influence de l'UE ; un second qui en soulignera les faiblesses. Ces deux parties devront être à peu près de même longueur. Essaie de citer des chiffres clés pour justifier ton propos.

▶ **2.** Concernant les flux de marchandises du commerce mondial, il n'est pas question d'être exhaustif, on se contentera de figurer quelques flux majeurs. Commence par indiquer les flux entre les trois grands pôles mondiaux, puis complète-les par quelques exemples de flux secondaires (le pétrole du Golfe persique, les échanges Chine-Amérique latine…).

CORRIGÉ 60

▶ **1.** L'Union européenne (UE) est un espace de production de niveau mondial, au 1er rang, à égalité avec les États-Unis, avec environ 23 % de la richesse produite. C'est un ensemble ouvert, fortement inséré dans les processus de mondialisation, qui réalise 32 % du commerce mondial, et le 1er espace touristique mondial, avec 55 % des touristes internationaux. Ses firmes transnationales (1/3 des 500 premières mondiales) jouent un rôle considérable, notamment via les investissements directs à l'étranger. Avec 513 millions d'habitants à fort niveau de vie et haut niveau d'éducation, l'UE est un marché de consommation majeur et une zone de paix, au moins entre ses membres, garantie par des États de droit. Ses valeurs (démocratie, droits de l'Homme) en font une puissance culturelle, une puissance normative, une puissance du *soft power*, comme en témoignent les multiples élargissements à l'est, mais aussi la politique européenne de voisinage.

> CONSEIL
> Introduis la 2e partie de ton raisonnement par un connecteur logique qui établit l'opposition.

Toutefois, le modèle européen peine aujourd'hui à s'affirmer dans le monde, plusieurs facteurs limitant son rayonnement. L'Europe connaît un vieillissement de sa population, qui engendre des problèmes de financement (retraite, dépendance). En même temps, les migrations internationales posent des difficultés (crise des réfugiés de 2015). Sa croissance économique manque de dynamisme : les pays émergents sont en phase de rattrapage et l'Union a décroché face aux États-Unis. Seuls l'Allemagne et quelques pays du nord de l'Europe semblent échapper à ce relatif déclin économique.

Par ailleurs, les divisions entre membres de l'UE rendent peu lisible sa politique étrangère et son projet de puissance. L'UE n'a pas tous les attributs de la puissance : son *hard power* est déficient. Plus qu'une puissance européenne, il y a « des puissances en Europe », au 1er rang desquelles la France.

GAGNE DES POINTS
Réutilise les concepts de *hard power* et de *soft power*.

▶ 2.

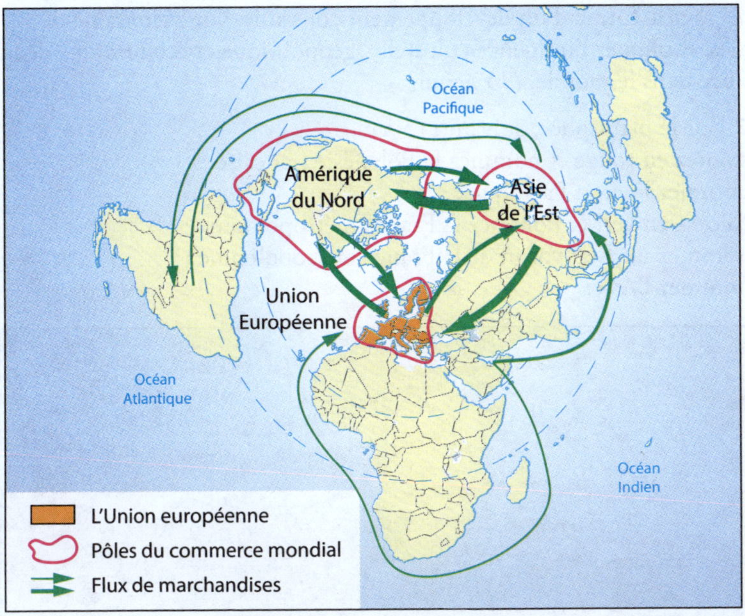

Veille à varier l'épaisseur des flèches représentant les flux, en fonction de leur importance.

SUJET

61

Polynésie française • Juin 2017

MAÎTRISER LES DIFFÉRENTS LANGAGES • 20 points

La France, une influence mondiale

▶ **1.** Sous la forme d'un développement construit d'une vingtaine de lignes, expliquez l'influence culturelle, géopolitique et économique de la France dans le monde. *(15 points)*

▶ **2.** Sur le planisphère suivant : *(5 points)*
– colorez en rouge et nommez la Polynésie française ;
– nommez l'océan Pacifique ;
– colorez en vert et nommez la France métropolitaine ;
– nommez un État voisin de la France métropolitaine ;
– nommez l'Asie.

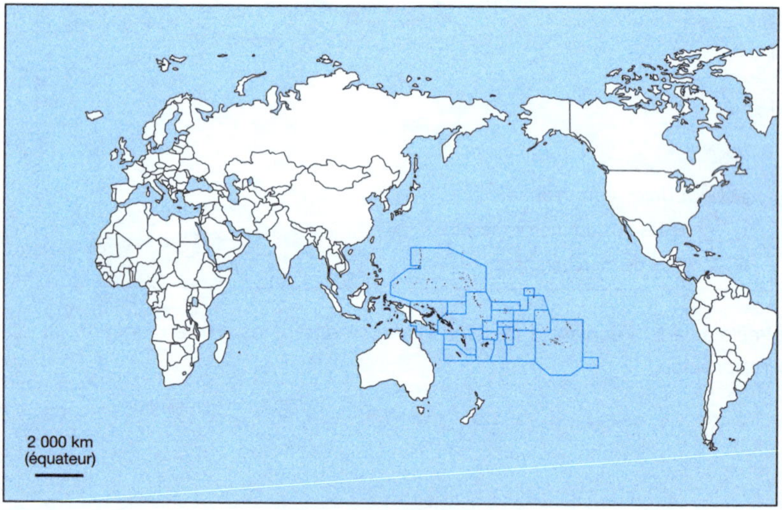

LES CLÉS DU SUJET

▶ **1.** La France est un cas particulier. Depuis un demi-siècle, on assiste à un certain affaiblissement de sa **puissance**, mais son **rayonnement** – c'est-à-dire la capacité d'influencer les autres puissances – est toujours aussi fort dans un certain nombre de domaines. Cela fait d'elle « **une puissance moyenne à rayonnement mondial** ».

L'énoncé propose **trois catégories** : l'influence culturelle, l'influence géopolitique, l'influence économique. Le plus efficace pour élaborer ton plan est de suivre ces indications : consacre un paragraphe à chaque catégorie. Il faut veiller à citer quelques chiffres et à donner des exemples précis des idées développées.

CORRIGÉ 61

> **Conseil**
> Fais apparaître dans la première phrase de chaque paragraphe l'adjectif (culturel, géopolitique, économique) qui annonce au correcteur l'axe de la partie.

▶ **1.** Le rayonnement mondial de la France demeure incontestable sur le plan culturel, en raison d'un héritage historique exceptionnel. La France apparaît comme le pays de la Révolution de 1789, de la liberté et des Droits de l'Homme. Le français, autrefois langue du colonisateur, est la langue officielle de 29 pays et de 220 millions de personnes d'après l'Organisation internationale de la francophonie. La France reste enfin la patrie d'un certain art de vivre qui fascine les élites du monde entier, à travers la gastronomie, la mode, le luxe, les arts et la littérature.

C'est aussi l'héritage historique qui explique la permanence d'une influence géopolitique mondiale. Les territoires ultramarins assurent à la France une présence stratégique planétaire et la deuxième ZEE mondiale. Membre permanent du Conseil de sécurité de l'ONU, la France conserve un droit de veto sur les affaires mondiales. Son réseau diplomatique – le troisième au monde – est l'outil d'une diplomatie autonome, appuyée sur une puissance militaire nucléaire et équipée d'armements de pointe : avion omnirôle Rafale, porte-avions nucléaire Charles-de-Gaulle, fréquemment engagés (Libye, Côte-d'Ivoire, Centrafrique, Sahel, Irak-Syrie…).

C'est peut-être sur le plan économique que l'influence française montre des limites. Sixième PIB mondial et troisième de l'Union européenne, l'économie française, riche et diversifiée, est encore une des grandes économies du monde actuel. Cependant, les parts de marché de l'industrie française diminuent en raison d'une moindre compétitivité. Depuis 2000 et plus encore depuis la crise de 2008, ce recul semble s'accélérer.

▶ 2.

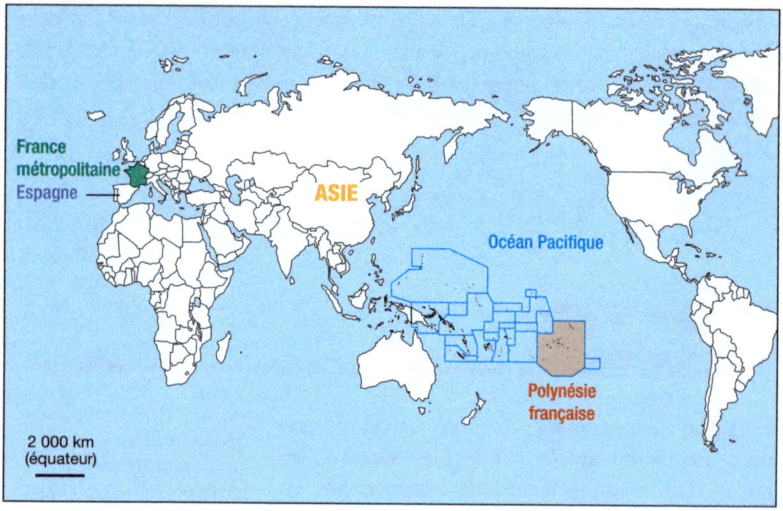

SUJET 62

Amérique du Nord • Juin 2017
ENSEIGNEMENT MORAL ET CIVIQUE • 10 points

La laïcité à l'école

DOCUMENT 1 **Affiche défendant le principe de la laïcité**

Cette affiche a été récompensée par le Prix de la laïcité de la République française en 2015.

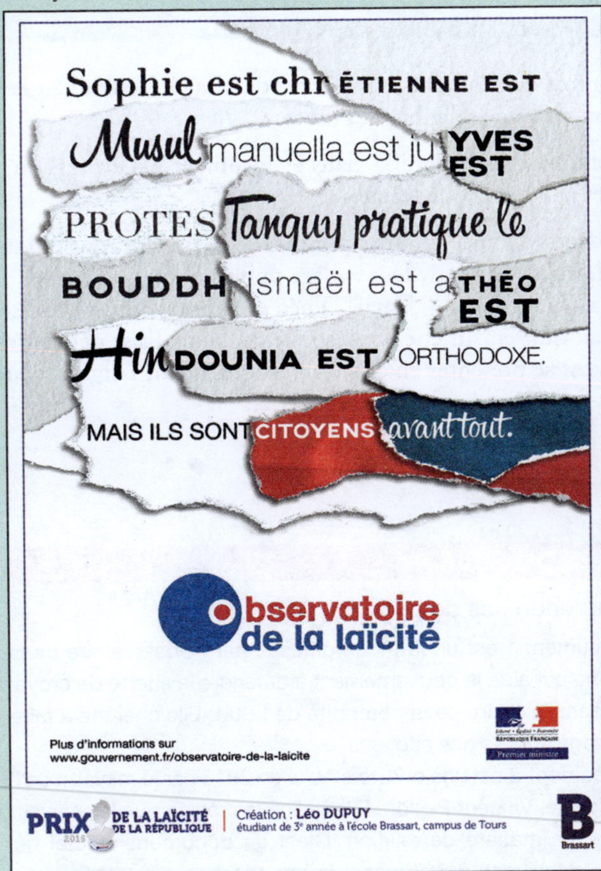

École BRASSART campus de Tours – Création : Léo Dupuy

Lemonde.fr, 8 janvier 2016.

DOCUMENT 2 **Charte de la laïcité à l'École (2013)**

Art. 1. La France est une République indivisible, laïque, démocratique et sociale. Elle assure l'égalité devant la loi, sur l'ensemble de son territoire, de tous les citoyens. Elle respecte toutes les croyances.
Art. 2. La République laïque organise la séparation des religions et de l'État. L'État est neutre à l'égard des convictions religieuses ou spirituelles. Il n'y a pas de religion d'État.
Art. 14. Dans les établissements scolaires publics, les règles de vie des différents espaces, précisées dans le règlement intérieur, sont respectueuses de la laïcité. Le port de signes ou tenues par lesquels les élèves manifestent ostensiblement une appartenance religieuse est interdit.

▶ **1.** Montrez que l'affiche et la Charte de la laïcité défendent la liberté d'avoir ou non une religion en France.

▶ **2.** Expliquez ce que signifie, dans le document 2, l'expression « séparation des religions et de l'État ».

▶ **3.** En début d'année, pour se présenter chacun leur tour durant l'heure de vie de classe de leur collège public, Sophie, Étienne, Manuella, Yves, Tanguy, Ismaël, Théo et Dounia doivent réaliser un portrait qui sera affiché dans la salle de cours. Ils se demandent s'ils peuvent se présenter en classe en évoquant leur religion. Quelles réponses proposent les documents 1 et 2 ?

LES CLÉS DU SUJET

■ Comprendre les documents

• Le **document 1** est une **affiche** diffusée par l'Observatoire de la laïcité, organisme qui aide le gouvernement à défendre la liberté de croyances en France dans le cadre de la **neutralité de l'État**. Elle cherche à faire passer un message auprès des citoyens.

• Le **document 2** est une **charte** établie en 2013 par le ministre de l'Éducation nationale, Vincent Peillon. Elle définit les règles que les élèves doivent respecter en matière de religion. C'est un **document officiel** qui vise à apaiser les tensions qui affectent le bon fonctionnement de certains établissements scolaires.

Répondre aux questions

▶ **1.** Le nom d'une religion est-il privilégié dans l'affiche ? Que respecte la France selon l'article 1 du document 2 ? Au nom de quelle valeur ?

▶ **2.** La réponse est à extraire des deux phrases qui suivent l'expression. Utilise-les pour formuler ton explication.

▶ **3.** Que signifie le mot « ostensiblement » dans l'article 14 ? Utilise la Déclaration des Droits de l'Homme : elle inspire la Charte de la laïcité.

CORRIGÉ 62

▶ **1.** Par le collage qui fait apparaître les noms des grandes religions (chrétienne, musulmane, hindoue, protestante, etc.) ou l'absence de foi (« Athéo » évoque l'athéisme, c'est-à-dire le fait de croire qu'il n'existe aucun dieu), l'affiche met toutes les croyances sur le même plan. Au nom de l'égalité, l'article 1 proclame le respect de chacune d'entre elles.

▶ **2.** L'idée de « séparation des religions et de l'État » signifie que les autorités politiques n'interviennent pas dans les affaires des communautés religieuses. En tant qu'État, la France ne s'identifie à aucune croyance. Aux citoyens, elle n'impose aucune des règles propres à une confession religieuse.

▶ **3.** Dans le cadre de l'heure de vie de classe, des élèves sont invités à se présenter et à faire un portrait d'eux-mêmes. Mais peuvent-ils évoquer leur foi ? Le débat est animé. La charte de la laïcité n'interdit-elle pas de le faire ? L'article 14 n'autorise pas d'exprimer son appartenance religieuse, rappelle Étienne. Dans un État laïc, renchérit Dounia, la religion relève de la vie privée. Tanguy n'est pas d'accord. Seuls les signes ostentatoires sont interdits par la Charte. Le port d'une croix ou d'une main de Fatima, s'il est discret, est permis, assure Manuella. Les élèves peuvent dire ce qu'ils pensent du moment qu'ils n'imposent pas leurs traditions aux autres. La Déclaration des Droits de l'Homme nous garantit la liberté de croyance et d'expression, rappelle Sophie ; la Charte dit que nous sommes libres et égaux. Nous devons seulement respecter le règlement du collège.

Le groupe finit par conclure que chacun peut évoquer sa croyance à partir du moment où il ne fait pas de sa foi une arme de prosélytisme et un moyen de contester les règles de vie commune.

Info +
Le prosélytisme est l'attitude d'une personne qui cherche à convertir autrui à ses convictions.

SUJET 63

Centres étrangers • Juin 2018

ENSEIGNEMENT MORAL ET CIVIQUE • 10 points

Le parcours d'une loi : l'IVG

DOCUMENT **Témoignage sur l'élaboration de la loi autorisant l'interruption volontaire de grossesse (IVG)**

Pour l'élaboration du texte de loi [...], j'ai consulté aussi de nombreux gynécologues [...] J'ai rencontré chez les généralistes une quasi-unanimité en faveur de la loi. Quelles qu'aient pu être par ailleurs leurs convictions morales, ces hommes de terrain étaient effarés de voir les dégâts qu'entraînaient les avortements sauvages dans les couches populaires. Il fallait que la loi protège ces femmes. Les riches, si on peut dire, étaient mieux loties[1] : elles partaient se faire avorter clandestinement à l'étranger. [...]

Le texte du projet de loi, rapidement mis au point, a été déposé à l'Assemblée nationale pour examen en commission. C'est alors que les vraies difficultés ont commencé. Une partie de l'opinion, très minoritaire, mais d'une efficacité redoutable s'est déchaînée. J'ai reçu des milliers de lettres au contenu souvent abominable, inouï. [...]

C'est au cœur de cette agitation que, le 26 novembre 1974, la discussion s'ouvrit à l'Assemblée nationale. [...]

Ce furent des séances épuisantes et de bien étranges débats. [...]

Finalement, la loi a été votée dans la nuit du 29 novembre par deux cent quatre-vingt-quatre voix contre cent quatre-vingt-neuf, avec une courte majorité des voix de droite, complétée par la totalité de celles de gauche. La victoire était ainsi plus large que nous ne l'avions imaginée et espérée. [...]

Quinze jours plus tard, le texte fut voté au Sénat, quasiment dans les mêmes termes. Nous nous étions attendus à un bras de fer plus rude. [...]

La page législative tournée, il faudrait encore bien du temps et bien des actions pour que dans une société pourtant en mouvement, les mentalités elles-mêmes évoluent en profondeur. C'est aujourd'hui chose faîte.

Simone Veil, *Une vie*, 2007, p. 158-171 (éditions du Livre de poche).

1. Mieux loties : favorisées.

▶ **1.** Identifiez le nom de la personne qui est à l'origine de ce projet de loi. *(1 point)*

▶ **2.** Relevez les principales étapes de l'élaboration de la loi décrites par le texte. *(3 points)*

▶ **3.** Montrez que cette loi rend la société plus égalitaire. *(2 points)*

▶ **4.** Expliquez à la classe pourquoi il est important qu'il y ait des débats et des consultations pendant l'élaboration d'une loi. *(4 points)*
Votre réponse ne comportera aucune information d'identité ou de signature.

LES CLÉS DU SUJET

Comprendre le document

• Le document est un témoignage, celui de Simone Veil (1927-2017), femme politique française ayant occupé d'importantes responsabilités comme ministre, député européenne, présidente du Parlement européen et membre du Conseil constitutionnel.

• Il est extrait d'un livre autobiographique intitulé *Une vie,* publié en 2007, soit 33 ans après le vote de la loi sur l'interruption volontaire de grossesse (IVG).

Répondre aux questions

▶ **1.** Qui est le « je » qui s'exprime dans le texte ?

▶ **2.** Lis attentivement le document et surligne chaque mot qui évoque une action sur le texte du projet de loi préparé par l'auteur. Appuie-toi sur les paragraphes pour identifier chaque étape.

▶ **3.** Quelle différence l'auteur fait-elle entre « couches populaires » et « riches » ? Pourquoi la loi effacerait-elle cette différence ?

▶ **4.** Recherche dans ton cours ce qu'est un « amendement ». Réfléchis à la différence entre une « opinion » et un « argument ».

EMC

CORRIGÉ 63

▶ **1.** La personne à l'origine du projet de loi visant à autoriser l'interruption volontaire de grossesse est Simone Veil.

▶ **2.** Le texte de Simone Veil permet d'identifier cinq grandes étapes dans l'élaboration de la loi :

1) La préparation du projet de loi, au cours de laquelle les spécialistes sont « consultés ». Leur avis est pris en compte.

> INFO +
> Pour être adoptée, une loi doit être signée par le président de la République.

2) La rédaction du texte devant faire loi, soumise ensuite à l'attention d'un groupe de députés (une « commission ») pour qu'ils en discutent les termes.

3) La présentation du texte de loi aux députés qui en débattent et proposent leurs corrections (ou « amendements »).

4) Le vote du texte par les députés (Assemblée nationale).

5) Le vote du texte par les sénateurs (Sénat).

▶ **3.** La loi sur l'IVG rend la société plus égalitaire, puisqu'elle permet aux femmes les plus pauvres d'accéder à une intervention chirurgicale dont seules les plus riches pouvaient bénéficier en allant à l'étranger.

▶ **4.** Il est important, tout d'abord, qu'un projet de loi soit établi au terme de consultations auprès des spécialistes et citoyens concernés, parce que ce sont des hommes et des femmes « de terrain » (l. 3). Ils connaissent les réalités, les obstacles concrets qu'il faut contourner, les erreurs à éviter, les souffrances à apaiser.

Les débats permettent ensuite d'évaluer d'autres arguments, plus généraux ou d'ordres différents (sociaux, économiques ou moraux), auxquels les spécialistes peuvent n'avoir pas pensé. Ils aident à affiner le projet de loi, à trouver les meilleurs termes possibles et un bon équilibre entre personnes de convictions différentes.

> CONSEIL
> La démocratie, c'est le gouvernement par la majorité, mais dans le respect des minorités. Cela signifie que tous les arguments doivent être écoutés. Tu peux aussi t'appuyer sur ce principe.

SUJET 64

Pondichéry • Mai 2018

ENSEIGNEMENT MORAL ET CIVIQUE • 10 points

Le rôle de l'opinion dans le débat démocratique

DOCUMENT 1 Débat entre amis

Vous assistez à une discussion entre deux de vos amis qui parlent des premiers pas de l'homme sur la lune.

Vous entendez Dominique dire : « L'homme n'a jamais marché sur la Lune ! »

Puis Camille lui répond : « Ah oui ? Mais qu'est-ce qui te permet de l'affirmer ? »

Enfin Dominique sans hésiter explique : « Je le sais parce que je l'ai lu sur un site Internet ! »

DOCUMENT 2 La Commission européenne veut s'attaquer aux *fake news*[1]

Mariya Gabriel, la nouvelle commissaire au numérique, s'apprête à prendre une des premières mesures de son mandat : mettre sur pied un groupe d'experts sur les *fake news*, la propagation d'informations fausses dans les médias. [...]

Elle a l'intention de « dire très clairement que les plateformes [Internet] ont une obligation de diligence », un terme juridique signifiant que les sociétés en ligne, comme Facebook ou Twitter, devraient prendre des mesures pour surveiller les *posts*[2] de leurs utilisateurs. [...]

Le mois prochain, la Commission européenne devrait annoncer des mesures [...] L'Allemagne a même introduit une loi nationale plus tôt dans l'année, selon laquelle les médias sociaux risquent jusqu'à 50 millions d'euros d'amende s'ils ne retirent pas les contenus illégaux, comme les propos haineux. D'autres pays européens envisagent de suivre cet exemple.

Article publié le 1er septembre 2017 sur Ouestfrance.fr.

1. *Fake news* : fausses nouvelles. 2. *Posts* : messages ou commentaires mis en ligne.

EMC

DOCUMENT 1

▶ **1.** Quel est le média utilisé par Dominique ? *(1 point)*

▶ **2.** Définissez ce qu'est un média. *(1 point)*

▶ **3.** Montrez que la réponse finale de Dominique ne constitue pas un argument valable. *(2 points)*

DOCUMENT 2

▶ **4.** Indiquez deux raisons pour lesquelles Mariya Gabriel, la nouvelle commissaire au numérique, veut engager une réflexion dans l'Union européenne sur les *fake news*. *(2 points)*

DOCUMENTS 1 ET 2

▶ **5.** À partir des documents 1 et 2 et de vos connaissances, indiquez en quelques lignes quelles démarches peuvent suivre les acteurs de la démocratie (citoyens, entreprises, institutions…) pour trouver des informations fiables. *(4 points)*

LES CLÉS DU SUJET

■ Comprendre les documents

• Le **document 1** est un texte rapportant une discussion entre deux amis, inventé pour les besoins du sujet. Si le procédé peut paraître un peu curieux, il permet toutefois d'attirer l'attention sur un type de raisonnement (« Je le sais parce que je l'ai lu sur Internet ») qui pourrait facilement être relevé en ligne, sur des forums Internet ou réseaux sociaux.

• Le **document 2** est un extrait d'article, tiré du site Web d'un grand quotidien régional, *Ouest-France*. Là aussi, le contenu est curieux car, si les deux premiers paragraphes abordent bien la question des *fake news*, le troisième fait référence aux « contenus illégaux » (injure, diffamation, incitation à la haine raciale, etc.) sanctionnés par la loi.

• **Que sont les *fake news* ?** Des « fausses nouvelles », telle est la traduction donnée dans le sujet. Au sens littéral, une *fake news* est une information (*news*) truquée (*fake*). La diffusion délibérée d'une information fausse peut tenir du simple canular (ex. : fausse annonce de la mort d'une célébrité). Elle peut aussi relever d'une intention de manipuler l'opinion publique. L'émetteur de la *fake news* cherche alors à intoxiquer, à désinformer.

Dans nos sociétés modernes, la maîtrise de l'information constitue une arme puissante. Parfois, ce sont des acteurs, au service d'États hostiles, qui répandent des *fakes news* ; parfois ce sont des particuliers ou des organisations qui cherchent à générer du trafic, des *likes* sur les réseaux sociaux. Une *fake news* n'est pas nécessairement illégale, car il n'est pas illégal de mentir ou de raconter n'importe quoi (sauf lorsqu'on le fait sous serment, au tribunal, ou en cas d'atteinte à autrui, par exemple).

Répondre aux questions

▶ **4.** Les raisons ne sont pas explicitement mentionnées. Mais il n'est pas difficile de comprendre que les réseaux sociaux – comme ceux qui sont mentionnés – sont très largement utilisés et que leur contrôle – ou leur absence de contrôle – peut constituer une menace dans une démocratie d'opinion.

CORRIGÉ 64

▶ **1.** Le média utilisé par Dominique est « Internet ».

▶ **2.** Un média est un moyen de diffusion de l'information. La presse, la télévision, la radio, le cinéma, Internet, par exemple, sont des médias qui permettent une large diffusion. Avec le développement d'Internet, la diffusion de l'information ne se fait plus uniquement dans un sens (du journaliste vers ses lecteurs, par exemple), elle s'effectue de manière multidirectionnelle (du lecteur vers le journaliste, entre lecteurs). Internet permet d'échanger entre pairs, par exemple sur un réseau social ou sur le forum de discussion attaché à un journal Web. Chacun peut devenir producteur d'information.

▶ **3.** La réponse finale de Dominique, « je l'ai lu sur un site Internet », ne constitue pas un argument valable. En effet, n'importe qui peut écrire n'importe quoi sur un site Internet. Il aurait fallu aller plus loin, préciser la source (auteur du contenu), donner des arguments, des chiffres, construire un raisonnement, et surtout croiser cette prétendue information avec d'autres sources.

> CONSEIL
> N'en dis pas trop ici. Tu pourras développer à la question 5.

EMC

▶ **4.** La nouvelle commissaire au numérique, Mariya Gabriel, veut engager une réflexion sur les *fake news* pour deux raisons :

> INFO +
> Mariya Gabriel est une commissaire (bulgare) européenne, donc un membre de la Commission européenne.

• Une raison de fond : avec le développement très rapide des réseaux sociaux, les utilisateurs peuvent écrire n'importe quoi et donc colporter facilement toute information fausse, fantaisiste, illégale ; et ces *fake news* peuvent toucher beaucoup de monde très rapidement.

• Une raison de forme : certains États membres de l'UE, comme l'Allemagne, ont déjà commencé à s'attaquer à ce problème par la loi. C'est le rôle de la Commission européenne de généraliser ces bonnes pratiques à l'ensemble des pays membres.

▶ **5.** Les *fake news* sont des informations erronées, manipulées, à des fins idéologiques ou publicitaires, personnelles ou commerciales. L'utilisation massive des réseaux sociaux par tout un chacun rend ce problème aigu, surtout dans une démocratie qui n'est plus seulement représentative, mais qui est aussi devenue une démocratie d'opinion, une démocratie participative.

Pour trouver une information fiable, et éviter de tomber dans le piège des *fake news*, l'éducation est la seule réponse. Les acteurs de la démocratie – les citoyens au premier chef – doivent procéder avec méthode et esprit critique.

Un premier réflexe doit toujours être de vérifier la source de l'information : si le journal ou le site Web fait partie des médias reconnus, dont on a l'habitude, si la source est institutionnelle (un ministère, une agence internationale connue), c'est un premier indice.

On peut aussi faire preuve d'esprit critique et se demander quel intérêt la source peut trouver à transmettre cette information. Il faut se méfier du sensationnel qui ne fait qu'exploiter notre naïveté, et tester la logique du propos de l'auteur… s'il y en a une !

Enfin, il faut croiser les sources, c'est-à-dire vérifier dans différents autres médias que l'information est confirmée. Attention toutefois : sur Internet, une information peut rapidement être reproduite des millions de fois.

Il est à noter que ce phénomène des *fake news* a pris une telle ampleur que des médias connus ont mis en place des sites de *fact checking*, c'est-à-dire de « vérification des faits ». Leur rôle est précisément de décoder les informations et de les vérifier. Le plus connu s'appelle « Les décodeurs », un site du journal *Le Monde*, qui a même mis en place un outil spécial de vérification de source : Decodex.

> INFO +
> Le site des Décodeurs est accessible à l'adresse suivante : www.lemonde.fr/les-decodeurs

SUJET 65

Asie • Juin 2017

ENSEIGNEMENT MORAL ET CIVIQUE • 10 points

Le rôle des citoyens dans la Défense nationale

DOCUMENT 1 **Le parcours de citoyenneté**

La formation de tous les jeunes aux enjeux de la défense et de la citoyenneté repose, depuis la loi du 28 octobre 1997 suspendant le service militaire, sur un parcours de citoyenneté. Ce dernier comporte trois étapes obligatoires :

1. L'enseignement de défense, lors de la scolarité (ministère de l'Éducation nationale)	2. Le recensement à 16 ans en mairie (collectivités locales)	3. La Journée défense et citoyenneté – JDC (ministère de la Défense)

Direction du service national, plaquette de présentation, administration centrale, 2015, d'après le site www.ac-poitiers.fr.

EMC

DOCUMENT 2 **La défense nationale**

La défense et la sécurité nationale sont l'affaire de tous les Français ; elles requièrent leur confiance dans l'action que mènent les pouvoirs publics et la certitude que ces derniers mettent tout en œuvre pour garantir l'indépendance de la France et assurer la protection de sa population. L'élaboration et la mise en œuvre de la stratégie de défense et de sécurité nationale associent, sous l'autorité du président de la République, l'ensemble des pouvoirs publics, ce qui garantit que cette stratégie exprime la volonté de la Nation. [...] Sa présentation au Parlement en assoit la légitimité et ouvre un nécessaire débat public sur des choix qui engagent la Nation.

Livre blanc sur la Défense, 2013,
www.ladocumentationfrancaise.fr.

▶ **1.** Montrez à l'aide du document 1 que les jeunes Français sont impliqués dans la défense nationale en rappelant les trois étapes du parcours de citoyenneté.

▶ **2.** En vous appuyant sur les deux documents, identifiez au moins quatre acteurs participant à la défense nationale.

▶ **3.** Vous allez devoir participer à la Journée défense et citoyenneté. En vous appuyant sur vos connaissances et les documents, rédigez un paragraphe d'une dizaine de lignes où vous expliquerez pourquoi chaque Française et chaque Français a un rôle dans la défense nationale.

LES CLÉS DU SUJET

Comprendre les documents

- Le **document 1** est une plaquette de présentation du parcours de citoyenneté, dont les trois étapes sont clairement identifiées.
- Le **document 2** est un extrait du *Livre blanc sur la Défense* de 2013, un texte officiel présentant la doctrine française en matière de défense.

Répondre aux questions

▶ **1.** Ne te contente pas de citer ces trois étapes : fais des phrases pour montrer que tu ne fais pas que recopier le document.
▶ **3.** N'oublie pas d'apporter certaines de tes connaissances pour obtenir la totalité des points.

CORRIGÉ 65

▶ **1.** Les jeunes Français sont impliqués dans la défense nationale à travers le parcours de citoyenneté. Celui-ci comporte trois étapes qui sont obligatoires et qui concernent donc tous les jeunes :

- l'enseignement de défense lors de la scolarité, notamment à travers l'enseignement moral et civique (EMC) au collège ;
- le recensement à 16 ans, une opération qui se fait à la mairie du lieu de résidence ;
- la Journée défense et citoyenneté (JDC), à laquelle un jeune doit participer entre sa 16e et sa 25e année.

> GAGNE DES POINTS
> Développe chaque étape, notamment la première, que tu as déjà vécue.

▶ **2.** De multiples acteurs participent à la défense nationale :

- le ministère de l'Éducation nationale, à travers l'enseignement moral et civique dispensé au collège ;
- les collectivités territoriales, comme les communes qui se chargent d'effectuer le recensement ;
- les pouvoirs publics, en particulier le président de la République, qui élaborent et mettent en œuvre la stratégie de défense ;
- la nation, enfin, c'est-à-dire tous les citoyens qui la composent : la défense est l'affaire de tous.

> INFO +
> On aurait pu citer le ministère de la Défense, ou les soldats de l'armée française.

▶ **3.** La défense nationale désigne l'ensemble des moyens et actions mis en œuvre pour garantir l'indépendance nationale, la sécurité du territoire et des populations.

- Participer à la défense nationale fait partie des devoirs de chaque citoyen, tout comme être défendu fait partie de ses droits. Tous les jeunes Français, garçons et filles, sont sensibilisés à ce devoir lors du parcours de citoyenneté, établi depuis la loi de 1997 suspendant le service militaire.
- Certains citoyens peuvent jouer un rôle directement en s'engageant au service de la défense nationale. Les autres jouent également un rôle fondamental par l'élection des représentants chargés de la stratégie de défense nationale.

L'engagement envers la nation est constitutif du pacte républicain. Chaque Française et chaque Français y ont un rôle à jouer.

> CONSEIL
> Conclus en rappelant les termes du sujet.

EMC

SUJET 66

France métropolitaine • Juin 2018
SVT • 25 points

La protection contre le tétanos

Dans ce sujet, on s'intéressera à une maladie, le tétanos.
Un médecin reçoit aux urgences hospitalières un patient qui s'est sérieusement blessé avec un outil de jardinage. Dans un premier temps, la plaie est nettoyée et désinfectée. Le médecin décide de prévenir rapidement le risque de tétanos.
Le tétanos est une maladie provoquée par une toxine produite par une bactérie, *Clostridium tetani*. La vaccination contre le tétanos protège de cette maladie.

DOCUMENT 1 **Calendrier simplifié permettant de se tenir à jour dans ses vaccinations***

		Âge approprié												
		1 mois	2 mois	4 mois	5 mois	11 mois	12 mois	16-18 mois	6 ans	11-13 ans	25 ans	45 ans	65 ans	Tous les 10 ans : 75 ans, 85 ans…
Vaccins	BCG	X												
	Diphtérie – Tétanos – Poliomyélite		X	X		X			X	X	X	X	X	X
	Rougeole – Oreillons – Rubéole						X	X						

X : Injection d'un vaccin

D'après le site 2017 http://inpes.santepubliquefrance.fr

* Être à jour dans ses vaccinations, signifie avoir reçu les vaccins recommandés selon son âge et avec le bon nombre d'injections pour être protégé.

▶ **1.** Le carnet de santé du patient indique qu'il a été vacciné contre le tétanos à 2 mois, 4 mois, 11 mois, 6 ans et 13 ans. À partir du document 1, justifier que le patient, actuellement âgé de 33 ans, n'est plus à jour dans sa vaccination contre le tétanos.

Dans le cas d'un patient qui n'est plus à jour dans sa vaccination contre le tétanos, le médecin prescrit un test de dosage sanguin des anticorps spécifiques anti-toxine tétanique*. Le résultat du dosage permet de déterminer le traitement à lui appliquer sans tarder.

* Anticorps spécifiques anti-toxine tétanique : molécules produites par les lymphocytes (cellules impliquées dans les défenses immunitaires) suite à une vaccination contre le tétanos. Ces anticorps neutralisent la toxine tétanique, l'empêchant d'exercer son action.

DOCUMENT 2 **Protocole du dosage rapide des anticorps spécifiques anti-toxine tétanique dans le sang d'un patient**

• Une goutte de sang prélevée au niveau du doigt est déposée sur une plaquette-test, puis quelques gouttes d'un diluant sont ajoutées.
• Dix minutes plus tard, une ou deux bandes colorées apparaissent dans la zone de lecture.
– Si une seule bande se colore, le patient n'est pas ou est insuffisamment protégé contre le tétanos, le test est dit négatif.
– Si deux bandes se colorent, la personne est immunisée contre le tétanos, le test est dit positif.

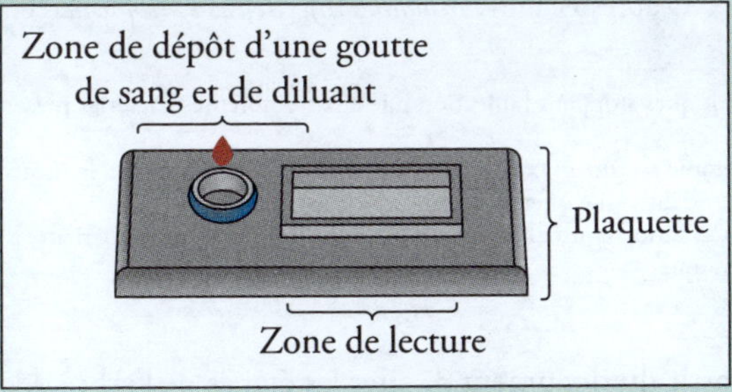

Plaquette utilisée pour le dosage rapide des anticorps anti-toxine tétanique

▶ **2.** À partir du document 2, réaliser le schéma légendé d'une plaquette-test correspondant à un résultat négatif de dosage des anticorps, obtenu pour un patient qui n'est plus immunisé contre le tétanos.

SVT

DOCUMENT 3 **Arbre décisionnel des étapes à suivre pour un patient blessé par un outil de jardinage**

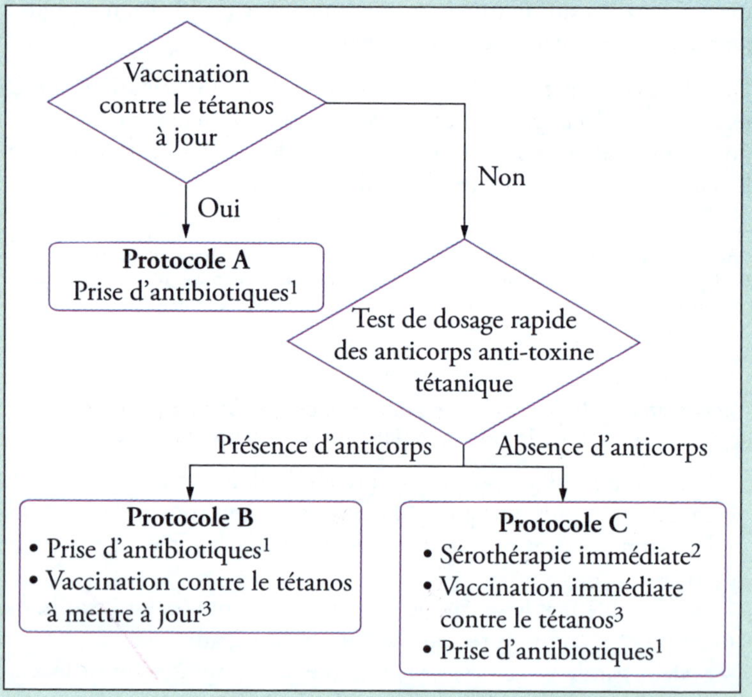

D'après E. Pilly, *Maladies infectieuses et tropicales*, CMIT, 2016.

1. Les antibiotiques stoppent l'infection due aux nombreuses bactéries présentes sur l'outil de jardinage.
2. La sérothérapie est une injection d'anticorps anti-toxine tétanique, la protection est quasi immédiate et ne dure que quelques jours.
3. Seule la vaccination contre le tétanos assure une immunisation supérieure à 10 ans contre la toxine tétanique.

▶ **3. a)** À partir du document 3, citer les étapes de l'arbre décisionnel qui amènent le médecin à appliquer le protocole C.

b) Les trois éléments du protocole C sont : la sérothérapie immédiate, la vaccination immédiate et la prise d'antibiotiques. À partir du document 3, justifier la nécessité des trois éléments du protocole C à appliquer à ce patient qui s'est blessé avec un outil de jardinage.

LES CLÉS DU SUJET

Comprendre les documents

• Le tableau du document 1 présente les différentes vaccinations qui doivent être faites au cours de la vie afin d'être protégé.

• Le texte et le schéma du document 2 expliquent le protocole de dosage rapide des anticorps anti-toxine tétanique utilisé afin de savoir si le patient est encore protégé contre la toxine tétanique.

• Le document 3 est un arbre décisionnel permettant de comprendre les étapes du diagnostic du médecin menant au choix d'un protocole de soin approprié.

Répondre aux questions

▶ **1.** Repère dans le tableau les injections nécessaires pour être à jour dans sa vaccination antitétanique et compare-les à celles que le patient a effectuées.

▶ **2.** Reproduis le schéma de la plaquette et lis bien le texte afin de savoir ce qu'on y voit en cas de résultat négatif.

▶ **3. a)** Suis les étapes du diagnostic et les résultats obtenus à chaque fois pour ce patient.

b) Lis bien les légendes de l'arbre du document 3, la plupart des informations nécessaires à ta réponse y sont notées.

CORRIGÉ 66

▶ **1.** Le patient a 33 ans : d'après le tableau il aurait dû faire des injections à 2 mois, 4 mois, 11 mois, 6 ans, 13 ans et 25 ans. D'après son carnet de santé, il a été vacciné à 2 mois, 4 mois, 11 mois, 6 ans et 13 ans. Seules les cinq premières injections ont été effectuées, il n'a pas eu son injection à 25 ans. Comme il est nécessaire de suivre le calendrier vaccinal, il n'est donc plus à jour dans sa vaccination contre le tétanos.

> REMARQUE
> Le vaccin contre le tétanos est en fait un vaccin mixte qui protège également contre la diphtérie et la poliomyélite.

SVT

▶ 2.

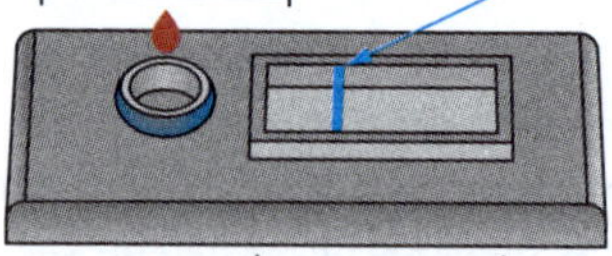

Schéma légendé d'une plaquette test correspondant à un résultat négatif

▶ 3. a) Étape 1 : vérifier si la vaccination contre le tétanos est à jour d'après le carnet de santé. Le patient n'est pas à jour de sa vaccination contre le tétanos.

Étape 2 : faire un test de dosage rapide des anticorps spécifiques anti-toxine tétanique qui s'avère ici négatif.

Étape 3 : comme il n'a pas d'anticorps contre la toxine tétanique, le protocole C est choisi afin d'injecter ces anticorps par sérothérapie immédiate et ainsi empêcher l'action de la toxine.

b) D'après le document 3 :

> CONSEIL
> Différencie bien l'utilisation du sérum de celle du vaccin.

• La prise d'antibiotiques permet la destruction des bactéries tétaniques qui étaient présentes sur l'outil de jardinage et stoppe l'infection.

• La sérothérapie immédiate consiste en l'injection d'anticorps anti-toxine tétanique puisque le patient n'en a pas. Ils vont neutraliser rapidement la toxine tétanique, cependant la protection ne dure que quelques jours.

• La vaccination immédiate contre le tétanos assure une immunisation à long terme (plus de 10 ans) en permettant au patient de produire ses propres anticorps anti-toxine tétanique. Mais cette immunisation se met en place en 5 à 6 jours et n'est donc pas active dès l'injection. En bilan :

• L'utilisation des antibiotiques permet d'empêcher le développement des bactéries et de l'infection, elle est curative (elle soigne).

• L'utilisation du sérum permet une défense contre la toxine à court terme, elle est curative.

• L'utilisation du vaccin permet une défense à long terme, elle est donc préventive en cas de nouveau contact avec la bactérie tétanique.

La combinaison de ces trois traitements permet au patient blessé par un outil de jardinage de détruire les bactéries présentes et les toxines tétaniques à court et à long terme, il est donc toujours protégé.

France métropolitaine • Juin 2018

TECHNOLOGIE • 25 points

Échographie

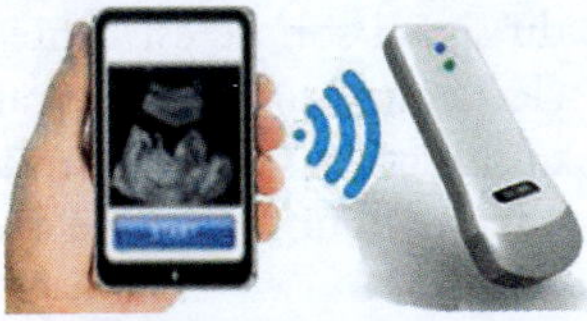

L'échographie est une technologie d'imagerie 2D qui permet de visualiser certaines parties du corps humain, non visibles à l'œil nu.

Un constructeur d'échographes souhaite intégrer une transmission des résultats d'une vidéo de l'échographie en haute définition (HD). Afin de garantir une bonne disponibilité de cet appareil, il est nécessaire d'améliorer l'autonomie de la batterie et d'indiquer l'état de sa charge électrique.

DOCUMENT 1 **Principe de fonctionnement d'un échographe portable**

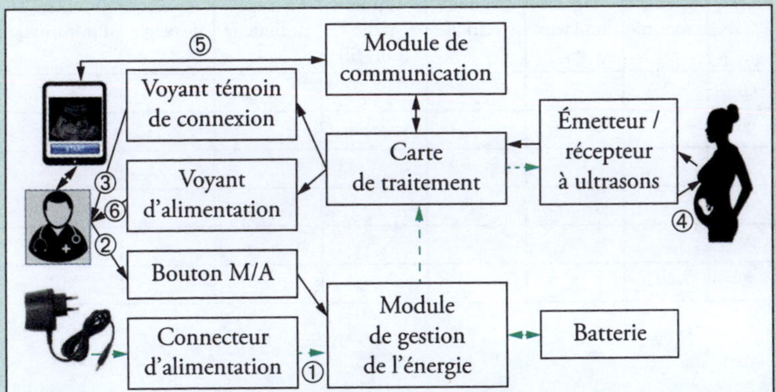

Diagramme simplifié des blocs internes

Lorsque le médecin appuie sur le bouton marche/arrêt (flèche ②), la carte de traitement est alimentée. Un voyant témoin de connexion avec la tablette est allumé (flèche ③).

La consigne de début et de fin d'acquisition des images, ainsi que sa visualisation, se font sur la tablette tactile. La tablette transmet les consignes (flèche ⑤) au module de communication qui les transmet à la carte de traitement.
La carte de traitement alimente l'émetteur à ultrasons en énergie électrique. L'émetteur à ultrasons convertit l'énergie électrique en signal sonore (flèche ④) qui se propage au sein du corps du patient. L'écho du signal sonore est capté par le récepteur qui le convertit en signal électrique transmis à la carte de traitement puis au module de communication. Celui-ci renvoie les résultats du traitement (flèche ⑤) à la tablette pour l'affichage des images.

▶ **1.** À l'aide du document 1 qui décrit le principe de fonctionnement d'un échographe ainsi que les flux (information et énergie) représentés par les flèches, compléter le tableau ci-dessous en mettant, pour chaque flèche numérotée, une croix pour identifier la nature et le type de flux de chaque liaison. *(6 points)*

Lien	**Nature de l'interaction**					**Type de flux**	
Flèche	Signal sonore	Signal lumineux	Courant électrique	Ondes radio (sans fil)	Consigne utilisateur	Flux d'énergie	Flux d'information
①							
②							
③							
④							
⑤							
⑥		X					X

▶ **2.** Pour une transmission de vidéo en HD, il est nécessaire d'adapter la solution technique pour le module de communication.

DOCUMENT 2 **Caractéristiques des technologies de transmission sans fil**

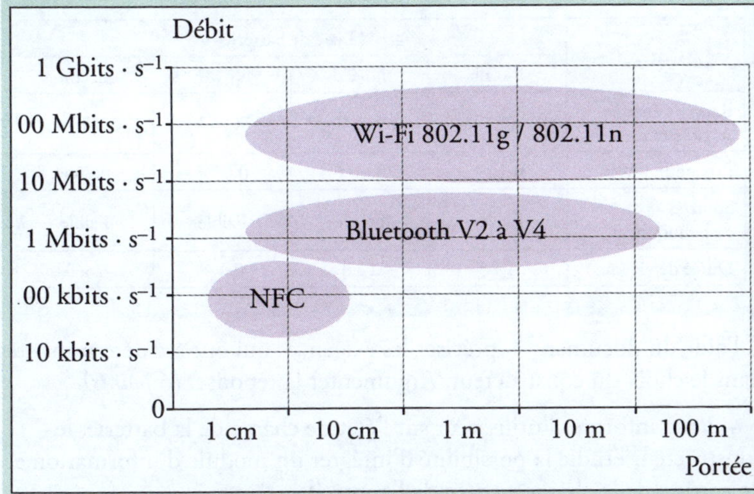

Comparaison de la portée et du débit de trois normes de connectivité sans fil

Débits nécessaires pour une transmission :

- d'une image d'échographie en 1 s → 128 kbits · s^{-1} (kilobits par seconde) ;
- d'une vidéo d'échographie haute définition → 10 Mbits · s^{-1} (mégabits par seconde).

À l'aide des données du document 2, choisir la solution technique que le constructeur doit intégrer au nouvel appareil et argumenter la réponse en précisant le ou les critères de choix. *(5 points)*

TECHNOLOGIE

▶ **3.** Afin de répondre aux exigences du cahier des charges, le constructeur remplace la batterie utilisée de type Ni-Cd par une batterie de type Li-ion.

DOCUMENT 3 **Caractéristiques des batteries**

Critère	Type de batterie			
	Plomb	Ni-Cd	Ni-Mh	Li-ion
Rapport énergie stockée/masse	$40\ Wh \cdot kg^{-1}$	$60\ Wh \cdot kg^{-1}$	$85\ Wh \cdot kg^{-1}$	$170\ Wh \cdot kg^{-1}$
Prix pour 1 Wh	0,15 €	0,60 €	0,65 €	0,70 €
Source de pollution	Élevée	Élevée	Faible	Faible
Durée de vie (ans)	4 à 5	2 à 3	2 à 4	2 à 3

À l'aide du document 3, préciser les exigences qui ont été déterminantes dans le choix du constructeur. Argumenter la réponse. *(6 points)*

▶ **4.** Pour informer l'utilisateur sur l'état de charge de la batterie, le constructeur étudie la possibilité d'intégrer un module d'information et de gestion de la charge au sein de l'appareil.

DOCUMENT 4 **Gestion de la charge de la batterie**

Un module de gestion gère la charge de la batterie et communique les informations suivantes à la carte de traitement :

- charge en cours – état vrai ou faux ;
- batterie déchargée – état vrai ou faux ;
- batterie chargée – état vrai ou faux.

L'information de l'utilisateur est réalisée à l'aide d'une LED tricolore respectant le principe de fonctionnement suivant.

En permanence :

- lorsque la batterie est en charge, la LED clignote en orange (1 s allumée, 1 s éteinte) ;
- lorsque la batterie est en charge et qu'elle a atteint son niveau chargé, la LED s'allume en vert ;
- si la batterie est déchargée, la LED s'éclaire en rouge.

À l'aide du document 4, compléter ci-après la modélisation du programme de gestion du voyant d'alimentation de l'appareil d'échographie.

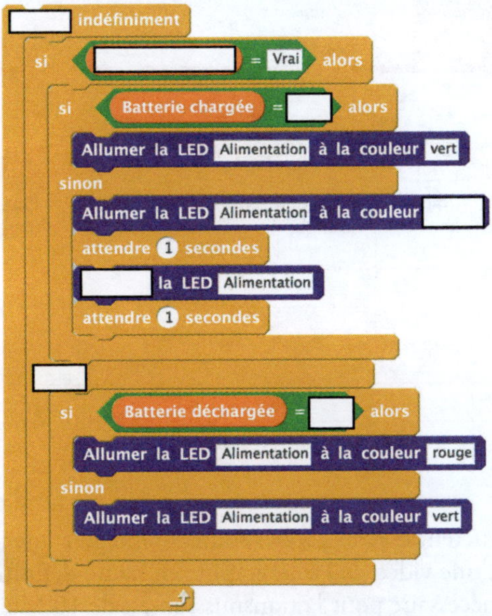

LES CLÉS DU SUJET

■ Comprendre les documents

- Le document 1 décrit le fonctionnement de l'échographe.
- Le document 2 compare, sous forme de graphique, trois technologies de transmission de l'information.
- Le document 3 compare quatre types de batterie.
- Le document 4 présente la charge d'une batterie sous la forme d'un algorithme.

■ Répondre aux questions

▶ **1.** Coche une case par ligne dans la partie « nature de l'interaction » et une case dans la partie « type de flux ». Observe bien les flèches dans le document 1 : les flèches vertes sont utilisées pour illustrer les flux d'énergie et les flèches noires pour le flux d'information.

▶ **2.** Indique quelle technologie de transmission utiliser et donne ses avantages par rapport aux deux autres.

▶ **3.** Identifie tous les avantages des batteries Li-ion par rapport aux autres batteries.

▶ **4.** Traduis l'algorithme en programme.

CORRIGÉ 67

▶ **1.**

Lien	Nature de l'interaction					Type de flux	
Flèche	Signal sonore	Signal lumineux	Courant électrique	Ondes radio (sans fil)	Consigne utilisateur	Flux d'énergie	Flux d'information
①			X			X	
②					X		X
③		X					X
④	X						X
⑤				X			X
⑥		X					X

▶ **2.** Le constructeur d'échographes souhaite intégrer une transmission des résultats d'une vidéo de l'échographie en haute définition. Pour cela, le débit nécessaire pour la transmission est de 10 Mbits · s^{-1}.

Le Wi-Fi est la seule technologie de transmission sans fil, présent sur le document 2, à répondre à cette attente, le débit des technologies Bluetooth et NFC est insuffisant.

De plus, le Wi-Fi a une portée plus importante.

▶ **3.** Afin de garantir une bonne disponibilité de l'échographe, le constructeur veut améliorer l'autonomie de la batterie.

Parmi les quatre types de batterie proposés dans le document 3, la batterie Li-ion est celle qui a le rapport énergie stockée/masse le plus élevé. Donc, à poids égal, elle permettra à l'échographe de fonctionner environ trois fois plus longtemps.

De plus, ce type de batterie est moins polluant que les batteries Ni-Cd précédemment utilisées.

Ces avantages sont obtenus pour un coût à peine plus élevé, celui-ci est donc négligeable quant à l'avantage d'autonomie.

Enfin, la durée de vie des batteries Li-ion est identique à celle des batteries Ni-Cd.

▶ 4.

```
Répéter indéfiniment
    si < Charge en cours = Vrai > alors
        si < Batterie chargée = Vrai > alors
            Allumer la LED Alimentation à la couleur vert
        sinon
            Allumer la LED Alimentation à la couleur Orange
            attendre 1 secondes
            éteindre la LED Alimentation
            attendre 1 secondes
    sinon
        si < Batterie déchargée = Vrai > alors
            Allumer la LED Alimentation à la couleur rouge
        sinon
            Allumer la LED Alimentation à la couleur vert
```

CONSEIL
Lis bien l'algorithme donné en document 3.

TECHNOLOGIE

Amérique du Sud • Novembre 2017

PHYSIQUE-CHIMIE • 25 points

Énergie et vie quotidienne

Pour chauffer de l'eau, on peut utiliser différents appareils : un thermoplongeur, un réchaud à gaz, un réchaud électrique, un réchaud à alcool.

Thermoplongeur	Réchaud à gaz
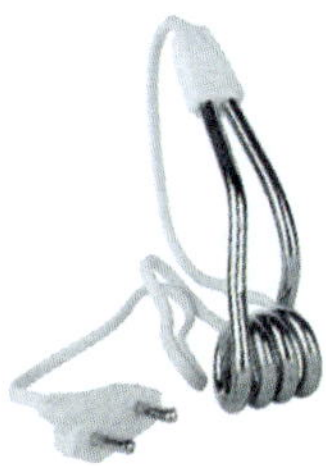 ph © Sergiy Kuzmin/Shutterstock	 ph © Full image/ stock.adobe.com

Réchaud électrique	Réchaud à alcool
 ph © Vladimir Konjuskenko/ Stock.adobe.com	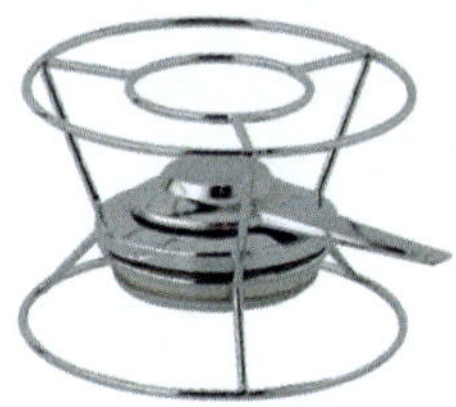 ph © Roger Orlève/DR

DOCUMENT **Plaques signalétiques de deux appareils électriques**

Thermoplongeur	Réchaud électrique
Type : / 758 CE 230 V~ 50 HZ 240 W Serie Nr. Z1239 /05/653	Type : / 56 CE 230 V~ 50 HZ 1500 W Serie Nr H 5 / 2039/ FR

▶ **1.** Donner la valeur de la puissance électrique du thermoplongeur. Justifier la réponse.

▶ **2.** On utilise le thermoplongeur pour chauffer de l'eau pendant deux minutes.
Calculer, en joules, l'énergie électrique consommée par le thermoplongeur.

▶ **3.** Les quatre appareils sont des convertisseurs d'énergie. Sur le schéma de conversion suivant, compléter les pointillés pour décrire la conversion d'énergie effectuée par le thermoplongeur. Faire de même pour le réchaud à alcool.

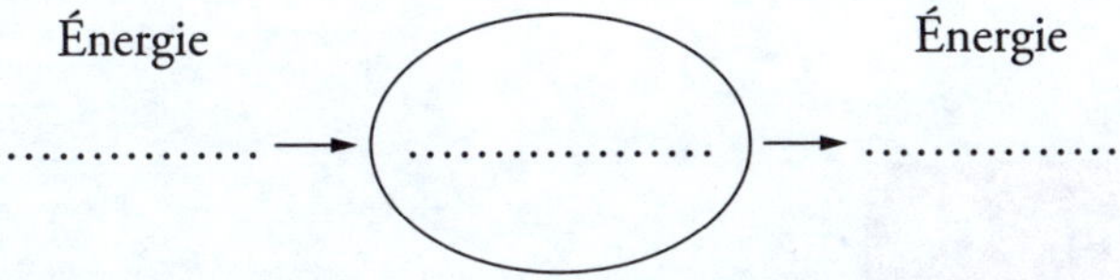

▶ **4.** On souhaite comparer expérimentalement l'efficacité du réchaud à gaz et celle du réchaud électrique pour chauffer de l'eau. Pour cela, il faut se placer dans des conditions expérimentales bien choisies. Parmi les propositions suivantes, identifier celles qui satisfont aux conditions expérimentales à privilégier. Cocher la bonne réponse.

a) La quantité d'eau à chauffer :
- ❑ doit être identique pour les deux réchauds.
- ❑ peut être différente.

b) La température initiale de l'eau à chauffer :
- ❑ doit être identique pour les deux réchauds.
- ❑ peut être différente.

c) La prise en compte de la durée du chauffage :
- ❑ est nécessaire.
- ❑ n'est pas nécessaire.

d) Le récipient contenant de l'eau :
- ❑ doit être le même pour les deux réchauds.
- ❑ peut être différent.

▶ **5.** Rédiger un protocole expérimental permettant de comparer l'efficacité d'un réchaud à gaz et celle d'un réchaud électrique. On pourra s'aider d'un schéma légendé.

LES CLÉS DU SUJET

■ Comprendre les documents

Le document montre les caractéristiques du thermoplongeur et celles du réchaud électrique.

■ Répondre aux questions

▶ **1.** Utilise tes connaissances et justifie ta réponse à l'aide des unités.

▶ **5.** Un protocole doit être le plus précis possible. Un schéma rend le protocole bien plus clair.

CORRIGÉ 68

▶ **1.** La puissance électrique s'exprime en watts (W). La puissance du thermoplongeur est donc : $P = 240$ W.

▶ **2.** L'énergie électrique est donnée par la formule :
$E = P \times t = 240 \times (2 \times 60) = 28\,800$ J $= 2,88 \times 10^4$ J.

> REMARQUE
> Pour trouver l'énergie en joules, il faut convertir le temps en secondes.

▶ **3.** Pour le thermoplongeur :

Énergie électrique → Thermoplongeur → Énergie thermique

Pour le réchaud à alcool :

Énergie chimique → Réchaud à alcool → Énergie thermique

▶ **4.** Les conditions expérimentales à privilégier sont donc les suivantes.

a) La quantité d'eau à chauffer doit être identique pour les deux réchauds.

b) La température initiale de l'eau à chauffer doit être identique pour les deux réchauds.

> INFO +
> Pour comparer deux systèmes, il faut les placer dans des conditions identiques.

c) La prise en compte de la durée du chauffage est nécessaire.

d) Le récipient contenant de l'eau doit être le même pour les deux réchauds.

▶ **5.** Pour comparer l'efficacité d'un réchaud à gaz à celle d'un réchaud électrique :

• On verse 300 mL d'eau dans deux béchers identiques qui supportent le chauffage.

• On plonge un thermomètre dans chaque bécher et on s'assure que la température des liquides est identique.

• On place les béchers sur chaque réchaud que l'on met en marche simultanément.

• On mélange les deux liquides à l'aide d'agitateurs, puis on arrête le chauffage par les deux réchauds simultanément.

• On lit sur les thermomètres les températures atteintes par les liquides dans les deux béchers : le réchaud qui permet d'atteindre la température la plus élevée est le plus efficace.

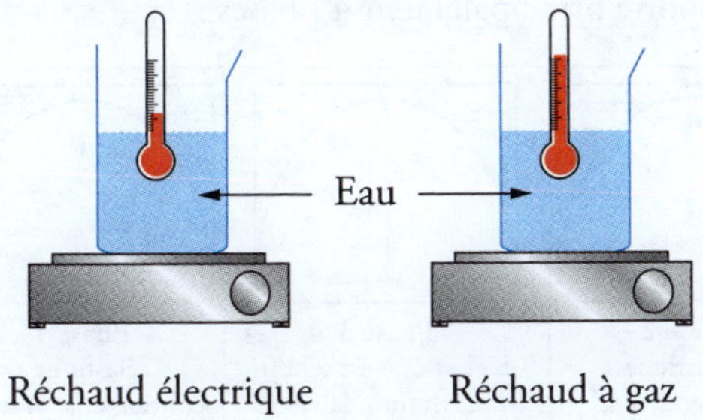

Schéma d'expérience pour comparer l'efficacité de deux réchauds

CONSEIL
Simplifie au maximum les réchauds : il suffit de dessiner des rectangles et de les annoter.

PHYSIQUE-CHIMIE

SUJET 69

Centres étrangers • Juin 2018

PHYSIQUE-CHIMIE • 25 points

Le saut à l'élastique

Le saut à l'élastique consiste à se jeter depuis un point situé en hauteur, en étant accroché à un élastique.

Dans ce sujet, nous nous intéresserons au mouvement d'un sauteur et à ses sensations, puis nous nous concentrerons sur le choix des élastiques.

ph © vulkanov – stock.adobe.com

Un saut à l'élastique comporte principalement 4 phases :

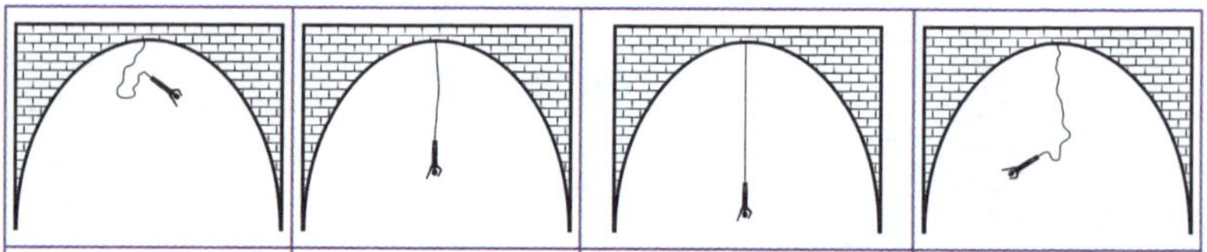

Phase 1	Phase 2	Phase 3	Phase 4
Chute libre durant laquelle la vitesse augmente	L'élastique commence à se tendre, le sauteur ralentit	L'élastique est tendu au maximum, la vitesse du sauteur s'annule un bref instant	L'élastique se contracte, le sauteur remonte en reprenant de la vitesse

Une fois ces 4 phases passées, le sauteur subit encore quelques oscillations avant de s'immobiliser définitivement.

On donne ci-contre la représentation graphique des variations de la vitesse du sauteur en fonction du temps :

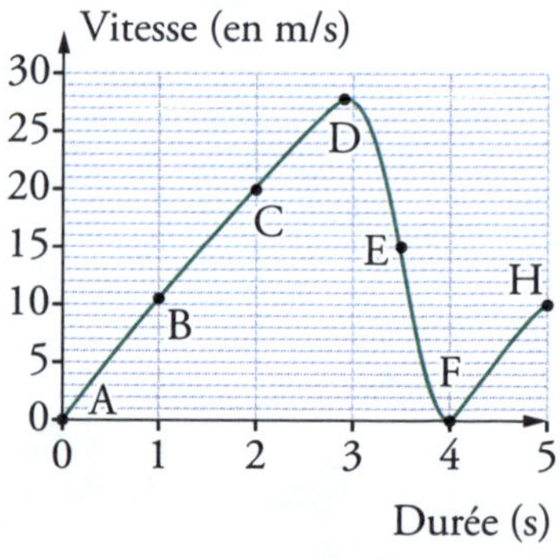

1. MOUVEMENT DU SAUTEUR 6 POINTS

▶ **1.** Repérer la partie du graphique qui correspond à la phase 1. Justifier brièvement.

▶ **2.** Indiquer la phase du saut qui correspond au point F.

▶ **3.** La force de pesanteur (le poids du sauteur) modélise l'une des actions mécaniques s'exerçant sur le sauteur lors de sa chute. Préciser la direction et le sens de cette force.

2. ÉNERGIE DU SAUTEUR ET CONVERSION 11 POINTS

▶ **1.** En utilisant les termes « énergie potentielle » et « énergie cinétique », décrire la conversion d'énergie qui a lieu lors de la phase 1 du saut.

▶ **2.** À l'aide du graphique, déterminer la valeur maximale de la vitesse atteinte par le sauteur.

▶ **3.** En déduire, par un calcul, que la valeur maximale de l'énergie cinétique du sauteur de 78 kg (équipement inclus) est de l'ordre de 30 000 J.

▶ **4.** Le tableau ci-dessous donne l'énergie cinétique de différents véhicules à une vitesse donnée.

Objets	Vitesse	Énergie cinétique
Camion + chauffeur	30 km/h	120 550 J
Moto + motard	65 km/h	26 000 J
Vélo + cycliste	12 km/h	425 J

En comparant la valeur maximale de l'énergie cinétique obtenue à la question **3.** à celle d'un véhicule en mouvement, préciser le rôle de l'élastique.

3. SENSATION LORS DU SAUT 3 POINTS

Durant le saut, le sauteur éprouve des sensations qui sont associées à la production d'adrénaline, substance dont la formule chimique est $C_9H_{13}O_3N$. Préciser le nom et le nombre de chacun des atomes présents dans une molécule d'adrénaline.
Donnée : extrait de la classification périodique.

1 H HYDROGÈNE							2 He HÉLIUM
3 Li LITHIUM	4 Be BÉRYLLIUM	5 B BORE	6 C CARBONE	7 N AZOTE	8 O OXYGÈNE	9 F FLUOR	10 Ne NÉON
11 Na SODIUM	12 Mg MAGNÉSIUM	13 Al ALUMINIUM	14 Si SILICIUM	15 P PHOSPHORE	16 S SOUFRE	17 Cl CHLORE	18 Ar ARGON

4. CHOIX DE L'ÉLASTIQUE 5 POINTS

Il existe différents modèles d'élastique, adaptés au sauteur et aux conditions de saut. Voici quelques modèles d'élastique disponibles dans un club :

Modèle d'élastique	Poids du sauteur	Longueurs disponibles pour chaque modèle	Longueur maximale
XS	250 N à 450 N	15 m ; 30 m ; 50 m	3 fois la longueur initiale
S	400 N à 700 N		
M	650 N à 950 N		
L	900 N à 1 200 N		

Pour concilier sensations fortes et sécurité, les clubs fixent généralement une distance d'au moins 10 m entre le sol et le point le plus bas atteint lors de la chute.

Parmi les modèles disponibles, choisir un élastique qui convient, pour un sauteur de 78 kg (équipement inclus), s'élançant du pont de Ponsonnas haut de 103 m.

Préciser le modèle et la longueur de l'élastique retenu. Justifier.

Toute démarche sera valorisée.

Donnée : l'intensité de la pesanteur sur Terre a pour valeur $g = 9{,}8$ N/kg.

LES CLÉS DU SUJET

■ Analyser les documents

Ce sujet ne contient pas de documents à proprement parler mais l'introduction contient :

– un diagramme qui présente les 4 phases d'un saut à l'élastique ;

– un graphique des variations de la vitesse du sauteur en fonction du temps.

La question 4 contient une introduction qui condense beaucoup d'informations sur les modèles de différents élastiques et les critères de sécurité à respecter lors des sauts : souligne ce qui est important.

■ Comprendre les questions

Partie 1

▶ **3.** Sois vigilant, le sens et la direction d'une force sont deux notions distinctes : ne les confonds pas !

Partie 2

▶ **1.** Rappelle-toi qu'un objet placé à une certaine hauteur contient de l'énergie.

▶ **4.** Tu trouveras ce qu'on appelle « le rôle » de l'élastique en lisant son action dans les différentes phases du saut.

Partie 3

Utilise le tableau de classification périodique fourni.

Partie 4

Relis bien et utilise les éléments fournis pour effectuer tes calculs. Ces calculs te permettront de justifier ton choix d'élastique.

CORRIGÉ 69

1. MOUVEMENT DU SAUTEUR

▶ **1.** La phase 1 correspond sur le graphique à la partie qui va du point A au point D car, lors de la phase 1, le sauteur chute et sa vitesse augmente. La courbe croit de A jusqu'à D.

▶ **2.** Le point F correspond à la phase 3 car la vitesse du sauteur s'annule pendant cette phase très courte.

▶ **3.** Le poids est une action de direction verticale dont le sens est dirigé vers le sol.

CONSEIL
Utilise le mot « vers » pour indiquer le sens.

2. ÉNERGIE DU SAUTEUR ET CONVERSION

▶ **1.** Au début de la phase 1, le sauteur ne possède que de l'énergie potentielle. Lorsque sa chute commence, sa vitesse croît et il acquiert de l'énergie cinétique. On peut donc dire que l'énergie potentielle est convertie en énergie cinétique sans aucune perte lors de la phase 1.

▶ **2.** La valeur maximale de la vitesse est celle qui est donnée par le point D sur le graphique :
$V_{max} = 28$ m/s.

PHYSIQUE-CHIMIE

▶ **3.** L'énergie cinétique maximale correspond à la vitesse maximale du sauteur :

$$E_c = \frac{1}{2} m {V_{max}}^2 = \frac{1}{2} \times 78 \times 28^2 = 30\ 576 \text{ J}.$$

> GAGNE DES POINTS
> Écris et utilise la formule de E_c donnée en classe.

En effet l'énergie cinétique est de l'ordre de 30 000 J.

▶ **4.** L'énergie maximale acquise par le sauteur à la fin de la phase 1 est comparable à celle d'un motard et de sa moto allant à 65 km/h. L'élastique se tend à partir de cet instant, son rôle est de ralentir le sauteur jusqu'à ce qu'il s'arrête. De cette façon le sauteur ne s'arrête pas brusquement.

3. SENSATION LORS DU SAUT

L'adrénaline contient 9 atomes de carbone, 13 atomes d'hydrogène, 3 atomes d'oxygène et un seul atome d'azote.

4. CHOIX DE L'ÉLASTIQUE

Pour choisir l'élastique pour ce saut, il faut effectuer deux calculs :

> CONSEIL
> Utilise la dernière colonne du tableau pour calculer la longueur maximale de l'élastique et n'oublie pas le poids dont tu donneras la formule.

• Le poids du sauteur :

$P = m \cdot g = 78 \times 9{,}8 = 764{,}4$ N.

On constate que $650 \text{ N} < P < 950 \text{ N}$.
Le modèle choisi doit être un modèle M.

• La longueur maximale de l'élastique : elle est 3 fois la longueur initiale, quel que soit le modèle.

Le modèle de 15 m a une longueur maximale : $L_1 = 15 \times 3 = 45$ m.

Le modèle de 30 m a une longueur maximale : $L_2 = 30 \times 3 = 90$ m.

Le modèle de 50 m a une longueur maximale : $L_3 = 50 \times 3 = 150$ m.

On constate que L_3 dépasse la hauteur du pont et L_1 paraît trop court et ne donnera pas une bonne sensation lors du saut. On choisira donc le modèle de 30 m dont la longueur est suffisante et dont le point le plus bas atteint par le modèle est situé à 13 m du sol : distance supérieure aux 10 m fixée pour la sécurité du sauteur.

On choisira donc un modèle M de 30 m.

Amérique du Nord • Juin 2018

PHYSIQUE-CHIMIE • 25 points

Conservation du lait

Source de calcium et de vitamines, le lait est un aliment complet, mais c'est un produit fragile. Dès la traite, on instaure une chaîne du froid pour le conserver.

Toute réponse, même incomplète, montrant la démarche de recherche du candidat sera prise en compte dans la notation.

1. ÉTUDE PHYSICO-CHIMIQUE D'UN LAIT

Le lait est un mélange (émulsion) de matières grasses (lipides) dans l'eau.

DOCUMENT 1 **Caractéristiques du lait étudié**

Les masses de constituants sont données pour 100 g de lait.

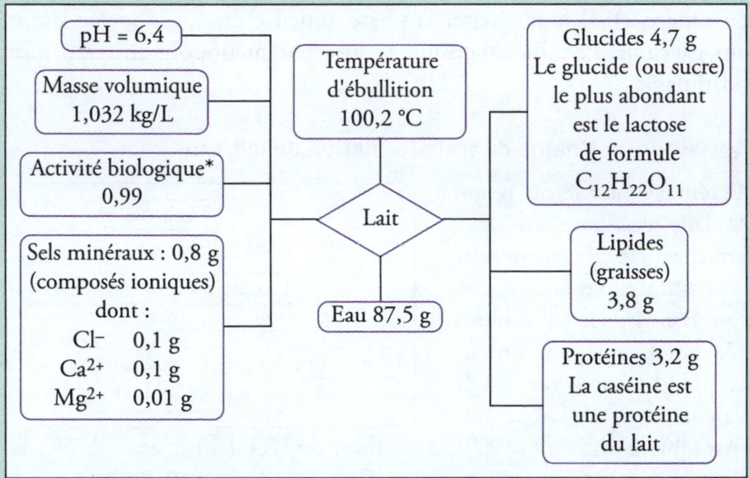

* Plus l'activité biologique est proche de 1, plus le risque de développement de micro-organismes est élevé.

▶ **1.** Indiquer la composition atomique de la molécule de lactose.

▶ **2.** D'après la réglementation sanitaire européenne, la conservation des produits alimentaires est autorisée à température ambiante quand l'une des trois conditions suivantes est vérifiée :
– activité biologique $< 0,91$;
– pH $< 4,5$;
– activité biologique $< 0,95$ et pH $< 5,2$.
Expliquer pourquoi le lait étudié doit être conservé au froid.

▶ **3.** La poudre de lait est fabriquée en évaporant totalement l'eau contenue dans le lait.
a) Déterminer la masse de poudre de lait qu'il est possible d'obtenir à partir d'un kilogramme du lait étudié.
b) On fabrique de la poudre de lait à partir d'un litre du lait étudié. Expliquer sans calcul si la masse de poudre de lait obtenue est inférieure, identique ou supérieure à la valeur trouvée à la question **3. a)**.

2. ANALYSE DU LACTOSÉRUM

L'une des méthodes les plus anciennes de conservation du lait est la fabrication de fromage. Le lait cru subit alors une chaîne de transformation (document 2). Il faut séparer la phase aqueuse du lait, appelée lactosérum, du caillé. Le caillé est ensuite traité séparément pour être transformé en fromage.

DOCUMENT 2 **Chaîne de transformation du lait cru**

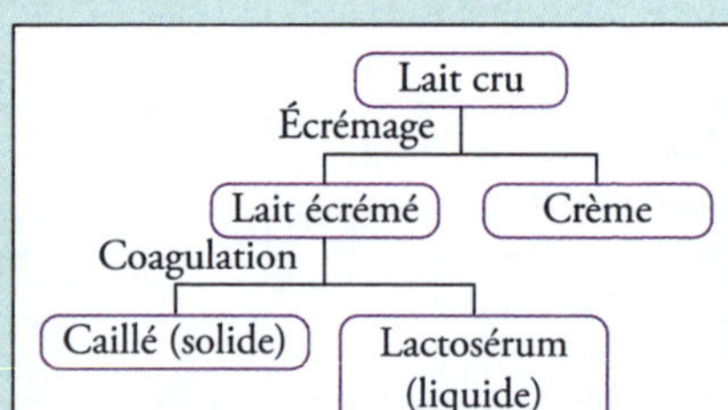

Écrémage : laissé au repos, le lait se sépare en deux couches. La crème remonte à la surface. Le liquide restant constitue le lait écrémé.
Coagulation : on amène le pH du lait écrémé à la valeur de 4,6. Un solide insoluble dans l'eau se dépose au fond du récipient, c'est le caillé. Le liquide qui surnage est appelé lactosérum. Il est constitué d'eau, de lactose, de sels minéraux et de quelques protéines solubles dans l'eau.

DOCUMENT 3 **Quelques tests d'identification d'ions**

Ion testé	Ion magnésium Mg^{2+}	Ion chlorure Cl^-	Ion Calcium Ca^{2+}
Réactif	Solution d'hydroxyde de sodium	Solution de nitrate d'argent	Solution d'oxalate de sodium
Couleur du solide (précipité) obtenu	Blanc	Blanc noircissant à la lumière	Blanc

▶ **3.** En exploitant le document 2, expliquer pourquoi on peut faire l'hypothèse que le lactosérum est acide.

▶ **4.** En utilisant le document 3, proposer un protocole expérimental permettant de prouver la présence d'ions chlorure dans le lactosérum. On pourra formuler la réponse sous forme de texte et/ou de schémas.

LES CLÉS DU SUJET

■ Comprendre les documents

• Le document 1 est un diagramme qui présente les constituants du lait, leurs masses dans 100 g de celui-ci et certaines de ses caractéristiques.

• Le document 2 présente une chaîne de transformation du lait cru en fromage. Ce document donne aussi deux définitions qui contiennent des informations importantes.

• Le document 3 rappelle les tests de reconnaissance de trois ions.

■ Répondre aux questions

▶ **2.** Utilise les informations du diagramme du document 1 pour répondre.

▶ **3.** Utilise les définitions données dans le document 2.

CORRIGÉ 70

1. ÉTUDE PHYSICO-CHIMIQUE D'UN LAIT

▶ **1.** La molécule de lactose est composée de 12 atomes de carbone, 22 atomes d'hydrogène et 11 atomes d'oxygène.

▶ **2.** Le lait étudié a une activité biologique de 0,99 et un pH = 6,4. On constate que son activité est supérieure aux deux valeurs données dans la question et plus cette l'activité est proche de 1, plus il y a de risque de développement de bactéries dans le lait. De même, son pH est plus élevé : $6{,}4 > 5{,}2 > 4{,}5$.

Le lait n'est pas protégé par son acidité. Il doit donc être conservé au froid car il ne satisfait aucune des trois conditions autorisant sa conservation à température ambiante.

▶ **3. a)** D'après le document 1, dans 100 g de lait, il y 87,5 g d'eau. Cette quantité d'eau sera évaporée. Il restera donc :

$100 - 87{,}5 = 12{,}5$ g de poudre de lait.

> GAGNE DES POINTS
> Pose tes calculs clairement pour 100 g de lait avant de répondre.

Dans 1 kg de lait il y a 10 fois plus de lait et donc 10 fois plus de matière sèche donc : $10 \times 12{,}5 = 125$ g de poudre de lait.

b) D'après la masse volumique donnée dans le document 1, 1 L de lait a une masse $m = 1\ 032$ g.

On constate que $m > 1$ kg. La masse de poudre obtenue à partir d'une masse m de lait sera donc supérieure à 125 g.

> INFO +
> Utilise l'une des caractéristiques données dans le document 1.

2. ANALYSE DU LACTOSÉRUM

▶ **3.** Le lactosérum est le liquide qui surnage dans le lait écrémé acidifié. D'après le document 2, son pH est 4,6. Or toute solution dont le ph < 7 est acide. Le lactosérum est donc acide.

▶ **4.** Protocole : on verse 3 mL de lactosérum dans un tube à essais, on ajoute quelques gouttes de nitrate d'argent au contenu du tube à essais. Un précipité blanc apparaît, il noircit à la lumière. Ce test prouve la présence des ions chlorure dans le lactosérum.

> REMARQUE
> Un schéma clair et très complet peut remplacer un protocole écrit.

SUJET 71

Nouvelle-Calédonie • Décembre 2017

PHYSIQUE-CHIMIE • 25 points

L'électrocardiogramme

L'électrocardiogramme (ECG) est un examen indolore pratiqué dans le cadre du dépistage ou du diagnostic de différentes cardiopathies (maladies du cœur). Lors de cet examen, des électrodes sont posées sur la poitrine, les poignets et les chevilles. Elles permettent d'enregistrer l'activité électrique du cœur.
Voici l'enregistrement de l'activité électrique du cœur d'un patient :

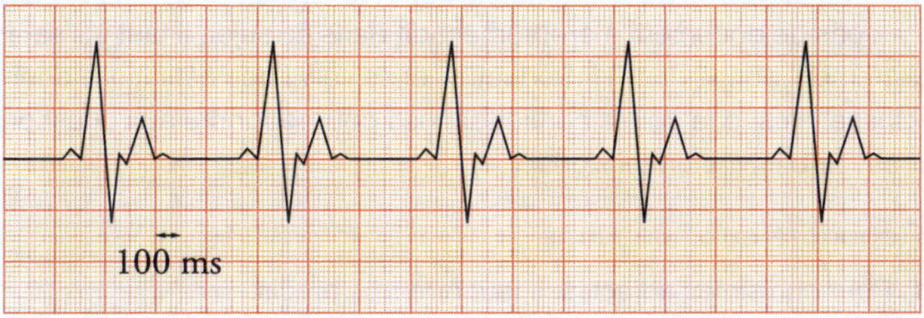

▶ **1.** Choisir parmi les adjectifs suivants ceux qui correspondent à ce signal en les justifiant :
continu – alternatif – variable – périodique – sinusoïdal – triangulaire.

▶ **2.** Définir la période d'un phénomène périodique.

▶ **3.** Repasser en couleur sur l'enregistrement un motif élémentaire du signal.

▶ **4.** En travaillant sur le graphique, montrer à l'aide de l'échelle que la période T de cet enregistrement vaut environ 700 ms.

▶ **5.** Sachant que la fréquence f en hertz d'un signal se calcule à partir de la période T selon la formule : $f = \frac{1}{T}$ avec T en secondes (s).
Calculer la fréquence du cœur du patient (arrondir le résultat au centième de hertz).

▶ **6.** La fréquence f d'un signal correspond au nombre de motifs par seconde.
Sachant que le rythme cardiaque d'un patient correspond au nombre de battements par minute, calculer le rythme cardiaque du patient.

PHYSIQUE-CHIMIE

▶ **7.** Le patient souhaite se présenter aux sélections internationales des spationautes. Une visite médicale est obligatoire au cours de laquelle l'électrocardiogramme ci-dessus est réalisé.
À l'issue de cette première phase, seuls les candidats ayant un cœur qui, au repos, bat entre 60 et 90 pulsations par minute pourront continuer la suite des tests.
Le patient passera-t-il la première phase de test ? Justifier.

▶ **8.** Donner un exemple de phénomène périodique dans la vie de tous les jours avec sa période.

LES CLÉS DU SUJET

■ Comprendre les documents

Il n'y a pas de document à proprement dit dans ce sujet. Il faut utiliser l'enregistrement donné dans l'introduction et se servir des définitions données en classe, ainsi que de tes connaissances pour répondre aux questions. Il faut savoir bien lire un tel signal.

■ Répondre aux questions

▶ **1.** Pour choisir les adjectifs, il faut être très précis.
▶ **5.** N'oublie pas de convertir la période en secondes.
▶ **6.** Il faut savoir que le nombre de motifs est le nombre de battements sur le graphique donné pour calculer ce qui est demandé.

CORRIGÉ 71

▶ **1.** Les adjectifs correspondant au signal sont :

• alternatif, car cette tension prend des valeurs positives et négatives alternativement ;

• variable, car la valeur de la tension n'est pas constante au cours du temps ;

• périodique, car la tension ou la forme de la tension se répète identiquement à elle-même au bout d'intervalles de temps égaux.

▶ **2.** La période est la durée minimale au bout de laquelle un phénomène périodique se reproduit identiquement à lui-même.

▶ **3.**

INFO +
Un motif élémentaire est la forme qui se répète.

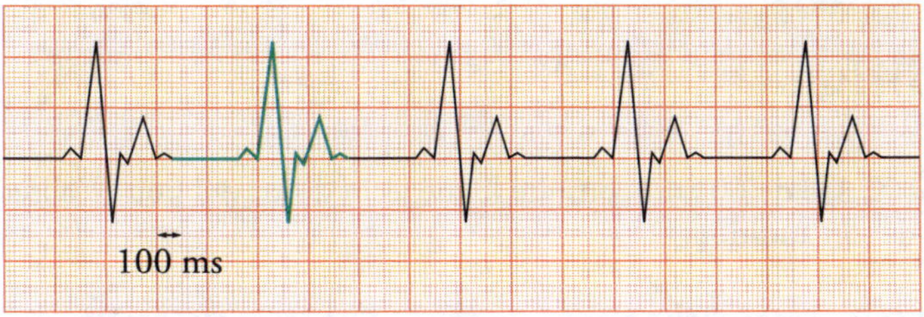

▶ **4.** La période s'obtient en utilisant l'échelle donnée sur le graphique.

$T = 7 \times 100$ ms $= 700$ ms.

▶ **5.** La fréquence se calcule avec :

$$f = \frac{1}{T} = \frac{1}{0{,}7} = 1{,}43 \text{ Hz.}$$

CONSEIL
Il est plus facile de lire la période de « pic à pic » : partez du deuxième grand pic jusqu'au troisième.

▶ **6.** Il y a donc 1,43 motif par seconde.
Chaque motif correspond à un battement.

Dans une minute il y a 60 secondes, il faut donc multiplier f par 60.

Rythme cardiaque : $1{,}43 \times 60 = 86$ battements/min.

▶ **7.** Le cœur du patient bat à 86 battements/min ce qui est compris entre 60 et 90 battements/min. Il passera donc la première phase de test.

▶ **8.** Un exemple de phénomène périodique est la rotation des aiguilles d'une montre. La période de la grande aiguille (celle des minutes) est d'une heure.

REMARQUE
Il ne suffit pas que le phénomène se répète, il faut aussi qu'il se répète au bout de durées identiques pour être considéré comme périodique.

SUJET 72

Amérique du Nord • Juin 2018
SVT • 25 points

L'audition

Monsieur X, âgé de 60 ans, consulte le médecin du travail pour réaliser un bilan de son audition.

DOCUMENT 1 **Tests d'audition réalisés chez un individu témoin et chez monsieur X**

Le médecin réalise un audiogramme qui permet de mesurer une éventuelle perte d'audition. On mesure les pertes d'audition en décibels (dB) en fonction de la fréquence des sons, des sons graves (basses fréquences) aux sons aigus (hautes fréquences). Le résultat est présenté sur le graphique ci-dessous.
Si la perte d'audition est inférieure à 20 dB, l'audition est considérée comme normale.

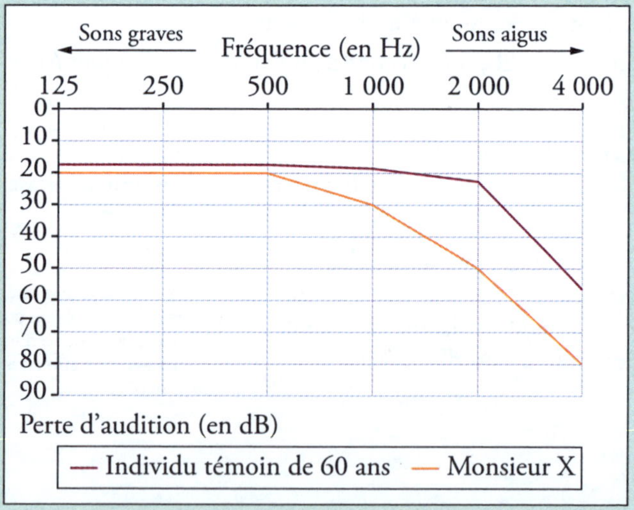

Graphique construit à partir des sources : www.cochlea.eu ; crdp.ac-amiens.fr ; www.uvmt.org ; campus.cerimes.fr

▶ **1.** À partir du document 1, cocher la bonne réponse :

a) Le graphique du document 1 représente :
- ❑ la perte d'audition en fonction du sexe de l'individu
- ❑ la perte d'audition en fonction de la fréquence des sons
- ❑ une mesure du volume sonore

b) Pour une fréquence de 1 000 Hz, un individu témoin de 60 ans a :
- ❑ une perte d'audition égale à environ 20 dB
- ❑ une perte d'audition égale à environ 5 dB
- ❑ une perte d'audition égale à environ 40 dB

c) À 60 ans, la perte d'audition chez un individu témoin est :
- ❑ plus importante pour les sons aigus que pour les sons graves
- ❑ plus importante pour les sons graves que pour les sons aigus
- ❑ constante quelle que soit la fréquence des sons

DOCUMENT 2 **La perception du son**

Monsieur X cherche des explications à ses troubles auditifs et se renseigne sur le fonctionnement de l'oreille.

Dans l'oreille interne, de nombreuses cellules ciliées interviennent dans la perception du son. Ces cellules ciliées transforment les vibrations sonores en signal électrique (message nerveux) transmis par le nerf auditif jusqu'au cerveau, ce qui nous permet d'entendre le son.

Ces cellules ciliées sont fragiles et elles peuvent être abîmées et détruites si l'oreille est « agressée » (bruit intense et brutal, sons trop aigus, durée d'écoute prolongée à un niveau sonore supérieur à 85 décibels (dB)).

D'après www.ecoute-ton-oreille.com

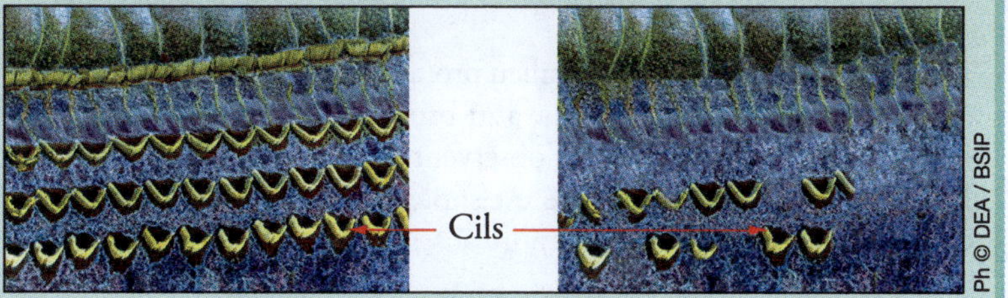

Photographie de cellules ciliées d'un individu ayant une audition normale

Photographie de cellules ciliées d'un individu (de même type que monsieur X) atteint de troubles auditifs sévères

D'après http://cochlea.eu/

SVT

▶ **2.** Comparer la perte d'audition de monsieur X avec celle d'un individu témoin de même âge, pour des fréquences de 125 à 500 Hz, puis pour des fréquences de 500 à 4 000 Hz. Quelques valeurs numériques sont attendues pour la réponse.

DOCUMENT 3 **Différents niveaux sonores et leurs effets**

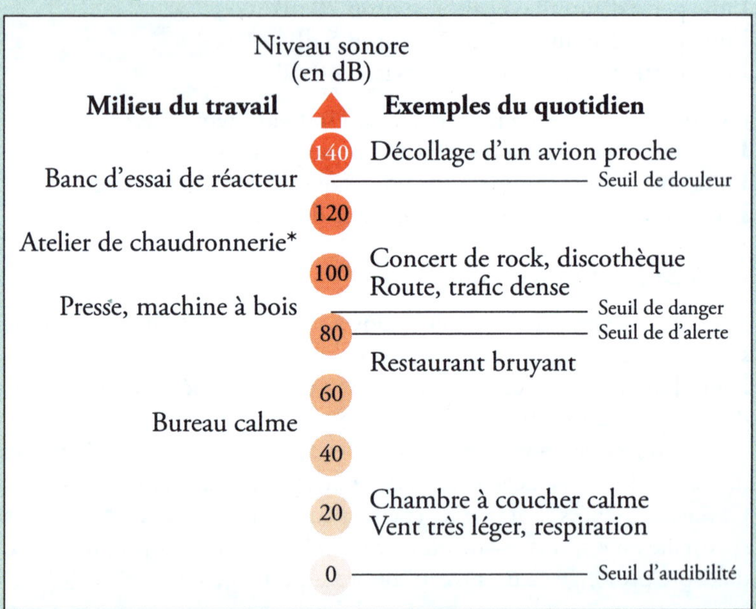

Source : INRS, ED 962

Les traumatismes sonores en milieu professionnel sont encore fréquents, surtout lorsque le port de casque anti-bruit n'a pas toujours été respecté. Les surdités professionnelles s'observent en milieu industriel bruyant. Pour un bruit dont l'intensité est supérieure à 85 dB, l'oreille est en danger. La dangerosité va dépendre aussi de la durée d'exposition.

* Chaudronnerie : industrie travaillant le métal.

▶ **3.** Utiliser les informations des documents 2 et 3 pour expliquer pourquoi monsieur X, travaillant dans une chaudronnerie sans avoir toujours porté son casque anti-bruit, a aujourd'hui une perte d'audition.

LES CLÉS DU SUJET

■ Comprendre les documents

• Le document 1 est un graphique représentant un audiogramme, soit la perte d'audition d'individus en fonction de la fréquence des sons écoutés.

• Le texte et les photographies du document 2 présentent le rôle des cellules ciliées de l'oreille interne ainsi que leur sensibilité à certains sons.

• Le graphique du document 3 définit les niveaux sonores de différents bruits et leur effet sur l'organisme.

■ Répondre aux questions

▶ **1.** Repère les axes sur le graphique et les deux courbes avant de lire les propositions du QCM.

▶ **2.** Utilise les valeurs chiffrées lues dans le graphique pour comparer l'audition de monsieur X à celle d'un témoin.

▶ **3.** Explique pourquoi monsieur X souffre d'une perte d'audition grâce à la synthèse des informations des documents 2 (rôle et destruction des cellules ciliées) et 3 (impact de différents bruits sur l'organisme).

CORRIGÉ 72

▶ **1. a)** Le graphique du document 1 représente la perte d'audition en fonction de la fréquence des sons.

b) Pour une fréquence de 1 000 Hz, un individu témoin de 60 ans a une perte d'audition égale à environ 20 dB.

> REMARQUE
> Attention à l'axe des ordonnées (perte de l'audition en dB) représenté à l'envers.

c) À 60 ans, la perte d'audition chez un individu témoin est plus importante pour les sons aigus que pour les sons graves.

▶ **2.** Pour les sons graves avec une fréquence de 125 à 500 Hz, les deux courbes sont similaires, monsieur X et le témoin du même âge ont des pertes d'audition de l'ordre de 20 dB.

De 500 Hz à 2 000 Hz, monsieur X a une perte importante jusqu'à 50 dB alors que celle du témoin ne varie pas nettement.

> CONSEIL
> Compare séparément les pertes d'audition de 125 à 500 Hz, puis pour des fréquences de 500 à 4 000 Hz.

SVT

Pour les sons aigus de 2 000 à 4 000 Hz, la perte d'audition de monsieur X atteint 80 dB et celle du témoin seulement 55 dB.

Monsieur X a une perte importante et anormale de l'audition des sons aigus, son audition pour les sons graves est normale pour son âge.

▶ **3.** Monsieur X, travaillant dans une chaudronnerie sans avoir toujours porté son casque anti-bruit, a aujourd'hui une perte d'audition des sons aigus.

D'après le document 2, les cellules ciliées présentes dans l'oreille interne permettent la création de messages nerveux auditifs lorsqu'elles sont stimulées par des vibrations sonores. Ces cellules nerveuses sont très sensibles et peuvent être détruites par un bruit intense et brutal, des sons trop aigus, ou une durée d'écoute prolongée à un niveau sonore supérieur à 85 dB.

> CONSEIL
> Note que monsieur X travaille dans une chaudronnerie afin de lire une information importante dans le document 3.

Une destruction des cellules ciliées sensibles aux sons aigus chez monsieur X peut expliquer sa perte d'audition.

Il est noté dans l'énoncé que monsieur X travaille dans une chaudronnerie et d'après le document 3, il y règne un bruit d'un niveau sonore de 100 dB ce qui est supérieur aux 85 dB pouvant entraîner une destruction des cellules ciliées.

Sans protection, telle qu'un casque anti-bruit, il a donc été exposé longuement à un niveau sonore trop important qui a détruit une partie de ses cellules ciliées.

Monsieur X souffre d'une surdité professionnelle. Il a été exposé à un niveau sonore trop élevé et prolongé dans son métier sans se protéger avec un casque anti-bruit, ses cellules ciliées ont été détruites et ne peuvent créer de message nerveux ce qui explique sa perte d'audition actuelle importante pour les sons aigus.

SUJET

73

Pondichéry • Mai 2018

SVT • 25 points

L'eau d'érable

Dans ce sujet on s'intéresse à la synthèse et au transport de matières organiques chez les végétaux.

DOCUMENT 1

Production et transport de matière au sein d'une plante

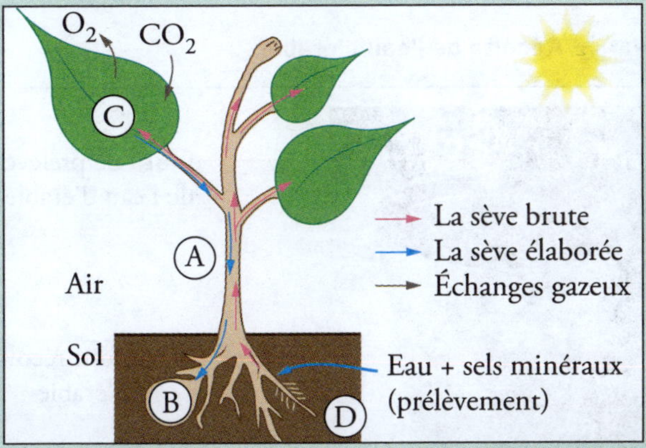

Schéma bilan de la production, du transport et du stockage de matière au sein d'une plante chlorophyllienne

Pour simplifier, la respiration du végétal n'est pas représentée.

Les plantes chlorophylliennes synthétisent dans leurs feuilles de la matière organique à partir de matières minérales (eau, sels minéraux et CO_2) en présence de lumière.

La matière organique produite au niveau des feuilles peut être utilisée immédiatement pour les besoins de la feuille ou transportée sous forme de saccharose puis stockée sous forme de réserves (amidon) dans différents organes (tronc, branches, organes souterrains).

La sève brute, constituée d'eau et de sels minéraux circule des racines vers l'ensemble des organes de la plante. La sève élaborée contenant de l'eau et du saccharose circule des feuilles vers les différents organes de la plante.

SVT

DOCUMENT 2 Propriétés de quatre molécules organiques présentes chez les végétaux

Nom de la molécule	Glucose	Fructose	Saccharose	Amidon
Schéma			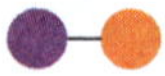	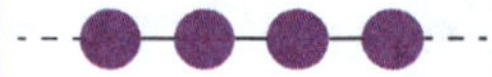
Taille	Petite taille			Grande taille
Propriété	Soluble dans l'eau			Insoluble dans l'eau

DOCUMENT 3 Récolte de l'eau d'érable

D'après fr.wikipedia.org/wiki/Sirop_derable

Les producteurs de sirop d'érable collectent l'eau d'érable au début du printemps.
Une entaille dans le tronc de l'arbre permet de récupérer l'eau d'érable qui contient 2 % à 3 % de saccharose.

DOCUMENT 4 **Composition des deux sèves et des lieux de stockage des sucres dans un érable en fonction des saisons**

Chez l'érable, au printemps, le gel et le dégel provoquent la transformation de l'amidon stocké dans le tronc en saccharose. Celui-ci peut alors passer dans la sève.

	Composition et mouvement des sèves		Matières et lieu de stockage des sucres
	Sève brute	Sève élaborée	
Été	Circulation d'eau et de sels minéraux	Circulation d'eau et de saccharose	Stockage d'amidon dans le tronc et les branches
Début du printemps	Circulation d'eau, de sels minéraux et de saccharose	Elle n'est pas produite jusqu'à l'apparition des feuilles	Transformation de l'amidon stocké dans le tronc en saccharose

▶ **1.** À partir du document 1, écrire sur votre copie la réponse aux questions suivantes : *(2,5 points)*

a) L'absorption de l'eau et des sels minéraux correspond-elle à la lettre A, B, C ou D ?

b) La synthèse de la matière organique à partir de matières minérales correspond-elle à la lettre A, B, C ou D ?

c) Le stockage de la matière organique dans un organe souterrain correspond-il à la lettre A, B, C ou D ?

d) Le transport de la matière organique sous forme de saccharose correspond-il à la lettre A, B, C ou D ?

▶ **2.** À partir des documents 1 et 2, expliquer pourquoi il ne peut pas y avoir d'amidon dans la sève élaborée d'un végétal. *(6,5 points)*

▶ **3.** À partir des documents 1 et 3, nommer la sève ayant la composition la plus proche de l'eau d'érable. Justifier votre réponse. *(7 points)*

▶ **4.** À partir des documents 3 et 4, expliquer que le saccharose de l'eau d'érable récoltée au début du printemps provient de la sève brute et non pas de la sève élaborée comme on pourrait le penser. Vous expliquerez l'origine du saccharose dans la sève brute seulement au début du printemps. *(9 points)*

LES CLÉS DU SUJET

■ Comprendre les documents

• Le **document 1** regroupe un texte et un schéma à compléter expliquant où et comment est produite la matière organique ainsi que son devenir dans un végétal.

• Le tableau du **document 2** indique les propriétés telles que la taille et la solubilité de quatre molécules organiques présentes chez les végétaux.

• Le **document 3** décrit la méthode et les conditions de récolte de l'eau d'érable.

• Le **document 4** présente la composition des deux sèves et les lieux de stockage de la matière organique de l'érable en été et en début de printemps.

■ Répondre aux questions

▶ **1.** Compare le texte et le schéma afin de localiser les différentes étapes sur celui-ci.

▶ **2.** Prélève les informations sur les sèves dans le document 1 et celles sur l'amidon dans le document 2 afin de trouver la caractéristique qui l'empêche d'être dans la sève élaborée.

▶ **3.** Compare la composition de l'eau d'érable du document 3 à celle des deux types de sève du document 1.

▶ **4.** L'énoncé te donne l'information de départ : l'eau d'érable récoltée au début du printemps provient de la sève brute. Cherche dans les documents 3 et 4 les éléments permettant d'expliquer la présence de saccharose dans la sève brute au début du printemps.

CORRIGÉ 73

▶ **1. a)** L'absorption de l'eau et des sels minéraux correspond à la lettre D, elle se fait au niveau des racines.

b) La synthèse de la matière organique à partir de matières minérales correspond à la lettre C, elle se fait au niveau des feuilles.

c) Le stockage de la matière organique dans un organe souterrain correspond à la lettre B, il se fait au niveau des racines.

> CONSEIL
> Légende le schéma avec les notions demandées : absorption de l'eau, synthèse de matière organique, stockage, transport de la matière organique. Tu n'auras plus qu'à relever les lettres correspondantes.

d) Le transport de la matière organique sous forme de saccharose correspond à la lettre A, il se fait au niveau des tiges.

▶ **2.** L'amidon est une molécule organique de grande taille et non soluble dans l'eau d'après le tableau du document 2. La sève élaborée est constituée principalement d'eau et de matière dissoute telle que le saccharose. Pour être présente dans la sève, une molécule doit être soluble dans l'eau. L'amidon étant insoluble, il ne peut être présent dans la sève élaborée.

▶ **3.** L'eau d'érable contient 2 à 3 % de saccharose, sa composition est donc plus proche de celle de la sève élaborée qui contient aussi du saccharose alors que la sève brute en est dépourvue.

▶ **4.** La récolte de l'eau d'érable au début du printemps se fait à partir de la sève brute. Cependant, en temps normal, la sève brute ne contient pas de saccharose mais seulement de l'eau et des sels minéraux. Que se passe-t-il de particulier à cette époque de l'année ?

CONSEIL
Pose la problématique, puis argumente pour expliquer la présence de saccharose dans la sève brute seulement au début du printemps.

Il est noté dans le texte qu'au printemps le gel et le dégel dans le tronc de l'érable provoquent la transformation de l'amidon (stocké dans le tronc) en saccharose, et que celui-ci peut passer dans la sève.

Le tableau nous indique que la sève élaborée n'est pas encore produite à cette époque, la seule sève produite est la sève brute, le saccharose peut donc y circuler.

Le saccharose de la sève brute provient de la transformation de l'amidon du tronc, ceci n'est possible qu'au début du printemps.

SUJET

74

Asie • Juin 2017
SVT • 25 points

L'impact de la pollution du sol

Suite à une activité industrielle, dans une région française, un sol a été fortement pollué par du plomb (plusieurs grammes par kilogramme de sol). À sa surface, une épaisseur anormale de litière* a été constatée. Une équipe d'étudiants cherche à comprendre le lien entre cette pollution par le plomb et la diminution de la dégradation de la litière.

*Litière : partie du sol située en surface et constituée de débris (fragmentés) végétaux et animaux en cours de dégradation.

DOCUMENT 1 **Nombre d'animaux dans un sol sain et dans un sol pollué**

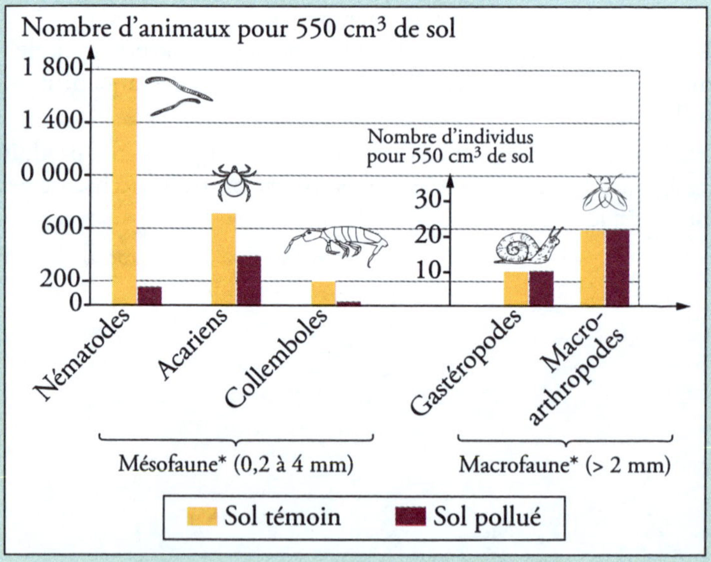

D'après source : svt.acdijon/schemassvt – Source INRA (Mrs Lacassin et Schvartz).

* Mésofaune : ensemble d'animaux de tailles comprises entre 0,2 et 4 mm.
* Macrofaune : ensemble d'animaux de tailles supérieures à 2 mm.

DOCUMENT 2 **Les micro-organismes du sol**

Les micro-organismes (champignons, bactéries…) n'appartiennent pas à la mésofaune ni à la macrofaune. Ils ne sont observables qu'au microscope et terminent la dégradation de la litière. Celle-ci doit être préalablement finement fragmentée par les animaux du sol.

DOCUMENT 3 **Étude complémentaire sur un sol pollué**

On a constaté une diminution du nombre de certains animaux appartenant à la mésofaune (collemboles, nématodes) qui participent à la fragmentation de la litière.
Les débris de la litière ne sont plus fragmentés aussi finement que dans un site non pollué. Malgré la forte pollution du sol, les micro-organismes restent vivants mais leur action de dégradation est ralentie.

Modifié d'après www.gissol.fr

▶ **1.** Compléter :

Nombre d'animaux dans un sol sain et dans un sol pollué

Populations animales	Nombre d'animaux dans le sol témoin pour 550 cm^3	Nombre d'animaux dans le sol pollué pour 550 cm^3
………………………..	1 750	180
Acariens	780	………………………..
Collemboles	………………………..	20
………………………..	10	10
Macro-arthropodes	20	20

▶ **2.** À partir des documents 1 et 3, nommer la population animale qui diminue le plus dans le sol pollué étudié.
Justifier en s'appuyant sur des valeurs chiffrées (calcul, estimation, pourcentage ou autre).

▶ **3.** Proposer une explication à l'épaisseur anormale de litière sur un sol pollué. Un texte construit est attendu, il devra s'appuyer sur des arguments tirés des deux documents 2 et 3.

SVT

LES CLÉS DU SUJET

Comprendre les documents

• Le document 1 est un graphique représentant en parallèle le nombre d'animaux dans un sol sain et dans un sol pollué.
• Le texte du document 2 définit les micro-organismes du sol et leur rôle.
• Le texte du document 3 apporte des informations supplémentaires sur la dégradation de la litière des sols pollués.

Répondre aux questions

▶ **1.** Relève dans le graphique du document 1 les chiffres ou groupes d'animaux manquant dans le tableau afin de le remplir.
▶ **2.** Utilise les valeurs chiffrées afin d'évaluer la diminution du nombre d'animaux ou le nombre restant.
▶ **3.** Exploite les documents 2 et 3 afin d'argumenter ta réponse dans un texte construit.

CORRIGÉ 74

▶ **1.**

Populations animales	Nombre d'animaux dans le sol témoin pour 550 cm^3	Nombre d'animaux dans le sol pollué pour 550 cm^3
Nématodes	1 750	180
Acariens	780	400
Collemboles	200	20
Gastéropodes	10	10
Macro-arthropodes	20	20

▶ **2.** On peut calculer le pourcentage d'animaux restant dans le sol pollué.

• Nématodes : $\frac{180 \times 100}{1\,750} = 10,28$ %.

• Acariens : $\frac{400 \times 100}{780} = 51,28$ %.

• Collemboles : $\frac{20 \times 100}{200} = 10$ %.

• Gastéropodes : $\frac{10 \times 100}{10} = 100$ %.

• Macro-arthropodes : $\frac{20 \times 100}{20} = 100$ %.

D'après le document 1, la population animale qui diminue le plus dans le sol pollué est celle des nématodes et des collemboles car il y en a 10 fois moins que dans le sol témoin, alors que les autres groupes ont moins de différence. Ils sont aussi notés dans le document 3 comme les animaux de la mésofaune les plus touchés.

REMARQUE
Les groupes des gastéropodes et les macro-arthropodes ne sont pas du tout touchés par la pollution du sol.

▶ **3.** Suite à une activité industrielle, un sol a été pollué par du plomb. Un groupe d'étudiants cherche à expliquer la cause de l'épaisseur anormale de sa litière.

La litière est la partie superficielle du sol constituée de débris de végétaux et d'animaux en cours de dégradation.

CONSEIL
Relis l'introduction du sujet afin d'élaborer ta problématique, puis argumenter ta réponse à l'aide des documents 2 et 3.

D'après le document 2, les micro-organismes du sol, comme les bactéries et les champignons, terminent la dégradation de la litière qui doit être auparavant finement fragmentée par les animaux du sol.

La pollution entraîne une diminution du nombre de beaucoup d'animaux du sol, dont les collemboles et les nématodes (document 3) qui participent à la fragmentation de la litière. Étant moins nombreux, la fragmentation est beaucoup plus faible, moins fine et empêche le travail des micro-organismes qui finissent la dégradation. La litière n'est donc que très lentement dégradée.

La pollution au plomb entraîne la disparition d'une partie des animaux du sol ce qui empêche la dégradation de la litière qui reste donc anormalement épaisse.

SUJET

75

Amérique du Nord • Juin 2017
SVT • 25 points

Le syndrome de Klinefelter

DOCUMENT 1 **Le syndrome de Klinefelter**

Le syndrome de Klinefelter est une anomalie chromosomique caractérisée par un caryotype comprenant 47 chromosomes, dont trois chromosomes sexuels XXY.
Ce syndrome affecte en particulier le développement physique d'individus de sexe masculin. Les individus atteints ont généralement des petits testicules qui ne produisent pas autant de testostérone que la normale [...]
La testostérone est l'hormone qui est impliquée dans le développement sexuel masculin avant la naissance. Pendant la puberté, elle intervient également en moyenne entre 10 et 18 ans chez les garçons. Le manque de testostérone chez les individus atteints va conduire à une puberté tardive et anormale. Chez eux, le développement des seins, la réduction des poils du visage et du corps seront associés à une incapacité à avoir des enfants (infertilité).

D'après https ://www.nlm.nih.gov/ U.S. National Library of Medicine

▶ **1.** Cocher pour chaque case la proposition exacte.

a) Le syndrome de Klinefelter :
- ☐ trouve son origine dans une infection bactérienne.
- ☐ est dû à la présence d'un chromosome sexuel supplémentaire.
- ☐ est dû à l'absence totale de testicule.

b) La puberté :
- ☐ est anormale chez le garçon atteint du syndrome de Klinefelter.
- ☐ intervient avant 6 ans chez l'enfant atteint du syndrome de Klinefelter.
- ☐ ne s'accompagne pas de modification physique.

c) Un manque de testostérone peut conduire à :
- ☐ un développement des poils chez une fille.
- ☐ l'apparition de seins chez le garçon.
- ☐ une puberté avant l'âge de 5 ans.

DOCUMENT 2 **Évolution du taux de testostérone dans le sang en fonction de l'âge chez le garçon et l'adolescent (entre 5 et 18 ans)**

Âge (en années)	Taux moyen de testostérone plasmatique en ng*/dL Individu non atteint du syndrome de Klinefelter	Taux moyen de testostérone plasmatique en ng*/dL Individu atteint du syndrome de Klinefelter
5 ans	Traces	Traces
10 ans	Traces	Traces
12 ans	10	3
13 ans	120	3
18 ans	520	4

http://acces.ens-lyon.fr/
et *International journal of endocrinology : clinical presentation of Klinefelter's syndrome*

* ng : nanogramme (10^{-9} gramme).

▶ **2.** En vous appuyant sur des données chiffrées extraites du document 2, comparez l'évolution du taux de testostérone dans le sang, chez un individu atteint du syndrome de Klinefelter et chez un individu non atteint, au cours de la puberté.

DOCUMENT 3 **Un traitement pour compenser le manque de testostérone**

Il n'existe pas de traitement qui guérisse complètement les manifestations de ce syndrome. […]
Dans la plupart des cas, le traitement consiste en une hormonothérapie[1] à base de testostérone qui devrait, de l'avis de certains médecins, être entreprise dès la puberté. […] Ce traitement administré régulièrement contribue au développement des caractéristiques masculines secondaires (pilosité, voix grave, développement de la musculature) et peut éviter le développement des seins. […]

D'après http://klinefelter.valentin-apac.org/
lu et validé par le Dr Nicole Morichon-Delvallez
(hôpital Necker), article écrit le 22 janvier 2007.

1. Hormonothérapie : traitement par injection d'hormones.

SVT

▶ **3.** Des parents consultent un médecin spécialiste pour leur fils atteint du syndrome de Klinefelter. Le médecin prescrit le traitement décrit dans le document 3.
Préciser les éléments qui ont permis d'élaborer le diagnostic et justifier le traitement prescrit par le médecin.
Un texte construit est attendu. Il devra s'appuyer sur des arguments tirés des trois documents.

LES CLÉS DU SUJET

■ Comprendre les documents

• Le **document 1** présente les symptômes et les causes du syndrome de Klinefelter.
• Le **document 2** est un tableau donnant les dosages de la testostérone dans le sang chez un garçon non atteint et un autre atteint du syndrome de Klinefelter en fonction de leur âge.
• Le **document 3** présente un traitement hormonal permettant de minimiser les symptômes de la maladie.

■ Répondre aux questions

▶ **1.** Toutes les réponses sont dans le **document 1**. Ne te précipite pas : fais attention aux négations et aux relations de cause à effet.
▶ **2.** Tu dois donner des valeurs prises dans le **document 2**, les mettre en parallèle pour comparer l'évolution du taux de testostérone chez l'individu atteint et non atteint par la maladie.
▶ **3.** La question est double : tu dois donner les éléments qui ont permis de poser le diagnostic de la maladie, puis justifier le traitement par injection de testostérone proposé dans le **document 3**. Construis une argumentation à partir des trois documents proposés.

CORRIGÉ 75

▶ **1. a)** Le syndrome de Klinefelter est dû à la présence d'un chromosome sexuel supplémentaire.
b) La puberté est anormale chez le garçon atteint du syndrome de Klinefelter.
c) Un manque de testostérone peut conduire à l'apparition de seins chez le garçon.

Conseil
Il est parfois plus facile de trouver la bonne réponse en enlevant les propositions fausses.

Remarque
Tu dois donner les unités pour les valeurs que tu cites.

▶ **2.** Avant la puberté, de 5 à 10 ans, il n'y a que des traces de testostérone chez les individus sains ou atteints par le syndrome de Klinefelter.
Ce taux reste très faible chez le malade après la puberté avec un maximum de 4 ng/dL de testostérone à 18 ans.

Par contre, la quantité de testostérone présente dans le sang de l'individu non atteint augmente fortement passant de 10 à 520 ng/dL en 6 ans.

Chez l'individu non atteint, la puberté s'accompagne d'une forte production de testostérone, ce qui n'a pas lieu chez le malade.

Conseil
Les éléments de diagnostic sont les symptômes liés à la maladie, tu les trouveras dans les documents 1 et 2. Le traitement est dans le document 3.

▶ **3.** Des parents consultent un spécialiste pour leur fils afin de savoir s'il est atteint du syndrome de Klinefelter et de lui trouver un traitement approprié.
Le médecin diagnostique un porteur du syndrome de Klinefelter si :
– le caryotype est anormal avec trois chromosomes sexuels XXY ;
– les testicules sont petits ;
– la puberté est tardive et anormale avec développement des seins et réduction des poils du visage et du corps, les caractères sexuels secondaires masculins sont peu développés ;
– la production de testostérone est faible à partir de la puberté ;
– il est infertile.

Il peut donc faire un caryotype et un dosage de la testostérone dans le sang de l'enfant. L'anomalie du taux de testostérone est visible dès 12 ans, car l'enfant atteint a 4 fois moins de testostérone que celui qui ne l'est pas.

Le médecin prescrit un traitement basé sur des injections régulières de testostérone dès la puberté afin de compenser la faible production de cette hormone par les testicules du malade. Les caractères sexuels secondaires masculins (pilosité, mue de la voix, développement de la musculature) vont pouvoir se développer, car c'est la testostérone qui en est responsable. De plus le développement des seins n'aura pas lieu.

Si le diagnostic est posé dès le début de la puberté, le garçon pourra être traité par hormonothérapie. Il aura une apparence masculine, cependant il ne pourra pas avoir d'enfants.

SUJET

76

France métropolitaine • Septembre 2017

TECHNOLOGIE • 25 points

Relevage d'eau et irrigation en zone aride

DOCUMENT 1

L'accès à l'eau en Afrique occidentale est difficile car elle est en sous-sol et l'énergie pour la puiser est peu disponible.
L'étude porte sur les solutions techniques qui permettent d'optimiser un système de captage d'eau et sa distribution. L'eau est acheminée du puits à la surface par l'intermédiaire d'une pompe immergée. Cette dernière est alimentée en électricité par un panneau photovoltaïque. Celui-ci est fixé au sol dans une zone bien exposée au soleil.

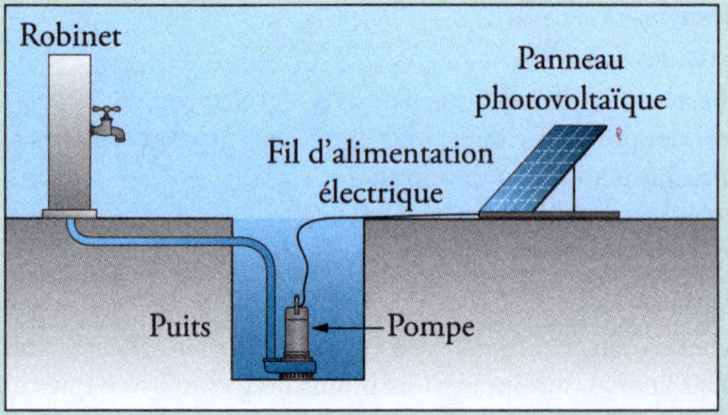

DOCUMENT 2

La quantité d'énergie électrique produite par un panneau photovoltaïque varie essentiellement en fonction de deux paramètres :
– la luminosité ambiante au cours de la journée ;
– l'orientation du panneau par rapport au sol, qui se traduit par l'angle d'inclinaison (figure 2).
Des relevés de production électrique d'une installation de panneaux photovoltaïques située à Abidjan en Côte-d'Ivoire montrent

l'influence de ces deux paramètres (figure 1). Cette installation a une surface de panneaux de 15 m^2 orientés plein sud.

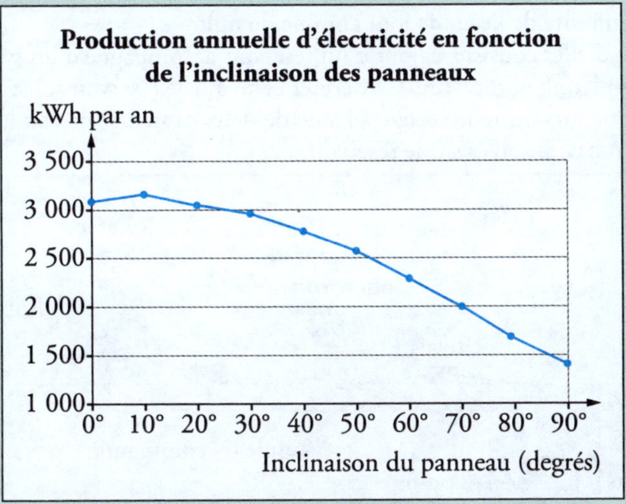

Figure 1

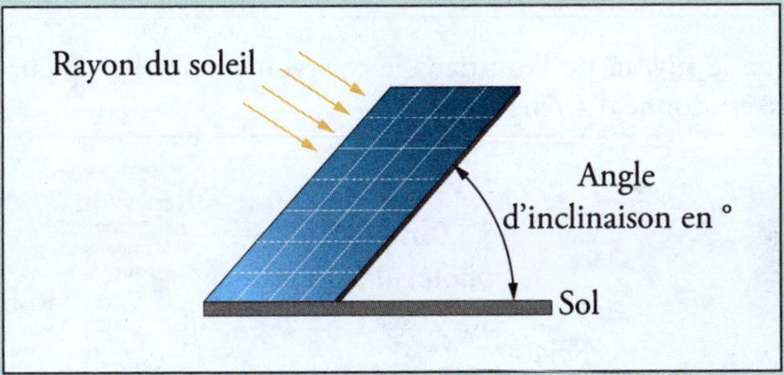

Figure 2

▶ **1.** Afin d'optimiser la production d'énergie électrique du panneau photovoltaïque, déterminer à l'aide du document 2 l'angle d'inclinaison du panneau photovoltaïque permettant de produire une énergie électrique maximale.

▶ **2.** Les ingénieurs agronomes recommandent d'irriguer les cultures lorsque le soleil est couché afin d'éviter une évaporation trop importante de l'eau. Proposer une solution technique à ajouter au système (document 1) qui permet de stocker l'énergie électrique produite pendant la journée afin de faire fonctionner la pompe pendant la nuit.

DOCUMENT 3

Plusieurs solutions techniques permettent de garantir une meilleure disponibilité de l'eau, de jour comme de nuit.
L'une d'elles consiste à ajouter un réservoir accompagné d'un système de régulation automatisé. Ce dernier évite que le réservoir soit vide ou déborde lors du remplissage à l'aide de deux capteurs (niveau haut et niveau bas) installés sur le réservoir.

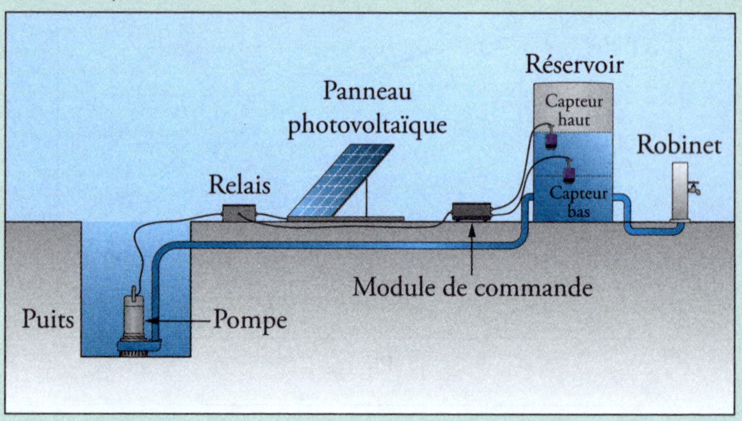

Lorsque le niveau de l'eau dans le réservoir atteint le capteur haut, l'ordre est donné d'arrêter la pompe.

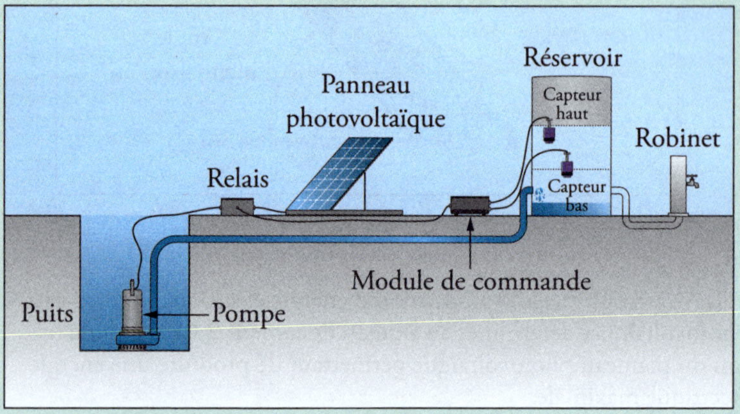

Lorsque le niveau de l'eau atteint le capteur bas, l'ordre est donné de démarrer la pompe pour remplir le réservoir.

▶ **3.** À l'aide des informations (document 3), compléter l'algorithme de régulation du niveau du réservoir avec les indications suivantes :

- capteur haut atteint ;
- capteur bas atteint ;
- désactiver la pompe.

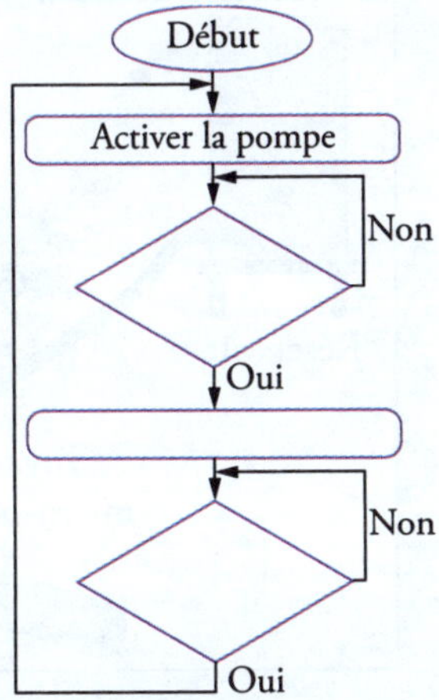

▶ **4.** Pour optimiser la gestion de l'eau d'irrigation, les ingénieurs agronomes préconisent également d'irriguer au plus près des racines des plantes. Une irrigation de nuit en goutte à goutte, fractionnée en petites périodes de temps d'arrosage permet d'économiser l'eau.

À l'aide de la description du fonctionnement (document 4), compléter la modélisation du pilotage de cette installation :

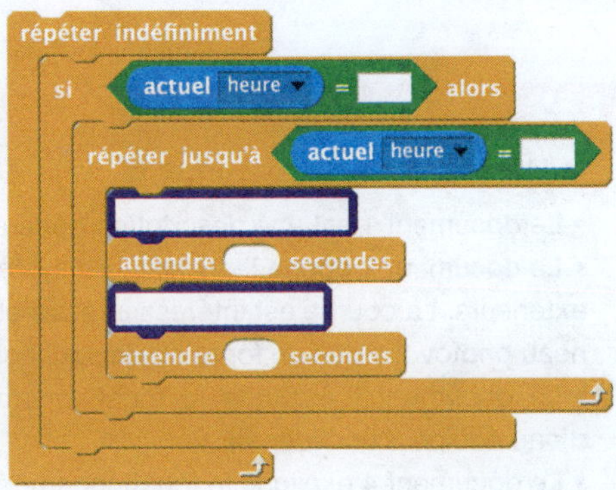

DOCUMENT 4

Un système d'irrigation goutte à goutte est constitué de tuyaux micro-percés disposés au pied des plantes.

L'eau est distribuée par gouttelettes pendant des périodes courtes et répétitives afin de permettre sa meilleure infiltration dans le sol.

Un programme horaire d'irrigation peut être décrit selon le principe suivant :

– le cycle démarre à 21 heures et s'arrête à 23 heures ;
– irrigation des plantes pendant 10 minutes ;
– puis interruption durant 15 minutes.

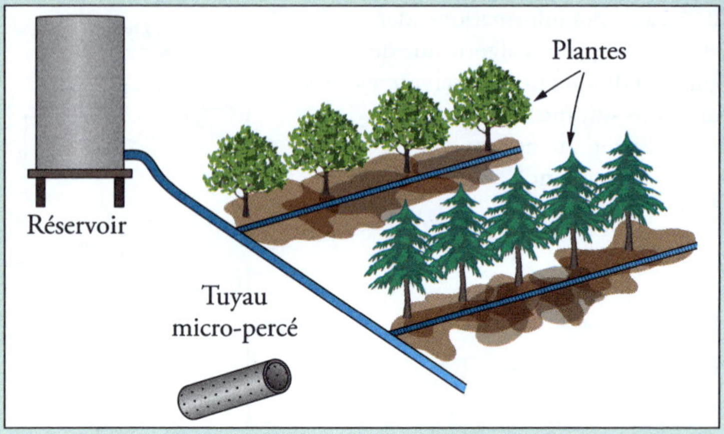

LES CLÉS DU SUJET

Comprendre les documents

• Le document 1 est une description générale du système.

• Le document 2 donne l'efficacité du système en fonction de paramètres extérieurs. La courbe est intéressante car elle présente l'efficacité du panneau photovoltaïque en fonction de son inclinaison.

• Le document 3 explique le fonctionnement du système de relevage d'eau équipé d'un réservoir.

• Le document 4 explique le fonctionnement du système d'irrigation.

Répondre aux questions

▶ **1.** Sur la courbe du document 2, repère le pic de production d'électricité.

▶ **2.** Propose une solution pour stocker de l'énergie électrique.

▶ **3.** Lis bien le document 3, il te donnera le fonctionnement du relevage d'eau.

▶ **4.** Lis bien le document 4, il explique le fonctionnement du système d'irrigation.

CORRIGÉ 76

▶ **1.** Le panneau photovoltaïque produit une énergie électrique maximale quand son inclinaison est de 10°.

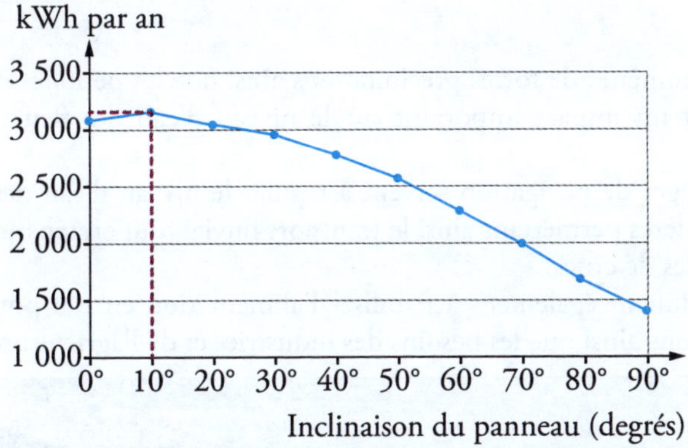

▶ **2.** Il faudrait avoir de l'énergie électrique la nuit. Mais le panneau photovoltaïque ne produira pas d'électricité. On pourrait ajouter une batterie afin de stocker l'énergie électrique pendant la journée. La nuit, on utiliserait l'énergie stockée afin d'alimenter la pompe.

▶ **3.**

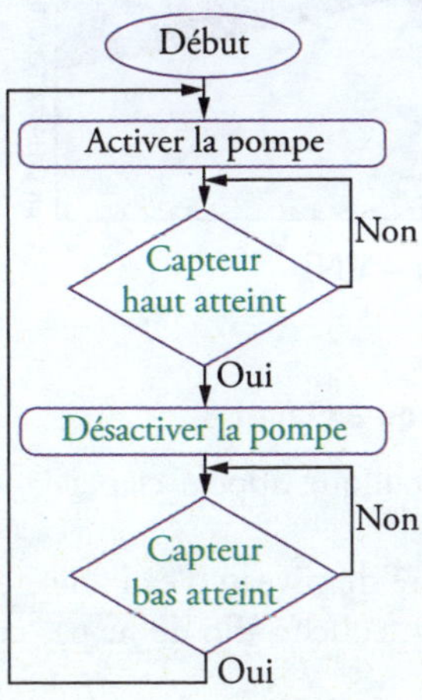

▶ **4.**

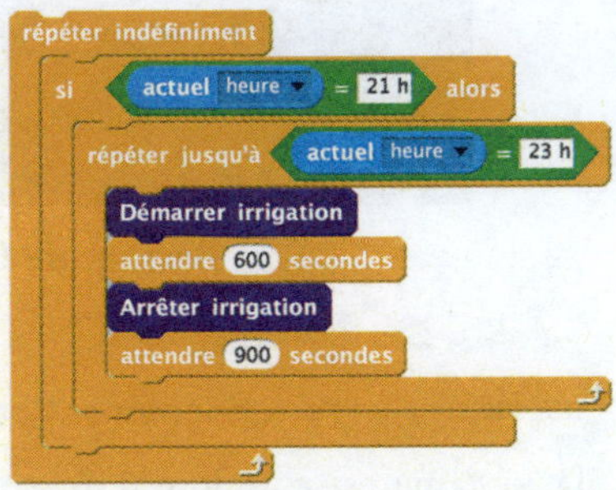

SUJET

77

Centres étrangers • Juin 2018

TECHNOLOGIE • 25 points

Gestion du barrage de Chatou

Les phénomènes de fortes précipitations ainsi que les périodes de sécheresse ont un impact important sur le niveau d'eau des fleuves et des rivières.
Les barrages de navigation servent à réguler le niveau d'eau des fleuves et des rivières permettant ainsi le transport fluvial tout en tenant compte des risques de crues.
Ils contribuent également à fiabiliser l'alimentation en eau potable des populations ainsi que les besoins des industries et de l'agriculture.

ph © HAMILTON/REA

Barrage de Chatou – VNF

DOCUMENT 1 Fonctionnement du barrage à clapet

Le système est composé d'un volet métallique appelé clapet ③ qui pivote sur une semelle en béton.
La position du clapet varie selon la mesure du niveau d'eau amont.
Lors des crues, le clapet est complètement couché afin de ne pas créer d'obstacle à l'écoulement de l'eau.
Dans la salle de commande du barrage, un voyant de couleur s'affiche sur l'écran de visualisation pour indiquer la position du clapet.

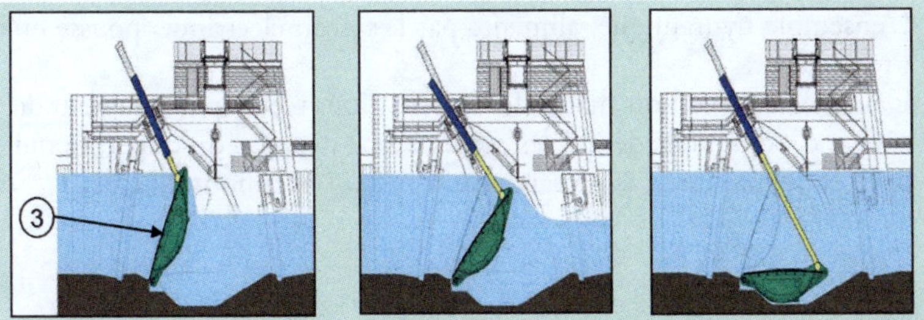

Position 1 du clapet
niveau d'eau bas
voyant orange

Position 2 du clapet
niveau d'eau normal
voyant vert

Position 3 du clapet
niveau d'eau haut
(crue)
voyant rouge

DOCUMENT 2 **Principe de fonctionnement d'un barrage à clapet**

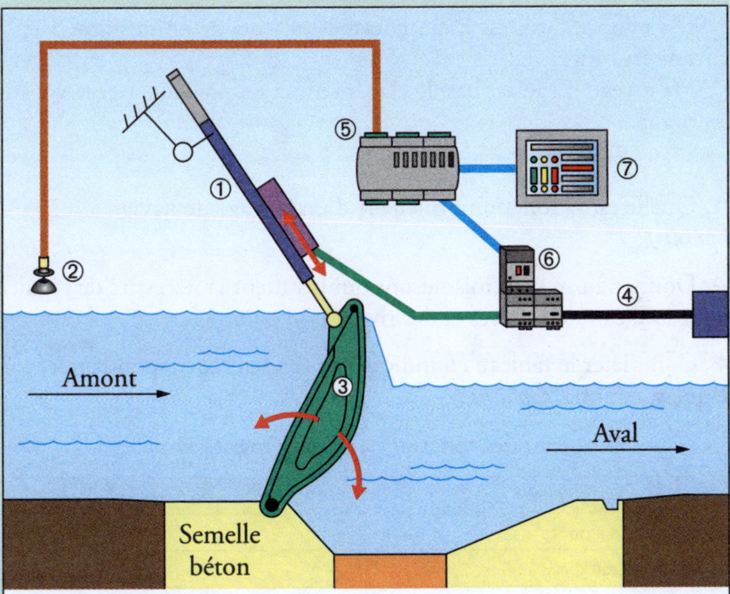

① Ensemble hydraulique (moteur et pompe électriques + vérin)
② Capteur de niveau d'eau amont
③ Clapet
④ Réseau électrique 230 V
⑤ Automate de gestion
⑥ Relais électrique de distribution
⑦ Écran de visualisation

L'ensemble hydraulique, alimenté par le réseau électrique, pousse ou tire le clapet.
L'automate de gestion analyse les informations reçues par le capteur de niveau d'eau afin de définir les consignes de position du clapet, ce qui permet de maintenir le niveau d'eau constant en amont du barrage.

DOCUMENT 3 **Le fonctionnement automatique d'un barrage à clapet**

Le niveau d'eau est maintenu automatiquement en fonction des paramètres de gestion du barrage.
Le programme est écrit en boucle, il se répète indéfiniment suivant la logique ci-après.
- Si le niveau d'eau est normal, le clapet est en position 2 et le voyant est vert.
- Si le niveau d'eau est haut, le clapet est couché en position 3 et le voyant est rouge.
- Si le niveau d'eau est bas, le clapet se met en position 1 et le voyant est orange.

▶ **1.** Quelle est la fonction principale d'un barrage de navigation ? *(2 points)*

▶ **2.** Donner au moins trois raisons qui justifient la nécessité de réguler le niveau d'eau des fleuves et des rivières. *(4 points)*

▶ **3.** Compléter le tableau en indiquant l'élément correspondant à chaque fonction. *(6 points)*

Tableau des fonctions et des éléments associés

Fonctions	Éléments du barrage à clapet
Retenir l'eau en amont	
Détecter le niveau d'eau amont	
Gérer la position du clapet	
Alimenter le barrage en électricité	
Afficher des informations	

▶ **4.** À l'aide du document 2, compléter les chaînes d'information et d'énergie du barrage à clapet. *(7 points)*

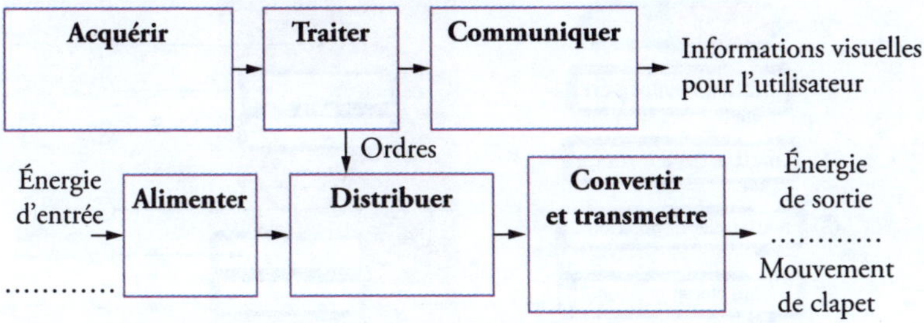

Chaînes d'information et d'énergie du barrage à clapet

▶ **5.** À l'aide des documents 1 et 3, compléter le logigramme et l'extrait du programme par blocs du barrage. *(6 points)*

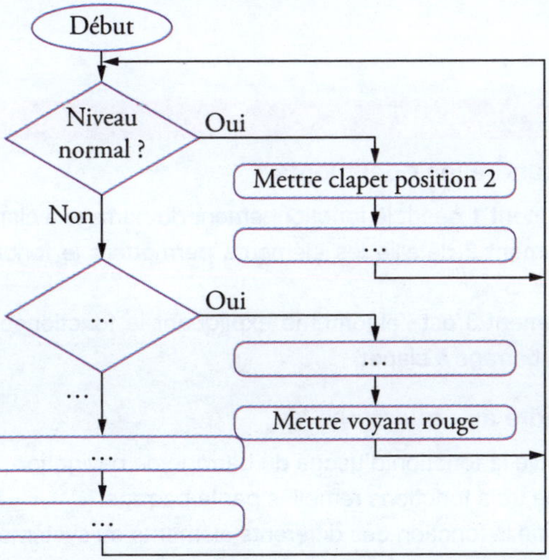

Programmation de la régulation du niveau de l'eau du barrage

Logigramme

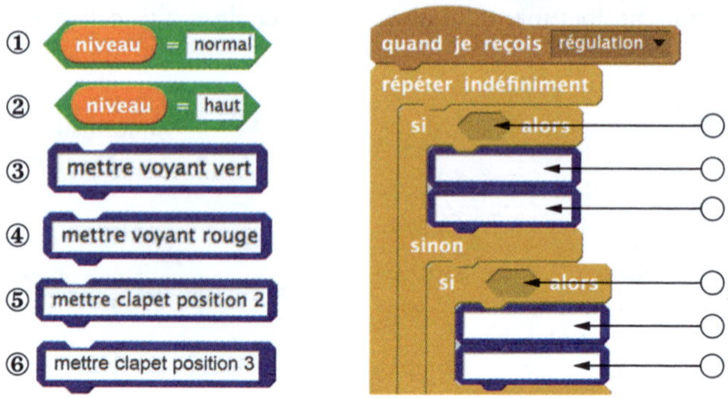

Extrait du programme par blocs décrivant le même fonctionnement

LES CLÉS DU SUJET

Comprendre les documents

• Le **document 1** décrit le fonctionnement du barrage à clapet.

• Le **document 2** détaille les éléments permettant le fonctionnement du barrage.

• Le **document 3** est l'algorithme expliquant le fonctionnement automatique d'un barrage à clapet.

Répondre aux questions

▶ **1.** Formule la fonction d'usage du barrage de navigation.

▶ **2.** Donne trois fonctions remplies par le barrage.

▶ **3.** Identifie la fonction des différents éléments du système de gestion du barrage à clapet.

▶ **4.** Identifie sur le document 2 les éléments de la chaîne d'énergie, et ceux de la chaîne d'information

▶ **5.** Traduis l'algorithme en programme.

CORRIGÉ 77

▶ **1.** La fonction principale d'un barrage de navigation est de contrôler le niveau de l'eau sur un cours d'eau (rivière, fleuve).

▶ **2.** La régulation du niveau d'eau des cours d'eau permet aux bateaux de naviguer sur le cours d'eau, même par temps de sécheresse.
Elle permet d'assurer l'alimentation en eau potable de la population, ainsi que de gérer les ressources en eau pour l'agriculture et l'industrie.

En cas d'inondation, cela permet de faciliter l'écoulement de l'eau pour limiter la durée de l'inondation.

▶ **3.**

Fonctions	Éléments du barrage à clapet
Retenir l'eau en amont	clapet
Détecter le niveau d'eau amont	capteur de niveau d'eau amont
Gérer la position du clapet	automate de gestion
Alimenter le barrage en électricité	réseau électrique 230V
Afficher des informations	écran de visualisation

▶ **4.**

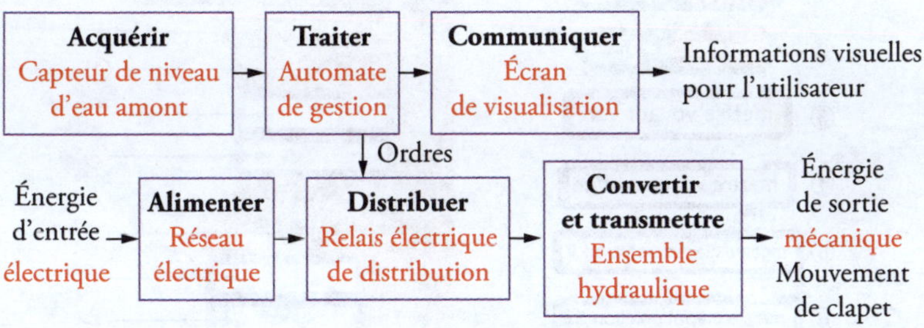

▶ **5.**

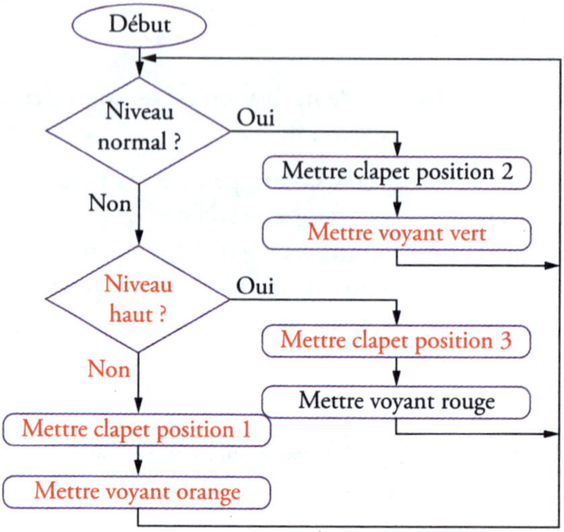

> **CONSEIL**
> Lis bien l'algorithme donné dans le document 3 et compare les deux programmes.

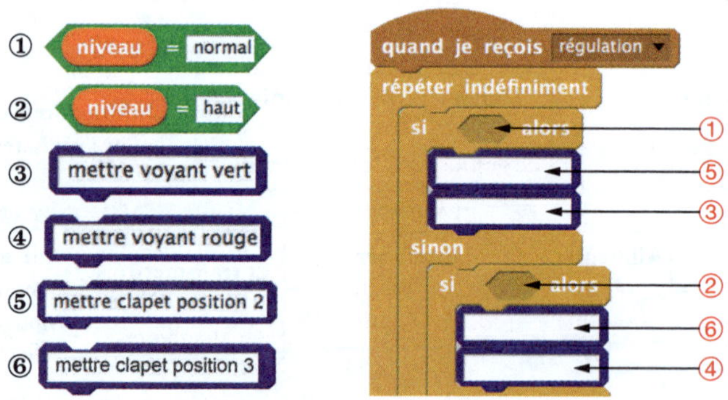

SUJET

78

Pondichéry • Mai 2018

TECHNOLOGIE • 25 points

Analyse ADN

L'analyse de l'acide désoxyribonucléique (ADN) est utilisée dans de nombreuses situations (détection de maladies génétiques, identification de lien de parenté), notamment par la police scientifique lors de recherches de preuves. Les laboratoires en charge de ces analyses sont équipés de systèmes automatisés permettant un traitement d'échantillons en grande quantité.

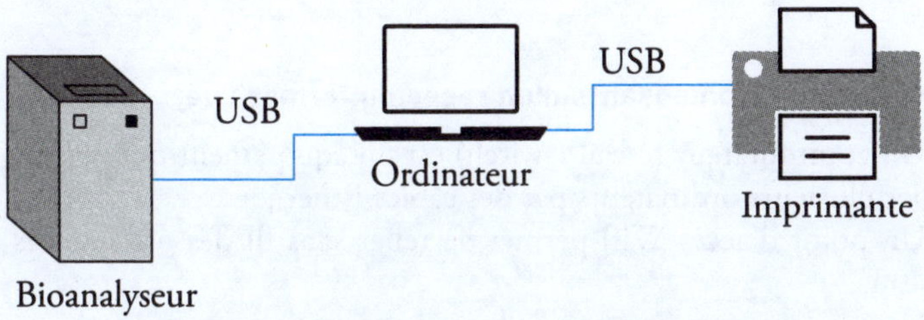

Description du système automatisé existant

Le système est constitué d'un bioanalyseur, d'un ordinateur portable et d'une imprimante autonome. L'ordinateur est connecté *via* un câble *Universal Serial Bus* (USB) à un bioanalyseur qui réalise l'analyse de l'ADN. L'ordinateur pilote l'analyseur et archive les données sur son disque dur. Il est également relié à une imprimante permettant l'impression de certaines données pour le client.
Le constructeur du bioanalyseur souhaite faire évoluer le système pour s'adapter aux nouvelles exigences des utilisateurs dans les laboratoires.

L'étude porte sur les solutions techniques qui répondent aux améliorations souhaitées, notamment la réalisation d'un réseau informatique intégrant tous les éléments de l'analyse et une interface homme-machine.

TECHNOLOGIE

DOCUMENT 1 **Améliorations souhaitées pour le système**

Le service marketing a rassemblé les améliorations souhaitées par les utilisateurs :

- Besoin 1 : permettre le pilotage, la visualisation et le suivi de l'avancement de l'analyse depuis n'importe quel emplacement du laboratoire sans rester à côté de l'analyseur.
- Besoin 2 : imprimer les résultats sur l'imprimante connectée au réseau informatique du laboratoire.
- Besoin 3 : garantir la sauvegarde des résultats d'analyse de façon sécurisée sur le réseau.
- Besoin 4 : transmettre de manière sécurisée les résultats des analyses à des clients *via* Internet.

DOCUMENT 2 **Composants d'un réseau informatique**

- Un commutateur réseau (switch) est un équipement qui permet de relier plusieurs ordinateurs par des câbles Ethernet.
- Un point d'accès Wifi permet de relier sans fil des ordinateurs au réseau.
- Un modem routeur assure la liaison entre un réseau et Internet.

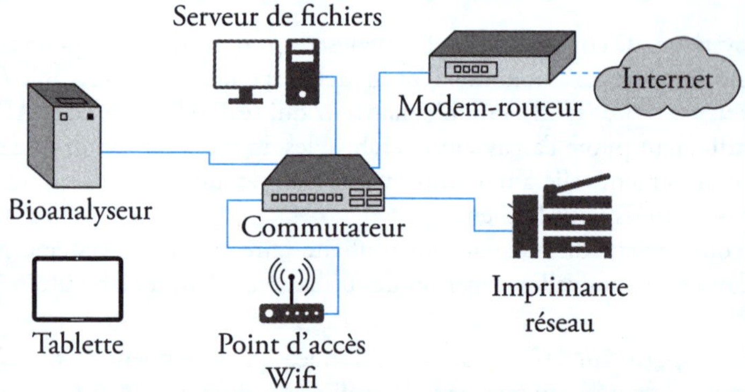

Schéma du réseau informatique du laboratoire

DOCUMENT 3 **Diagramme d'activité de la zone de texte « Affichage état »**

La tablette reçoit des informations provenant du bioanalyseur et les stocke dans une variable nommée « État ». Certaines d'entre elles indiquent l'état de son fonctionnement par 3 caractères distinctifs :
– prêt à fonctionner (caractère = P) ;
– incapable de fonctionner (caractère = E) ;
– en cours d'analyse (caractère = A).

L'écran de la tablette affiche une zone de message qui traduit l'état de fonctionnement du bioanalyseur par un texte évocateur :
– caractère P → Prêt ;
– caractère E → Erreur ;
– caractère A → Analyse.

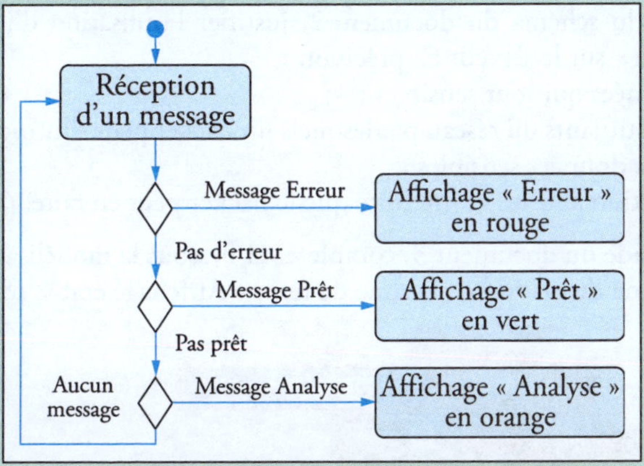

▶ **1.** Afin de répondre aux améliorations souhaitées décrites dans le document 1, sélectionnez dans la liste ci-dessous les solutions techniques à envisager. *(6 points)*

a) Ajouter un modem-routeur au réseau informatique.
b) Ajouter une imprimante réseau au réseau informatique.
c) Acheter une tablette et créer une application de pilotage du bioanalyseur pour tablette.
d) Ajouter un point d'accès Wifi au réseau.
e) Ajouter une carte réseau au bioanalyseur pour le relier au réseau informatique du laboratoire par un câble Ethernet.
f) Ajouter un écran tactile sur le bioanalyseur.
g) Ajouter un serveur de fichier sécurisé sur le réseau.

TECHNOLOGIE

▶ **2.** Parmi les solutions techniques retenues, le constructeur valide l'intégration d'une tablette numérique pour réaliser l'interface entre utilisateur et l'analyseur. La tablette permet de piloter le bioanalyseur et d'accéder aux résultats d'analyse stockés au sein du serveur de fichiers du réseau informatique.
À l'aide du document 2, représenter sur le schéma du réseau le trajet du flux d'informations entre la tablette et le bioanalyseur lorsque l'utilisateur pilote le démarrage de l'analyse. Le trajet est représenté par un symbole :
)))) si la liaison est réalisée sans fil ;
—▶—▶—▶ si la liaison est réalisée par câble. *(5 points)*

▶ **3.** Le serveur de fichiers contient un logiciel qui protège les données contre le piratage d'un réseau informatique. Ce logiciel est nommé « pare-feu ».
À l'aide du schéma du document 2, justifier l'utilisation d'un logiciel « pare-feu » sur le serveur en précisant :
– les données qui sont sensibles ;
– les constituants du réseau par lesquels un hacker peut s'introduire pour pirater les données sensibles ;
– l'utilisation abusive et interdite que le hacker peut en faire. *(6 points)*

▶ **4.** À l'aide du document 3, compléter ci-dessous la modélisation du programme de gestion de la zone de texte « Affichage état ». *(8 points)*

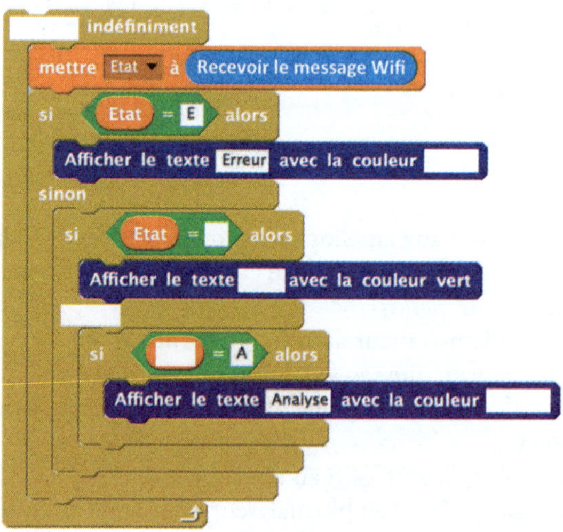

LES CLÉS DU SUJET

Comprendre les documents

• Le **document 1** est un cahier des charges. Le **document 2** définit le rôle de quelques composants d'un réseau informatique. Le **document 3** est l'algorigramme expliquant le fonctionnement de l'affichage.

• Attention ! Lis bien les intitulés des questions, ils contiennent également des informations utiles.

Répondre aux questions

▶ **1.** Veille à bien répondre à toutes les attentes du cahier des charges.

▶ **2.** Trace le chemin de l'information en utilisant les symboles proposés.

▶ **3.** Réponds à chaque point puis conclus quant à la nécessité du pare-feu.

▶ **4.** Traduis l'algorigramme en programme Scratch.

CORRIGÉ 78

▶ **1.** Les solutions techniques envisagées sont les suivantes :
a), **b)**, **c)**, **d)**, **e)** et **g)**.

REMARQUE
Le modem-routeur répond au besoin 4, l'imprimante réseau au besoin 2, la tablette et le point d'accès Wifi au besoin 1, la carte réseau sur le bioanalyseur et le serveur de fichier au besoin 3.

▶ **2.**

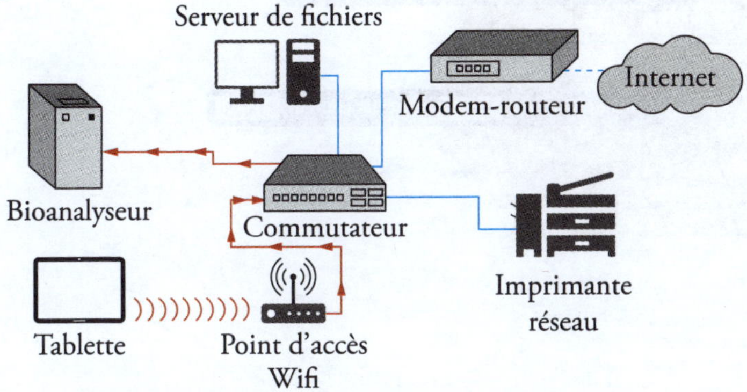

Schéma du réseau informatique du laboratoire

TECHNOLOGIE

▶ **3.** Le laboratoire analyse l'ADN dans le cadre de recherche de lien de parenté, de détection de maladie ou dans le cadre d'enquêtes policières. Des fuites d'information pourraient porter préjudice à des personnes ou à des enquêtes.

> INFO +
> Aide-toi de l'introduction du sujet pour répondre.

De plus, pour pouvoir contacter les personnes ayant demandé les analyses, leurs coordonnées doivent être stockées sur le serveur de fichiers.

Un hacker peut s'introduire sur le réseau par Internet *via* le modem-routeur ou *via* le point d'accès Wifi. Il accédera alors au serveur de fichier en passant par le commutateur.

Si le hacker accède aux données, il pourrait :
– les diffuser et révéler des liens de parentés ou des maladies rares non divulguées ;
– les modifier afin de rendre une personne coupable ou innocente dans des affaires policières.

Le pare-feu est utilisé pour éviter l'intrusion de personnes non autorisées sur le réseau afin d'éviter les fuites de données sensibles.

▶ **4.**

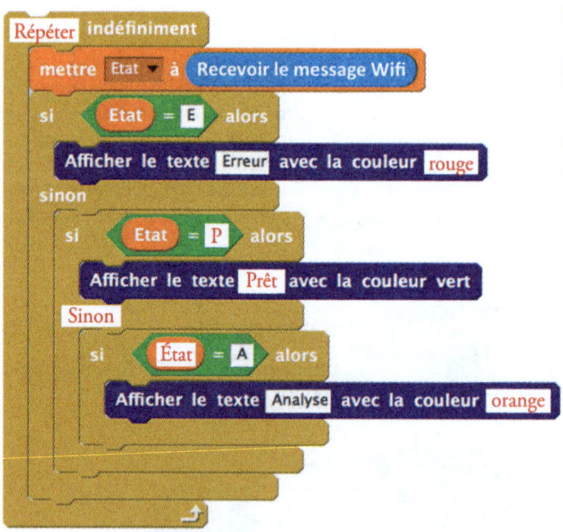

> CONSEIL
> Repère les trois conditions dans le document 3 et replace les caractères associés aux messages.

SUJET

79

Sujet inédit • Histoire des arts

ÉPREUVE ORALE DU BREVET • 100 points

La Femme au chapeau, Henri Matisse

▶ Présentez *La Femme au chapeau* d'Henri Matisse : évoquez son contexte de création, puis décrivez l'œuvre elle-même avant d'en donner une interprétation personnelle.

DOCUMENT **Henri Matisse, *La Femme au chapeau* (1905)**

Museum of Modern Art, San Francisco, États-Unis.

PISTES POUR L'ORAL

I. Situer l'œuvre

• La *Femme au chapeau* est un portrait peint par Henri Matisse. Il est exposé au salon d'Automne à Paris en 1905 et provoque un scandale à cause de ses couleurs très vives.

• Un critique d'art, choqué par la violence de cette peinture, invente alors pour Matisse et ses amis le terme de « fauvisme ».

II. Analyser l'œuvre

• Le tableau est le portrait d'Amélie Matisse, la femme du peintre. Elle a tous les attributs de la femme bourgeoise : riche chapeau à plumes, gant, éventail. Par ailleurs, son maintien et son regard posé trahissent son origine sociale.

• Le visage est traversé par une longue trace verte qui représente l'ombre du nez. Les reliefs du visage sont rendus par des taches de couleurs différentes. Le peintre a utilisé de larges aplats qui ne permettent pas de distinguer les détails : les taches sur l'éventail, par exemple, sont peut-être les fleurs d'un bouquet. Le fond du tableau est un simple jeu de correspondances colorées.

III. Interpréter l'œuvre

• Avec ce portrait, Matisse crée une rupture avec les codes classiques de la représentation. Il ne cherche plus la ressemblance parfaite avec le modèle et préfère l'interprétation personnelle. C'est, en 1905, une démarche extrêmement novatrice, et choquante pour nombre de ses contemporains.

• L'emploi de la couleur sans lien avec la réalité (transposition chromatique) est l'autre grande innovation de ce portrait et la principale caractéristique du fauvisme. Les couleurs, vives et contrastées, éclatent littéralement sous l'œil du spectateur. Elles reflètent les sentiments du peintre, servent à rendre l'ombre et la lumière et remplacent la perspective.

POUR OUVRIR ET CONCLURE

Au salon d'Automne de 1905, d'autres toiles « fauves » sont exposées :

• ***Le portrait de Matisse*** par Derain (1905), conservé à la Tate Gallery à Londres : www.tate.org.uk (en anglais).

• ***Le portrait de Derain*** par Vlaminck (1906), conservé au Metropolitan Museum of Art à New York : www.metmuseum.org (en anglais).

SUJET

80

Sujet inédit • Histoire des arts

ÉPREUVE ORALE DU BREVET • 100 points

Le Cheval majeur, Raymond Duchamp-Villon

▸ Présentez *Le Cheval majeur* de Raymond Duchamp-Villon : évoquez son contexte de création, puis décrivez l'œuvre elle-même avant d'en donner une interprétation personnelle.

DOCUMENT Raymond Duchamp-Villon, *Le Cheval majeur* (1914)

Collection privée et Centre Georges Pompidou, Paris

PISTES POUR L'ORAL

I. Situer l'œuvre

• *Le Cheval majeur* est une sculpture de Raymond Duchamp-Villon, réalisée en plâtre en 1914 puis coulée en bronze en 1976.

• Duchamp-Villon est un artiste qui a voulu faire évoluer le mouvement cubiste avec la Section d'or.

II. Analyser l'œuvre

• *Le Cheval majeur* a été réalisé en plusieurs versions, de dimensions et de matériaux divers : il est d'abord conçu en plâtre, en petites dimensions, par l'artiste en 1914. Ce sont ses frères qui réaliseront de manière posthume la sculpture aux dimensions monumentales dont l'artiste rêvait.

• Les formes, réalisées après de nombreuses esquisses, sont épurées. Des formes géométriques arrondies se mêlent à d'autres plus rectilignes.

III. Interpréter l'œuvre

• Cette œuvre est au croisement des esthétiques cubiste et futuriste.

• Elle exprime la synthèse entre la force animale et la robustesse de la machine. Elle est ainsi le reflet de l'époque de la deuxième révolution industrielle. L'industrialisation inspire d'autres sculpteurs de l'époque, comme Boccioni, ou le frère de l'artiste, Marcel Duchamp.

POUR OUVRIR ET CONCLURE

Au début du XXe siècle, d'autres jeunes sculpteurs innovent et s'éloignent de la sculpture du maître Rodin :

• **Constantin Brâncuşi** (1816-1956) : il utilise le marbre et le bronze, estompe les traits, élimine les détails. *La Muse endormie* (1909) est la parfaite illustration de sa conception de la sculpture (www.centrepompidou.fr).

• **Umberto Boccioni** (1882-1916) : son œuvre *Formes uniques de continuité dans l'espace* (1912) rappelle *Le Cheval majeur* par la force et la vitesse du mouvement (www.histoire-image.org).

• **Marcel Duchamp** (1887-1968) et le *ready-made* : influencé par la modernisation de la société, il pense que le seul choix de l'artiste suffit à faire d'un objet une œuvre d'art (dossier pédagogique du centre Pompidou : www.centrepompidou.fr).

SUJET

81

Sujet inédit • Histoire des arts

ÉPREUVE ORALE DU BREVET • 100 points

Chrysler Building, William Van Alen

▸ **Présentez le *Chrysler Building* de William Van Alen : évoquez son contexte de création, puis décrivez l'œuvre elle-même avant d'en donner une interprétation personnelle.**

DOCUMENT **William Van Alen, *Chrysler Building* (1928-1930)**

ph © Shutterstock

PISTES POUR L'ORAL

I. Situer l'œuvre

• Le *Chrysler Building* est un gratte-ciel conçu par William Van Alen dans le style Art déco, style dominant dans les années 1920.

• Il est construit à New York et inauguré en 1930 après deux ans de travaux.

II. Analyser l'œuvre

• Dans cette époque de prospérité économique qui précède la crise des années 1930, les États-Unis affichent leur puissance par la construction de gratte-ciel de plus en plus hauts.

• Le *Chrysler Building* sera le plus haut monument du monde jusqu'à la construction de l'*Empire State Building*, un an plus tard, en 1931.

III. Interpréter l'œuvre

• Sa décoration exalte la puissance de l'économie américaine et de l'industrie automobile, particulièrement de la marque Chrysler, son commanditaire.

• Les années 1920 sont une période d'avant-garde artistique. En architecture, on recherche également de nouvelles esthétiques et techniques, de nouveaux matériaux, comme en témoigne le style Art déco.

POUR OUVRIR ET CONCLURE

Les années 1920 sont celles du renouvellement et de l'avant-garde dans tous les domaines artistiques. L'architecture ne fait pas exception.

• Le **Bauhaus** : ce mouvement allemand fondé en 1919 cherche à lier les arts plastiques avec l'architecture, l'artisanat et l'industrie (pour en savoir plus : www.grandpalais.fr/fr/article/le-bauhaus).

• **Antonio Gaudí**, architecte visionnaire : à sa mort en 1927, l'architecte catalan travaille depuis 43 ans (1884) sur un projet fou, la *Sagrada Família*, à Barcelone (pour en savoir plus sur cette œuvre inachevée : www.sagradafamilia.org).

SUJET 82

Sujet inédit • Histoire des arts

ÉPREUVE ORALE DU BREVET • 100 points

Les Temps modernes, Charlie Chaplin

▸ Présentez *Les Temps modernes* de Charlie Chaplin : évoquez son contexte de création, puis décrivez l'œuvre elle-même avant d'en donner une interprétation personnelle.

DOCUMENT **Charlie Chaplin, *Les Temps modernes* (1936)**

Extrait de la séquence d'ouverture, « À l'usine ».

PISTES POUR L'ORAL

I. Situer l'œuvre

• Charlie Chaplin est un cinéaste qui joue dans ses films comiques, qui les écrit et les produit. Après une enfance difficile, il s'installe aux États-Unis. Il est sensible aux idées communistes.

• *Les Temps modernes* est le dernier film muet dans lequel Charlot apparaît. La séquence d'ouverture, à l'usine, dénonce les conditions de travail des ouvriers.

II. Observer et analyser l'œuvre

• La séquence d'ouverture du film se déroule dans une usine minutieusement décrite. Tous les personnages sont associés à ce lieu et l'action est limitée à une journée.

• La pause déjeuner est un grand moment de burlesque, où la machine devenue folle martyrise Charlot, impuissant. L'ouvrier est pris de folie à cause de son travail.

III. Interpréter l'œuvre

• Ce film témoigne de la volonté de Chaplin de conserver le caractère burlesque présent dans ses films antérieurs.

• Le cinéaste se méfie du cinéma parlant et donne les rares paroles aux personnages antipathiques adeptes des technologies faisant produire plus.

• Chaplin dénonce, par la satire, les conditions très dures des travailleurs à la chaîne, traités comme des bêtes par un patron tout-puissant.

POUR OUVRIR ET CONCLURE

Comme *Les Temps modernes*, de nombreux films ont **dénoncé la violence** subie par les ouvriers dans le monde, parmi lesquels :

• ***Metropolis*** de Fritz Lang (Autriche, 1927) : une femme-robot déclenche la révolution dans une mégapole où la population ouvrière est exploitée.

• ***À nous la liberté*** de René Clair (France, 1931) : film dont Chaplin s'est inspiré et qui dénonce le travail à l'usine où les ouvriers sont habillés comme des détenus.

• ***Les Raisins de la colère*** de John Ford (États-Unis, 1940) : adaptation du roman de J. Steinbeck, il dénonce la confiscation des terres des paysans américains endettés.

SUJET

83

Sujet inédit • Histoire des arts

ÉPREUVE ORALE DU BREVET • 100 points

Complainte du progrès, Boris Vian

▸ Présentez la *Complainte du progrès* de Boris Vian : évoquez son contexte de création, puis décrivez l'œuvre elle-même avant d'en donner une interprétation personnelle.

DOCUMENT **Boris Vian, *Complainte du progrès* (1956)**

Autrefois pour faire sa cour
On parlait d'amour
Pour mieux prouver son ardeur
On offrait son cœur

Maintenant c'est plus pareil
Ça change, ça change
Pour séduire le cher ange
On lui glisse à l'oreille
Ah Gudule

Viens m'embrasser
Et je te donnerai
Un frigidaire
Un joli scooter
Un atomixer
Et du Dunlopillo
Une cuisinière
Avec un four en verre
Des tas de couverts
Et des pelles à gâteau

Une tourniquette
Pour faire la vinaigrette
Un bel aspirateur
Pour bouffer les odeurs
Des draps qui chauffent
Un pistolet à gaufres
Un avion pour deux
Et nous serons heureux
Autrefois, s'il arrivait
Que l'on se querelle
L'air lugubre on s'en allait
En laissant la vaisselle

Maintenant, que voulez-vous
La vie est si chère
On dit rentre chez ta mère
Et on se garde tout
Ah Gudule,

Excuse-toi
Ou je reprends tout ça
Mon frigidaire
Mon armoire à cuillères
Mon évier en fer
Et mon poêle à mazout
Mon cire-godasses
Mon repasse-limaces
Mon tabouret à glace
Et mon chasse-filous

ORAL

La tourniquette
À faire la vinaigrette
Le ratatine-ordures
Et le coupe friture

Et si la belle
Se montre encor cruelle
On la fiche dehors
Pour confier son sort
Au frigidaire
À l'efface-poussière
À la cuisinière
Au lit qu'est toujours fait
Au chauffe-savates
Au canon à patates
À l'éventre-tomates
À l'écorche-poulet

Mais très très vite
On reçoit la visite
D'une tendre petite
Qui vous offre son cœur
Alors on cède
Car il faut qu'on s'entraide
Et l'on vit comme ça
Jusqu'à la prochaine fois
Et l'on vit comme ça
Jusqu'à la prochaine fois

Boris Vian (paroles), Alain Goraguer (musique), *Complainte du progrès*, 1956, © Warner Chappell Music France.

PISTES POUR L'ORAL

I. Situer l'œuvre

• Boris Vian est un artiste aux talents multiples et à la santé fragile. Trompettiste, il joue dans un orchestre de jazz et écrit les paroles de ses chansons.

• Alain Goraguer est un compositeur et arrangeur musical français. Il rencontre Boris Vian et met en musique ses paroles.

• *La Complainte du progrès* est écrite au début des Trente Glorieuses, au moment où naît la société de consommation, portée par les arts ménagers.

II. Observer et analyser l'œuvre

• Les paroles dressent un parallèle entre le passé et le présent, décrivant les conséquences de l'évolution de la société sur la vie amoureuse.

• Les refrains sont composés d'une longue énumération amusante : une série de noms d'objets dédiés à la cuisine ou au ménage, réels ou inventés.

• L'orchestre de jazz est divisé en deux sections, rythmique et mélodique. La trompette ponctue les fins de phrase quand le piano accompagne la voix.

III. Interpréter l'œuvre

• Vian rédige des paroles pleines d'humour. La musique jazz composée par Alain Goraguer est inspirée des musiques des Caraïbes et souligne la malice des mots.

• Les paroles critiquent la soif de progrès technique de la population, l'entraînant à acheter des objets répondant à des besoins le plus souvent ridicules.

• Malgré l'humour et la musique entraînante, la description est en fait pessimiste. Tout romantisme est impossible dans la société de consommation.

POUR OUVRIR ET CONCLURE

La critique de la société de consommation est un thème fréquemment abordé dans les arts depuis la seconde moitié du XXe siècle. En voici quelques exemples :

• ***Mon oncle*** (1958) : film de Jacques Tati qui décrit avec humour le quotidien d'une famille dans une maison aux nombreuses innovations…

• ***Supermarket Lady*** (1969) : sculpture hyperréaliste de Duane Hanson qui représente une Américaine avec des bigoudis dans les cheveux poussant un chariot de courses débordant de nourriture.

SUJET

84

Sujet inédit • Histoire des arts

ÉPREUVE ORALE DU BREVET • 100 points

Electronic Superhighway, Nam June Paik

▸ Présentez *Electronic Superhighway: Continental U.S., Alaska, Hawaï* de Nam June Paik : évoquez son contexte de création, puis décrivez l'œuvre elle-même avant d'en donner une interprétation personnelle.

DOCUMENT **Nam June Paik, *Electronic Superhighway: Continental U.S., Alaska, Hawaï* (1995)**

Smithsonian Art Museum, Washington DC, États-Unis

PISTES POUR L'ORAL

I. Situer l'œuvre

• Nam June Paik, artiste coréen installé aux États-Unis, est le créateur de l'art vidéo qui considère les téléviseurs comme des outils artistiques.

• *Electronic Superhighway* est une installation vidéo composée de néons et de téléviseurs. Elle a été réalisée en 1995. L'œuvre se trouve à la National Portrait Gallery de Washington.

II. Décrire l'œuvre

• Cette installation de très grand format forme une carte des États-Unis. Les néons de couleur vive délimitent les frontières des États américains.

• Des extraits vidéo ayant pour sujet les États américains passent en boucle. Les couleurs et les sons sont travaillés par l'artiste : le rendu visuel et sonore est confus en vue d'ensemble, mais plus clair quand on observe chaque État.

III. Interpréter l'œuvre

• L'œuvre s'inspire de l'univers des autoroutes (couleurs criardes et vitesse) qui ont fasciné l'artiste lors de son installation dans ce pays.

• *Electronic Superhighway* est un autoportrait des États-Unis à travers sa représentation par les médias.

• L'installation questionne le spectateur et sa relation aux médias qui donnent une vision déformée, remplie de clichés, de la réalité.

POUR OUVRIR ET CONCLURE

Depuis la seconde partie du XXe siècle, de nombreux artistes utilisent des **éléments de la culture populaire** ou des objets manufacturés pour créer leurs œuvres. C'est le cas des artistes du Pop Art et des Nouveaux Réalistes européens :

• **Andy Warhol** : artiste américain (1928-1987), chef de file du Pop Art.

• **Roy Lichtenstein** : peintre et sculpteur américain (1923-1997), artiste Pop Art, dont les œuvres reprennent des cases de comics (B.D.) en grand format.

• **César** (César Baldaccini, dit) : sculpteur français (1921-1998), nouveau-réaliste, il utilise pour ses « compressions » des voitures écrasées.

SUJET **85** Sujet inédit • Histoire des arts

ÉPREUVE ORALE DU BREVET • 100 points

Affiche antibolchevique, Adrien Barrère

▶ Présentez l'affiche antibolchevique d'Adrien Barrère : évoquez son contexte de création, puis décrivez l'œuvre elle-même avant d'en donner une interprétation personnelle.

DOCUMENT Adrien Barrère, *L'Homme au couteau entre les dents* (1919)

Coll. Dixmier / Kharbine-Tapabor

PISTES POUR L'ORAL

I. Situer l'œuvre

• Cette affiche a été réalisée par Adrien Barrère en 1919, sur commande d'un groupe d'industriels de la banlieue parisienne.

• Adrien Barrère est habitué à réaliser des affiches très expressives et frappantes grâce à ses nombreuses réalisations d'affiches de cinéma et de théâtre. Dans un contexte d'élections législatives, le patronat, effrayé par les révolutions bolcheviques et par la propagation de ses idées dans des pays traumatisés par la Grande Guerre, fait réaliser cette affiche.

II. Analyser l'œuvre

• Le dessin représente un visage terrifiant, hirsute, les cheveux en bataille, les yeux exorbités. Ses traits sont exagérés : c'est une caricature.

• Le couteau que le personnage tient entre les dents dégouline de sang, la couleur rouge-sang domine.

• Le slogan est écrit d'une main tremblante. La signature précise que l'affiche est commanditée par les patrons des usines de Sceaux et Saint-Denis.

III. Interpréter l'œuvre

• Tout est mis en œuvre pour effrayer le concitoyen : l'omniprésence du rouge, le couteau acéré… Ce sont les procédés des affiches du théâtre d'épouvante.

• Cette affiche de propagande a pour but de convaincre les électeurs de voter contre le bolchevisme et donc de voter pour les partis conservateurs.

POUR OUVRIR ET CONCLURE

L'affiche *L'Homme au couteau entre les dents* a été détournée par le Parti communiste lui-même : Raoul Cabrol dessine l'affiche « Contre ça, votez communiste », où Hitler est représenté de manière grotesque, tenant un couteau entre ses dents. Le mot « communiste » n'est plus présenté comme le danger, mais comme l'alternative à « ça » (Hitler, désigné sans être nommé) : www.histoire-image.org.

ORAL

SUJET
86

Sujet inédit • Histoire des arts
ÉPREUVE ORALE DU BREVET • 100 points

Dracula, Francis Ford Coppola

▸ Présentez *Dracula* de Francis Ford Coppola : évoquez son contexte de création, puis décrivez l'œuvre elle-même avant d'en donner une interprétation personnelle.

DOCUMENT **Francis Ford Coppola, *Dracula* (1992)**

Film adapté du roman de Bram Stoker (1897).

PISTES POUR L'ORAL

I. Situer l'œuvre

- *Dracula* est un film fantastique réalisé par Francis Ford Coppola en 1992.
- C'est une adaptation du roman néogothique de Bram Stoker, écrit en 1897.
- Le film raconte l'histoire du vampire Dracula, être brisé et maudit, qui renoue avec l'amour alors qu'il est en quête de nouvelles proies à Londres.

II. Analyser l'œuvre

- Le réalisateur crée un contraste entre romantisme et horreur.
- Les points de vue multiples des personnages traduisent leur psychologie.
- Le foisonnement des décors et des costumes donne une tonalité particulière aux lieux de l'action et symbolise l'âme des personnages.

III. Interpréter l'œuvre

- Dans le film, Dracula est un être brisé par l'amour, qui renie sa foi, la morale et les interdits à la mort de sa fiancée. Il pense renouer avec l'amour grâce à Mina.
- Amour et sensualité vont de pair, faisant de l'acte vampirique un acte charnel que l'on désire autant qu'on le craint.
- Au contact des vampires, les sens prennent le dessus sur la raison, à l'image d'un animal guidé par ses instincts.

POUR OUVRIR ET CONCLURE

- **Autres films sur Dracula** :
  - *Nosferatu* de Murnau (1922), film expressionniste allemand dont Coppola s'est inspiré pour les effets spéciaux, telle l'ombre de Dracula sur le mur ;
  - *Dracula* interprété par Bela Lugosi (1931) ;
  - *Le Cauchemar de Dracula*, avec Christopher Lee (1958) ;
  - *Du Sang pour Dracula* (1974) ;
  - *Dracula Untold* (2014) de Gary Shore.
- **Autres films et romans de vampires** :
  - *Le Bal des Vampires*, de Roman Polanski (1967), sur le mode parodique ;
  - *Entretien avec un vampire* de Neil Jordan (1994), adapté du roman d'Anne Rice (1976) ;
  - *Twilight*, série de films fantastiques et sentimentaux adaptés des romans de Stephenie Meyer (2005).

SUJET 87

Sujet inédit • EPI

ÉPREUVE ORALE DU BREVET • 100 points

L'image au service de la propagande

▸ Vous devez présenter un panneau d'exposition dans le cadre d'un projet EPI (Histoire, EMC, Français) sur le thème de l'embrigadement de la jeunesse par la propagande hitlérienne et stalinienne.

Voici le panneau réalisé :

L'embrigadement de la jeunesse par la propagande hitlérienne et stalinienne

ph © www.bridgemanimages.com

« Enfant, que sais-tu de notre leader ? », affiche allemande (1935).

ph © Fine Art Images/Heritage Images/Getty Images

« Merci à notre cher Staline pour notre enfance heureuse », affiche soviétique (1950).

I. Des affiches similaires

• Les deux affiches sont **composées de la même manière** : Hitler et Staline sont à droite, tandis que les enfants occupent la partie gauche et la moitié inférieure de l'image.

• Les deux chefs sont présentés **en contre-plongée**, du point de vue des enfants, ce qui les fait paraître d'autant plus grands et imposants.

→ Ces affiches de propagande traduisent le **culte de la personnalité** caractéristique des régimes totalitaires.

II. Un message différent

Hitler, un leader fort et conquérant

• Le **drapeau nazi** est très présent.

• « Kinder » et « Führer » sont écrits de la même taille, pour établir **un lien entre les enfants et le leader**.

• L'enfant au second plan a les yeux tournés vers la droite, donc vers l'Est et vers l'avenir : son regard symbolise **l'espoir** et évoque **les ambitions conquérantes** du régime.

→ L'objectif est de **rallier les enfants au régime** pour en faire de futurs soldats.

Staline, une figure paternelle et rassurante

• Les enfants offrent des fleurs à Staline et le garçon lui adresse **un regard admiratif**.

• Le texte de l'affiche traduit **la gratitude des enfants** à l'égard de leur chef.

• Le garçon est vêtu du costume des **jeunesses communistes** mais le drapeau de l'URSS est absent.

→ L'objectif est de **donner une image rassurante de Staline,** « le petit père des peuples ».

PISTES POUR L'ORAL

Voici les diapositives qui peuvent servir de support à la présentation orale :

L'embrigadement de la jeunesse par la propagande hitlérienne et stalinienne

Alice, Michaël et Ryan (3e C),
le 15 avril 2018

- **Projet :** Réaliser un panneau en vue d'une exposition
- **Thème de l'EPI :** Information, communication et citoyenneté

Parcours citoyen

- **Intitulé :** L'image au service de la propagande
- **Disciplines :** Histoire, EMC et Arts plastiques

- **Sur la diapositive** : commencez par une diapositive d'ouverture indiquant toutes les caractéristiques de votre projet.
- **À l'oral** : vous pouvez passer rapidement sur cette 1re diapositive, mais elle vous permet de prendre confiance.

Introduction

Introduction

- **Comment les régimes totalitaires utilisent-ils la propagande pour servir leur idéologie ?**
- **Thème choisi :** L'embrigadement de la jeunesse par la propagande hitlérienne et stalinienne
- **Plan de l'exposé :**

I. Les recherches préparatoires
II. L'analyse des affiches
III. L'élaboration du panneau

- **Sur la diapositive** : faites apparaître la problématique et le plan de votre exposé. Ici, il suit les grandes étapes du projet.
- **À l'oral** : ne lisez pas le plan, énoncez-le en faisant des phrases complètes.

Partie 1

I. Les recherches préparatoires

Objectif : comprendre le fonctionnement des régimes totalitaires et trouver des affiches de propagande.

- **Propagande :** ensemble des moyens utilisés pour propager une idée ou une idéologie.
- **Quelques dates clés :**

1922, Italie	**1928, URSS**	**1933, Allemagne**
Mussolini marche sur Rome	Staline, seul au pouvoir	Hitler est nommé chancelier

- **Sur la diapositive** : synthétisez vos recherches : ne mentionnez que les informations essentielles, si possible de manière visuelle.
- **À l'oral** : complétez la définition de la propagande et commentez la frise en justifiant le choix des dates.

Partie 2

II. L'analyse des affiches

Objectif : sélectionner des affiches et les analyser pour comprendre les techniques de propagande utilisées

Méthode :
1. Présentation
2. Description
3. Analyse

Affiche allemande, 1933.

Affiche soviétique, 1950.

- **Sur la diapositive** : limitez le texte à l'essentiel ; privilégiez les visuels.
- **À l'oral** : détaillez la méthode et appliquez-la aux deux affiches présentées.

ORAL

Partie 3

III. L'élaboration du panneau

Objectif : concevoir et réaliser un panneau pour présenter notre analyse des deux affiches.

Notre conclusion : les deux affiches contribuent au culte de la personnalité des dictateurs, mais leur intention est différente.

→ *Comment organiser le panneau de manière à communiquer efficacement cette conclusion ?*

L'embrigadement de la jeunesse par la propagande hitlérienne et stalinienne		I. Des affiches similaires *[points communs]*
Affiche 1 + légende	Affiche 2 + légende	II. Un message différent Hitler, un leader fort *[analyse de l'affiche 1]* Staline, une figure paternelle et rassurante *[analyse de l'affiche 2]*

• **Sur la diapositive** : gardez une trace des différentes étapes, surtout si vous ne pouvez pas apporter le résultat final le jour de l'oral.

• **À l'oral** : comparez les affiches et commentez la disposition choisie.

Conclusion

Conclusion

• **Ce que nous avons appris :**
– reconnaître un régime totalitaire
– analyser une affiche de propagande
– concevoir un panneau explicatif

• **Ce qui a été difficile :**
– passer de la description des affiches à leur analyse
– rédiger les textes du panneau

→ **Aboutissement du projet :** Présentation de notre travail au public lors d'une exposition au CDI.

• **Sur la diapositive** : faites le bilan du projet et terminez par une bibliographie.

• **À l'oral** : précisez ou complétez chacun le bilan de manière plus personnelle.

Le mémo du brevet

L'essentiel du programme en fiches

Le mémo

Sommaire détaillé

Français

Mathématiques

Les méthodes de l'oral

1 Reconnaître un récit

Un récit est un texte narratif, c'est-à-dire un texte où un narrateur raconte une histoire. Il peut revêtir de multiples formes : récit d'aventures, d'apprentissage, de guerre…

A Identifier les composantes du récit

- Les récits sont souvent aux temps du passé. Ceux-ci ont différentes valeurs :
– l'**imparfait** est utilisé pour décrire le décor, les circonstances ;
– le **passé simple** est utilisé pour une action ponctuelle ou limitée dans le temps ;
– le **passé antérieur** et le **plus-que-parfait** sont utilisés pour les actions antérieures à celles exprimées par les verbes au passé simple et à l'imparfait.

- Un récit s'enrichit de passages qui ne sont pas purement narratifs :
– la **description** sert à peindre des lieux ou à faire le portrait des personnages ;
– le **dialogue** permet d'animer le récit et de créer un effet de réel puisque les personnages semblent s'exprimer directement ;
– les **commentaires** du narrateur, généralement au présent, interrompent parfois le récit.

B Analyser la structure d'un récit

Dans les récits courts, le conte, par exemple, l'intrigue du récit suit souvent un **schéma narratif** qui compte cinq étapes successives.

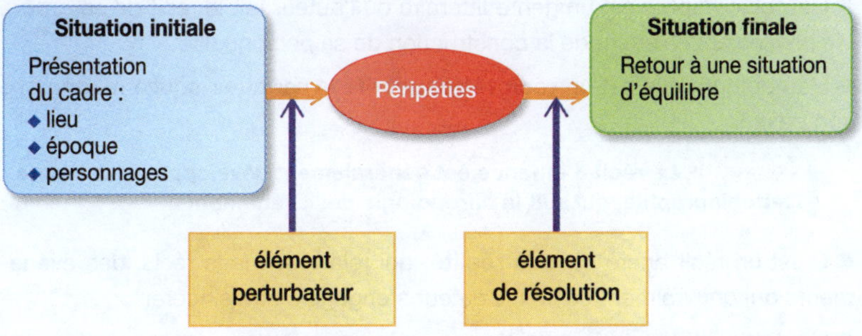

C Comprendre la fonction des personnages

- Chaque personnage remplit un **rôle** dans l'intrigue. Le héros ou personnage principal fait évoluer l'action en fonction de sa **quête**.

- Au cours de celle-ci, il rencontre soit des personnages qui l'aident à obtenir ce qu'il souhaite, soit des personnages qui lui font obstacle.

FRANÇAIS

2 Reconnaître les formes de l'écriture de soi

L'écriture de soi peut prendre des formes variées selon qu'elle est personnelle ou destinée à la publication. On parle de genre autobiographique lorsque l'auteur fait le récit de sa propre vie.

A Repérer les caractéristiques de l'écriture de soi

1. La situation d'énonciation

- Le texte est rédigé à la **1re personne** du singulier. L'auteur, l'énonciateur et le protagoniste sont une seule et même personne. L'énonciation est subjective : le *je* ne donne que son propre point de vue.

2. Le destinataire

- Certains écrits ne sont destinés qu'à un usage privé : **lettre** adressée à un proche, **journal** destiné à faire le point sur soi-même au jour le jour…
- D'autres écrits sont destinés à la publication et deviennent une pratique littéraire. On parle généralement d'écrits ou de romans autobiographiques. Les **Mémoires** (avec une majuscule), par exemple, mettent l'accent sur l'Histoire et les grands événements plutôt que sur la vie individuelle.

B Identifier les spécificités de l'autobiographie

- L'autobiographie est un genre littéraire où l'auteur fait le récit de sa propre vie privilégiant l'histoire de la construction de sa personnalité.
- L'autobiographie est un **récit rétrospectif** : le narrateur adulte recompose son passé.

> REMARQUE **Le récit d'enfance est généralement développé au début de l'autobiographie, qui suit la chronologie des événements.**

- C'est un récit ancré dans la **réalité**, qui relate des faits réels, des événements qui ont vraiment eu lieu. L'auteur s'engage à être sincère.
- L'autobiographie mêle donc **deux systèmes de temps** : le passé et le présent. Il y a un va-et-vient constant entre le *je* adulte, narrateur du récit, et le *je* enfant, personnage.
- Écrire sur soi repose sur l'**introspection**. L'auteur prend la plume pour se présenter, mais aussi exposer ses pensées ou peindre ses sentiments.

3 Reconnaître un texte théâtral

Lorsque tu penses au théâtre, tu imagines des acteurs, un décor, des costumes, la scène... Mais peux-tu définir exactement ce qu'est le genre théâtral ?

A Connaître les particularités du genre théâtral

- Une pièce de théâtre se différencie du genre romanesque en ce qu'elle n'est constituée que de dialogues et de didascalies. Elle est généralement divisée en actes, eux-mêmes divisés en plusieurs scènes.

> DÉFINITION **Les didascalies sont les indications de lieu, de costumes, de jeu et de mise en scène. Elles sont généralement mises en italique ou entre parenthèses pour les différencier des dialogues.**

- Le **dialogue** doit apporter les informations, faire progresser l'action, préciser les relations qui unissent les personnages et les sentiments qu'ils éprouvent.
- Le dialogue est constitué d'un échange de **répliques**. Chaque réplique est précédée du nom du personnage qui parle. Les paroles ne sont ni introduites par un verbe de parole ni placées entre guillemets.

B Connaître les conventions théâtrales

- La représentation théâtrale doit créer l'**illusion du réel** à partir d'éléments factices (décor, costumes).
- Le théâtre repose sur la règle de la **double énonciation** : les paroles prononcées par un personnage ont pour destinataires les autres personnages présents sur scène mais aussi les spectateurs. Prenons deux exemples :

– l'**aparté** est une réplique qu'un personnage s'adresse à lui-même et que les autres personnages présents sur scène ne sont pas censés entendre. Le public est ainsi mis dans la confidence.

– le **monologue** est une scène où un personnage, seul, s'adresse à lui-même mais aussi aux spectateurs auxquels il fait partager ses pensées.

4 Étudier un poème

La poésie peut prendre des formes très différentes, mais tous les poèmes ont en commun un usage particulier du langage.

A Reconnaître un poème

- Dans la poésie classique, un poème se reconnaît par sa disposition : les phrases sont découpées en **vers**, eux-mêmes regroupés en **strophes**.
- Les vers comptent un **nombre précis** de syllabes. Ils se caractérisent par la **rime** qui est la répétition du même son à la fin de deux ou plusieurs vers.
- S'affranchissant de ces règles, la poésie moderne se rapproche de la prose, un poème écrit sans vers. Cependant, la **musicalité** du langage et les **images** suscitent une émotion particulière, propre à chaque poème.

B Repérer les images

Les images poétiques se doivent d'être **originales et expressives**. Pour les faire naître, le poète utilise des figures de style.

> REMARQUE **Une figure de style est un procédé qui crée des effets susceptibles d'agir sur la sensibilité ou l'imagination du lecteur.**

- La **comparaison** établit une ressemblance entre le comparé et le comparant à l'aide d'un outil de comparaison *(comme, tel, pareil à…)*.
- La **métaphore** est une comparaison sans outil pour l'introduire. Par exemple, l'arbre généalogique est une métaphore de la famille.
- La **personnification** consiste à attribuer des propriétés humaines à un animal, à une idée, à une chose. Exemple : *L'arbre dansait dans le vent*.
- L'**allégorie** est une représentation concrète d'une idée. Par exemple, la justice est souvent représentée par une balance.

C Percevoir la musique des vers

La poésie naît d'un travail sur les sonorités et le rythme.

- Les rimes peuvent se combiner entre elles de différentes façons : rimes **suivies** (AA, BB), rimes **croisées** (ABAB) et rimes **embrassées** (ABBA).
- L'**allitération** est la répétition d'un même son consonne dans un ou plusieurs vers, qui vise à créer un effet d'imitation sonore. L'**assonance** est la répétition d'un même son voyelle.
- Le rythme est marqué par des **coupes** qui sont des pauses dans le vers situées après chaque syllabe accentuée. Elles marquent la cadence des vers.

5 Identifier la satire

Le texte et le dessin satirique visent à faire rire, mais surtout à dénoncer les défauts des hommes ou de la société.

A Qu'est-ce qu'un texte satirique ?

- C'est un texte qui attaque les vices et les ridicules d'une personne ou d'une société dans un but argumentatif. On le retrouve dans **tous les genres littéraires** : dans la fable (XVIIe siècle), la comédie (XVIIe siècle), le conte philosophique (XVIIIe siècle), le roman (XIXe siècle).
- Au XXe siècle, le registre satirique se retrouve dans les **chroniques télévisuelles** ou **radiophoniques**.

B Qu'est-ce qu'un dessin satirique ?

- Le dessin satirique se donne à voir immédiatement, souvent à la une des journaux ou sur les murs.
- Il peut prendre la forme de la **caricature** (représentation grotesque d'un personnage obtenue par la déformation de ses traits et de ses proportions). Comme un texte, il cherche à se moquer et à ridiculiser, à accuser une personne ou à critiquer une situation, à affirmer ou à dénoncer une opinion politique, sociale ou religieuse.
- Le dessin satirique s'appuie sur un certain nombre de procédés : **exagération** de particularités physiques, animalisation, végétalisation, **comparaison** dévalorisante ou encore diabolisation.

C Comment faire ?

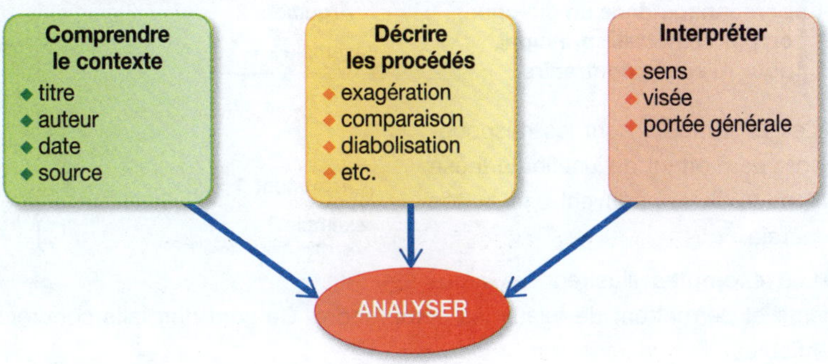

6 Reconnaître et construire une argumentation

Dans un texte argumentatif, l'émetteur cherche à convaincre le lecteur de quelque chose. L'argumentation peut se rencontrer dans des textes variés : articles de journaux, récits, pièces de théâtre, romans...

A Reconnaître un texte argumentatif

- Pour convaincre, l'émetteur s'implique dans son discours : les marques de la 1re personne sont nombreuses. Il s'adresse à un **destinataire** en recourant aux marques de 2e personne.
- Le **présent** de l'indicatif est le temps de référence.
- Dans un texte argumentatif, l'émetteur exprime une **opinion**. Ainsi, les marques de subjectivité sont variées (verbes d'opinion, modalisateurs, vocabulaire mélioratif ou péjoratif).
- Le locuteur peut chercher à faire partager une opinion ou pousser le destinataire à agir.

B Organiser une argumentation

Un texte argumentatif est construit autour d'une thèse argumentée et illustrée par des exemples.

- La **thèse** est l'opinion défendue par le locuteur à propos d'un sujet donné.

> **REMARQUE** **La thèse s'oppose à une thèse adverse, qui peut être mentionnée par un autre personnage dans un dialogue, ou par l'émetteur principal, pour mieux la contredire.**

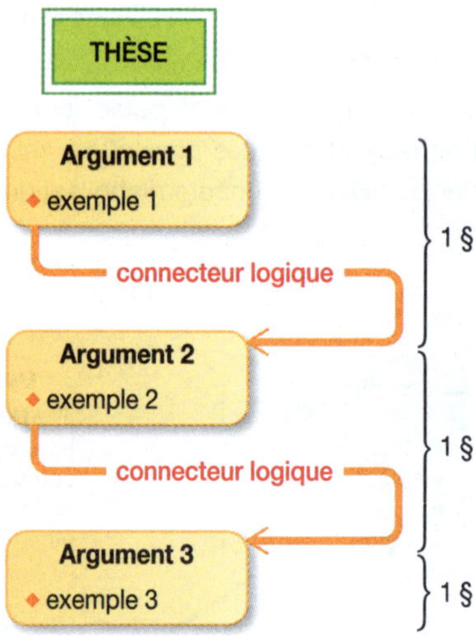

- Les **arguments** sont les raisonnements permettant de justifier la thèse défendue. Ils ont souvent une portée générale.
- Les **exemples** illustrent les arguments et permettent de mieux les comprendre. Ce sont des faits concrets, vérifiables.
- Les **connecteurs logiques** structurent le discours et explicitent les liens entre les différentes idées : *pourtant, mais, de plus...*

7 Écrire un dialogue argumentatif

Il s'agit d'imaginer un dialogue dans lequel deux locuteurs défendent des thèses opposées sur un sujet donné. Chacun défend son point de vue, en argumentant et en donnant des exemples dans le but de convaincre ou de persuader l'autre.

A Repérer la situation de communication

- Commence par définir le **thème** : de quoi est-il question ?
- Repère à quelle **époque** se déroule le dialogue : le vocabulaire et les idées ne seront pas les mêmes selon les époques.
- Tu dois définir qui sont les interlocuteurs et quelles thèses ils défendent.

B Prévoir la progression de l'échange

Pour éviter qu'un dialogue ne tourne en rond, il faut penser à la progression de l'échange.

- La **thèse** de chaque interlocuteur doit être soutenue par des **arguments** illustrés par des **exemples**.
- Les arguments doivent être présentés du moins convaincant (qui recevra donc des objections) au plus convaincant.

C Rédiger le dialogue

- Le dialogue ne doit pas se résumer à une énumération d'idées. Il faut le rendre vivant par des **adresses directes** à l'interlocuteur, par la mention de sentiments ressentis, ou par des **types de phrases variés** donnant de l'épaisseur aux interlocuteurs.
- Pense à varier les connecteurs pour lier arguments, objections et exemples.

Objectif	Connecteur
énumérer, ajouter des idées	d'abord, ensuite, enfin, et, de plus, par ailleurs, d'une part, d'autre part, non seulement… mais aussi…
exprimer l'opposition	mais, or, cependant, néanmoins, pourtant, malgré, alors que, au contraire…
exprimer la cause	car, parce que, puisque, comme, en raison de…
exprimer la conséquence	donc, par conséquent, c'est pourquoi, si bien que, pour…

- À la fin du dialogue, le lecteur doit savoir si l'argumentation a été efficace, et doit comprendre clairement quelle est la thèse victorieuse.

8 Raconter une expérience personnelle en exprimant ses sentiments

Relater une expérience personnelle en suivant certaines consignes est un exercice fréquent au brevet. L'expression des sentiments devra occuper une place importante dans ton récit.

A Relater une expérience

- L'expérience à raconter n'a pas à être vraie, mais seulement **vraisemblable**, c'est-à-dire crédible. Tu peux t'inspirer d'événements qui te sont réellement arrivés, ou bien en imaginer sans nécessairement qu'ils soient extraordinaires.
- On te demande d'écrire un récit à la **1re personne**, inscrit la plupart du temps dans le passé. On doit pouvoir supposer que c'est réellement de toi qu'il s'agit. Tu dois donc prêter ton caractère au *je* fictif de ton récit : le narrateur est un collégien, qui vit à notre époque.

B Exprimer des sentiments

Pour exprimer des sentiments, il est nécessaire d'employer le **champ lexical** qui convient.

Sentiment	Noms	Adjectifs
peur	malaise, horreur, terreur, panique, épouvante	horrifié, terrifié, livide, pâle
joie	bonheur, contentement, plaisir, allégresse, enthousiasme	émerveillé, heureux, satisfait, enchanté, ravi, transporté
tristesse	chagrin, désespoir, détresse, amertume, souffrance, douleur	désespéré, amer, déçu, accablé, morne, maussade
surprise	stupéfaction, incrédulité, ébahissement, ahurissement	inattendu, stupéfait, ébahi

- Tandis que les phrases courtes marquent la vivacité du sentiment, les phrases plus longues décrivent des sentiments mêlés ou opposés.
- La phrase se terminant par un **point d'exclamation** traduit des sentiments ou des émotions fortes (la colère, l'impatience, la joie…).
- Les **points de suspension** rendent un énoncé plus expressif (marque du doute, du regret…).

9 Écrire une suite de récit

Écrire la suite d'un récit, c'est poursuivre à ta manière le travail d'un écrivain : il faut donc que tu utilises ton imagination, tout en respectant les éléments présents dans le texte de référence.

FRANÇAIS

A Respecter les données du texte initial

Rédiger une suite de texte demande une analyse minutieuse du texte de référence.

● Identifie d'abord le **genre** du récit : récit d'enfance, policier, réaliste… Puis, note tous les éléments narratifs qui te permettent de définir :
- le **cadre** (en répondant aux questions : où ? quand ?) ;
- le **narrateur** et les **thèmes** (qui ? quoi ?) ;
- le caractère et le comportement des **personnages**.

> ATTENTION ! **Ne mentionne pas des inventions du XXe siècle pour écrire la suite d'un texte du XIXe siècle, comme la voiture motorisée, le téléphone, etc.**

● Analyse ensuite les **procédés** d'écriture : à quelle personne le récit est-il mené ? À quel temps ? Quel est le registre employé (pathétique, fantastique…) ? Quel est le ton d'ensemble (comique, tragique…) ?

● Le système de temps (soit du passé, soit du présent) de la narration doit être respecté. Si le texte est au passé, tu ne peux pas écrire une suite au présent.

B Imaginer une suite

● Détermine d'abord la **fin** de ton texte : quelles réponses vas-tu apporter aux questions soulevées par l'extrait ? Comment vas-tu satisfaire les attentes du lecteur ?

● Imagine ensuite un enchaînement de **péripéties** conduisant au dénouement que tu veux écrire.

● Vérifie que tes péripéties sont **cohérentes** avec le texte initial. Fais attention notamment au cadre spatio-temporel et au caractère des personnages.

10 Écrire un dialogue théâtral

Au théâtre, l'action ne progresse que par les paroles qu'échangent les personnages : tu dois donc écrire un dialogue vivant et efficace.

A Respecter les caractéristiques du dialogue théâtral

● Commence par indiquer le nom du personnage qui prend la parole devant sa réplique.

> ATTENTION ! **Tu ne dois pas employer de guillemets ni de verbes de parole.**

● Tu peux introduire des **didascalies**, c'est-à-dire des indications scéniques, en italique ou entre parenthèses pour indiquer :
– le ton employé par l'émetteur ;
– à qui la réplique est adressée s'il y a confusion possible ;
– la posture ou les mouvements des personnages susceptibles de souligner ce qui est dit dans le dialogue.

B Construire le dialogue

Pour écrire un dialogue vivant et efficace, tu peux avoir recours à différents procédés. Pour commencer, évite les répliques qui ne servent pas à faire progresser l'action ou à créer un effet.

● Choisis le **niveau de langue** qui correspond au personnage qui parle et au genre théâtral : le niveau de langue est soutenu dans les tragédies classiques et les personnages s'expriment en alexandrins, alors que dans les comédies, les personnages peuvent s'exprimer dans un registre populaire (courant ou familier).

● Pense à alterner les **types de phrases** : tu peux faire se succéder les phrases déclaratives, interrogatives, exclamatives et injonctives.

● Tu peux varier le **rythme du dialogue** en faisant se succéder longues tirades et répliques courtes pour rendre ton dialogue vif et rapide.

● Fais avancer le dialogue au moyen de **reprises de mots**, ce qui, d'une réplique à l'autre, crée un effet d'écho.

11 Différents nombres et leurs représentations

Notion	Définition
Nombre entier naturel	Nombre entier (c'est-à-dire qui s'écrit sans chiffre après la virgule) positif ou nul.
Nombre entier relatif	Nombre entier positif, négatif ou nul.
Nombre décimal	Nombre qui s'écrit avec un nombre fini de chiffres après la virgule. *Exemple* : 0,64.
Nombre rationnel (ou fraction)	Nombre qui peut s'écrire sous la forme d'une fraction, c'est-à-dire sous la forme $\frac{a}{b}$, où a et b sont des nombres entiers relatifs et $b \neq 0$. *Exemple* : $\frac{16}{25}$.
Fraction décimale	Fraction dont le dénominateur est une puissance de 10. *Exemple* : $\frac{64}{10^2} = \frac{64}{100}$.
Notation scientifique d'un nombre	Notation de la forme $x = a \times 10^n$ où $1 \leqslant a < 10$ et n est un entier relatif. On peut utiliser cette notation pour tout nombre positif x. *Exemple* : $6{,}4 \times 10^{-1}$.
Nombre irrationnel	Nombre qui ne peut pas s'écrire sous la forme d'une fraction. *Exemples* : $\sqrt{2}$, π...

REMARQUES

1. Un même nombre peut s'écrire de différentes façons.

Ainsi 0,64, $\frac{16}{25}$, $\frac{64}{100}$ et $6{,}4 \times 10^{-1}$ représentent le même nombre.

2. Un nombre rationnel a une infinité d'écritures sous forme de fraction. Une **fraction irréductible** est une fraction qui ne peut pas être simplifiée.

3. Attention ! Ne pas confondre l'opposé et l'inverse d'un nombre.

- Deux nombres sont **opposés** si leur somme est nulle.

Exemples : -5 est l'opposé de 5, $-\frac{1}{3}$ est l'opposé de $\frac{1}{3}$.

- Deux nombres sont **inverses** si leur produit est 1.

Exemples : $\frac{1}{5}$ est l'inverse de 5, $-\frac{1}{3}$ est l'inverse de -3.

MATHS

12 Puissance et racine carrée

A Définitions

Notion	Définition
Puissance d'un nombre	Produit de *n* facteurs égaux à *a* (*a* étant un nombre non nul et *n* un nombre entier naturel positif). On le note a^n : $a^n = \underbrace{a \times a \times ... \times a}_{n \text{ facteurs}}$. a^{-n} est l'inverse de a^n. Donc $a^{-n} = \frac{1}{a^n}$. *Exemples* : $5^3 = 5 \times 5 \times 5 = 125$; $10^{-2} = \frac{1}{10^2} = \frac{1}{100} = 0{,}01$.
Racine carrée d'un nombre	Nombre positif dont le carré est égal à *a* (où *a* est un nombre positif donné). On le note $\sqrt{a}$. *Exemples* : $\sqrt{25} = 5$; $\sqrt{56{,}25} = 7{,}5$.

B Préfixes scientifiques

Préfixe	Symbole	Puissance de 10	Valeur	Exemples
giga	G	10^9	1 000 000 000	1 gigawatt = 1 000 000 000 watts
méga	M	10^6	1 000 000	1 mégahertz = 1 000 000 hertz
kilo	k	10^3	1 000	1 kilocalorie = 1 000 calories
hecto	h	10^2	100	1 hectopascal = 100 pascals
déca	da	10^1	10	1 décalitre = 10 litres
déci	d	10^{-1}	0,1	1 décimètre = 0,1 mètre
centi	c	10^{-2}	0,01	1 centigramme = 0,01 gramme
milli	m	10^{-3}	0,001	1 milliseconde = 0,001 seconde
micro	μ	10^{-6}	0,000 001	1 microampère = 0,000 001 ampère
nano	n	10^{-9}	0,000 000 001	1 nanomètre = 0,000 000 001 m

13 Calcul numérique

A Multiples, diviseurs – Nombres premiers

Notion	Définition
Multiple	On appelle multiple d'un entier naturel le produit de ce nombre entier naturel par un autre nombre entier naturel. *Exemples* : 45, 135 et 225 sont des multiples de 15, car $45 = 3 \times 15$ et $135 = 9 \times 15$ et $225 = 15 \times 15$.
Diviseur	Soient deux entiers naturels *a* et *b*. *a* est un diviseur de *b* lorsque la division de *b* par *a* se fait exactement, c'est-à-dire ne donne pas de reste. *Exemple* : 13 est un diviseur de 91 car $91 = 13 \times 7 + 0$.
Critères de divisibilité	Un nombre est divisible : • par 2 si son chiffre des unités est 0, 2, 4, 6 ou 8 ; • par 3 si la somme de ses chiffres est divisible par 3 ; • par 5 si son chiffre des unités est 0 ou 5 ; • par 9 si la somme de ses chiffres est divisible par 9 ; • par 10 si son chiffre des unités est 0.
Nombre premier	Nombre entier naturel divisible seulement par lui-même et par 1. *Exemple* : 17 est un nombre premier. 55 n'est pas un nombre premier car il est divisible par 5.
Décomposition d'un nombre entier en un produit de facteurs premiers	Opération qui consiste à transformer un nombre entier en un produit de nombres premiers. *Exemple* : $600 = 2^3 \times 3 \times 5^2$.

B Les fractions : comparer et calculer

Objectif	Règle
Comparer	Si deux fractions ont le même dénominateur, la fraction la plus grande est celle qui a le plus grand numérateur. Si deux fractions ont le même numérateur, la fraction la plus grande est celle qui a le plus petit dénominateur.
Additionner ou soustraire	Pour additionner (ou soustraire) deux fractions, on les réduit au même dénominateur puis on additionne (ou on soustrait) les numérateurs et on conserve le dénominateur commun.
Multiplier	Pour multiplier deux fractions, on multiplie les numérateurs entre eux et les dénominateurs entre eux.
Diviser	Pour diviser deux fractions, on multiplie la fraction numérateur par l'inverse de la fraction dénominateur.

MATHS

14 Calcul littéral

A Développer

- À l'aide de la **propriété de distributivité** : on utilise les règles de la distributivité de la multiplication par rapport à l'addition.

Quels que soient les nombres a, b, c, d :
$a \times (b + c) = a \times b + a \times c$
Exemple : $2x \times (x + 3) = 2x^2 + 6x$
$(a + b) \times (c + d) = a \times c + a \times d + b \times c + b \times d$
Exemple : $(6 - x) \times (2 - 3x) = 12 - 18x - 2x + 3x^2 = 3x^2 - 20x + 12$

- À l'aide des **identités remarquables** : on distingue trois identités remarquables, a et b étant deux réels quelconques :

$(a + b)^2 = a^2 + 2ab + b^2$ Exemple : $(2x + 5)^2 = 4x^2 + 20x + 25$
$(a - b)^2 = a^2 - 2ab + b^2$ Exemple : $(2x - 4)^2 = 4x^2 - 16x + 16$
$(a + b) \times (a - b) = a^2 - b^2$ Exemple : $(3x + 1) \times (3x - 1) = 9x^2 - 1$

B Factoriser

- À l'aide de la **propriété de distributivité**.

Quels que soient les nombres a, b, c, d :
$a \times b + a \times c = a \times (b + c)$ Exemple : $2x \times (3x + 1) + 2x \times (2x + 5) = 2x \times (5x + 6)$

- À l'aide des **identités remarquables** :

$a^2 + 2ab + b^2 = (a + b)^2$ Exemple : $x^2 + 6x + 9 = (x + 3)^2 = (x + 3) \times (x + 3)$
$a^2 - 2ab + b^2 = (a - b)^2$ Exemple : $x^2 - 4x + 4 = (x - 2)^2 = (x - 2) \times (x - 2)$
$a^2 - b^2 = (a + b) \times (a - b)$ Exemple : $x^2 - 4 = x^2 - 2^2 = (x + 2) \times (x - 2)$

C Équation produit

On utilise la propriété : lorsqu'un produit de facteurs est nul, alors l'un au moins des facteurs est nul.
Exemple : résoudre l'équation $(2x - 1) \times (-x + 3) = 0$.
La propriété ci-dessus permet d'affirmer que :
$2x - 1 = 0$, soit $x = \frac{1}{2}$ ou $-x + 3 = 0$, soit $x = 3$.
Conclusion : $\frac{1}{2}$ et 3 sont les solutions de l'équation.

15 Statistiques - Probabilités

A Statistiques

1. Caractéristiques de position

Notion	Définition
Fréquence d'une valeur	On appelle fréquence d'une valeur le quotient de l'effectif de cette valeur par l'effectif total. On l'exprime souvent en pourcentage.
Moyenne d'une série statistique	C'est le nombre *m* réel égal au quotient de la somme de toutes les valeurs de la série statistique par l'effectif total.
Médiane d'une série statistique	C'est la valeur qui partage la série statistique, **rangée par ordre croissant** (ou décroissant), en deux parties de même effectif. Si l'effectif total de la série est un nombre impair, la médiane est une valeur de la série. Sinon, c'est un nombre compris entre deux valeurs de la série. On prend souvent pour médiane la moyenne de ces deux valeurs.

2. Caractéristiques de dispersion

Notion	Définition
Étendue d'une série statistique	C'est la différence entre la plus grande et la plus petite valeur de la série statistique.
Écart moyen d'une série statistique	C'est la moyenne de la série obtenue en prenant les valeurs positives des différences entre chaque valeur de la série statistique et la valeur moyenne de la série.

B Probabilités

Soit E un événement.

- La probabilité de réalisation de E est un nombre $p(\text{E})$ compris entre 0 et 1.
- Si $p(\text{E}) = 0$ alors l'événement E est impossible.
- Si $p(\text{E}) = 1$ alors l'événement E est certain.
- Quand les résultats d'une expérience ont tous la même probabilité, alors $p(\text{E}) = \dfrac{\text{nombre de résultats favorables}}{\text{nombre de résultats possibles}} = \dfrac{n}{N}$.
- Notons $\bar{\text{E}}$ l'événement contraire de E (c'est-à-dire l'événement « non E »), alors $p(\text{E}) + p(\bar{\text{E}}) = 1$.

MATHS

16 Fonctions - Pourcentages

A La notion de fonction

- Une fonction est une « machine » qui permet d'associer à un nombre, appelé **antécédent**, un autre nombre unique appelé **image**.
- On note souvent f cette « machine », x l'antécédent et $f(x)$ l'image du nombre x par la fonction f. On écrit alors $f : x \mapsto f(x)$.

Exemple : Si l'on a $f : x \mapsto f(x) = 3x + 1$, alors f est la machine à multiplier par 3 puis à ajouter 1. Si on choisit le nombre -4, alors la fonction f lui associe le nombre -11 car $f(-4) = 3 \times (-4) + 1 = -11$. Le nombre -4 est l'antécédent de -11 et -11 est l'image du nombre -4 par la fonction f.

B Fonction linéaire, fonction affine

- La fonction f qui associe au nombre x le nombre ax, où a est un nombre réel donné, est appelée **fonction linéaire**. On a $f : x \mapsto ax$ ou encore $f(x) = ax$.
Sa représentation graphique est une droite passant par l'origine du repère.
Le nombre a est le **coefficient directeur** de cette droite.
- La fonction f qui associe au nombre x le nombre $ax + b$, où a et b sont des réels donnés, est appelée **fonction affine**. On a $f : x \mapsto ax + b$ ou encore $f(x) = ax + b$.
Sa représentation graphique est une droite. a est le coefficient directeur de la droite et b est l'**ordonnée à l'origine** de la droite.

C Proportionnalité

Soient quatre nombres non nuls a, b, c, d. Les nombres a et b sont respectivement proportionnels aux nombres c et d, si $\frac{a}{c} = \frac{b}{d}$.

D Pourcentages

- Appliquer une **augmentation** de n % à une quantité Q :
on obtient alors la quantité Q' telle que $Q' = Q\left(1 + \frac{n}{100}\right)$.
- Appliquer une **diminution** de n % à une quantité Q :
on obtient alors la quantité Q'' telle que $Q'' = Q\left(1 - \frac{n}{100}\right)$.
- Calculer le **pourcentage *n* d'augmentation** d'une quantité Q devenue Q_1 :
on a $n = \frac{Q_1 - Q}{Q} \times 100$.

17 Grandeurs et mesures

A Grandeurs composées

- Une **grandeur composée produit** est une grandeur obtenue en multipliant d'autres grandeurs. Voici quelques grandeurs composées produit :

Grandeur composée	Grandeurs simples	Formule	Unités
Aire $\mathcal{A}$ d'un rectangle	Longueur L, largeur ℓ	$\mathcal{A} = L \times \ell$	Si L et ℓ en m, alors $\mathcal{A}$ en m^2
Volume $\mathcal{V}$ d'un cube	Arête c	$\mathcal{V} = c \times c \times c$	Si c en cm, alors $\mathcal{V}$ en cm^3
Puissance électrique consommée P	Tension U, intensité du courant I	$P = U \times I$	Si U en volts (V) et I en ampères (A), alors P en watts (W)
Énergie électrique E	Puissance P, temps t	$E = P \times t$	Si P en watts (W) et t en h, alors E en wattheures (Wh)

- Une **grandeur composée quotient** est une grandeur obtenue en divisant deux autres grandeurs. Voici quelques grandeurs composées quotient :

Grandeur composée	Grandeurs simples	Formule	Unités
Vitesse moyenne v	Distance d, temps t	$v = \frac{d}{t}$	Si d en m et t en s, alors v en m/s ou $m \times s^{-1}$
Débit D	Volume $\mathcal{V}$, durée t	$D = \frac{\mathcal{V}}{t}$	Si $\mathcal{V}$ en m^3 et t en h, alors D en m^3/h ou $m^3 \times h^{-1}$
Masse volumique ρ	Masse M, volume $\mathcal{V}$	$\rho = \frac{M}{\mathcal{V}}$	Si M en kg et $\mathcal{V}$ en m^3, alors ρ en kg/m^3 ou $kg \times m^{-3}$
Consommation de carburant C	Volume de carburant consommé $\mathcal{V}$, distance parcourue d	$C = \frac{\mathcal{V}}{d}$	Si $\mathcal{V}$ en litres (L) et d en km, alors C en L/km ou $L \times km^{-1}$

B Formules donnant des volumes

- Volume d'une pyramide ou d'un cône dont l'aire de la base est $\mathcal{B}$ et la hauteur h : $\mathcal{V} = \frac{1}{3} \times \mathcal{B} \times h$.
- Volume d'un cylindre dont le rayon de la base est r et la hauteur h : $\mathcal{V} = \pi \times r^2 \times h$.
- Volume d'une boule de rayon r : $\mathcal{V} = \frac{4}{3} \times \pi \times r^3$.

MATHS

18 Transformations sur une figure

A Effet d'une translation sur un triangle

● Le triangle A′B′C′ est l'image du triangle ABC par la translation qui transforme le point I en le point J. Ces deux triangles sont superposables.

● La translation est un **déplacement**. Elle conserve les distances, les alignements, les angles et les aires.

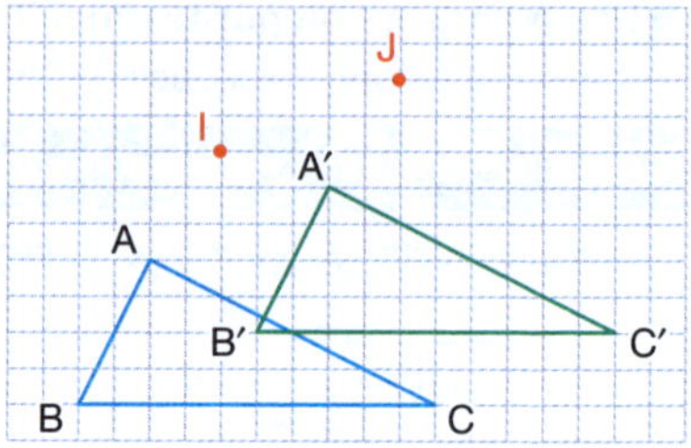

B Effet d'une rotation sur un triangle

● Le triangle A′B′C′ est l'image du triangle ABC par la rotation de centre O et d'angle 100°. On a : OA = OA′, OB = OB′, OC = OC′ et $\widehat{AOA'} = \widehat{BOB'} = \widehat{COC'} = 100°$.

● La rotation est un **déplacement**. Elle conserve les distances, les alignements, les angles et les aires.

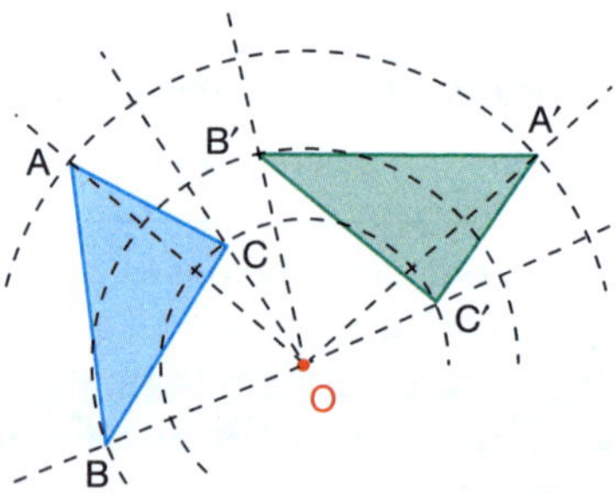

C Effet d'une homothétie sur un triangle

● Le triangle A′B′C′ est l'image du triangle ABC par l'homothétie de centre O et de rapport 2 : on a un **agrandissement**.

Le triangle ABC est l'image du triangle A′B′C′ par l'homothétie de centre O et de rapport $\frac{1}{2}$: on a une **réduction**.

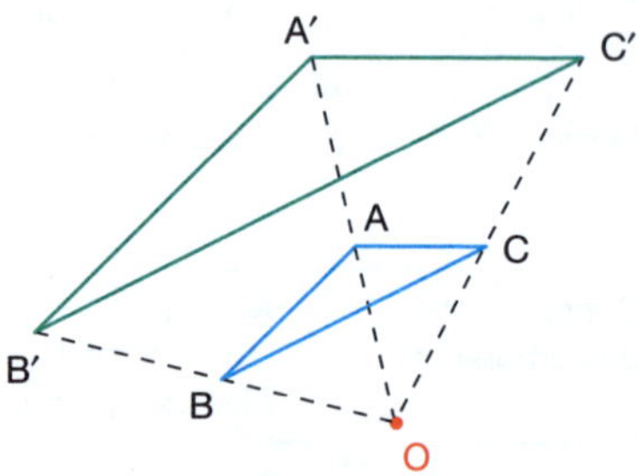

Nous avons donc : $\frac{OA'}{OA} = \frac{OB'}{OB} = \frac{OC'}{OC} = 2$ et $\frac{OA}{OA'} = \frac{OB}{OB'} = \frac{OC}{OC'} = \frac{1}{2}$.

● Lorsque toutes les dimensions d'une figure $\mathcal{F}$ sont multipliées par un même nombre k, on obtient une figure $\mathcal{F}'$. Si $k > 1$, $\mathcal{F}'$ est un agrandissement de $\mathcal{F}$. Si $0 < k < 1$, $\mathcal{F}'$ est une réduction de $\mathcal{F}$.

Les mesures des **côtés** de $\mathcal{F}'$ se déduisent des mesures des côtés de $\mathcal{F}$ en multipliant ces derniers par k.

L'**aire** de $\mathcal{F}'$ se déduit de l'aire de $\mathcal{F}$ en multipliant cette dernière par k^2.

Le **volume** de $\mathcal{F}'$ se déduit du volume de $\mathcal{F}$ en multipliant ce dernier par k^3.

19 Repérage

A Se repérer dans un plan

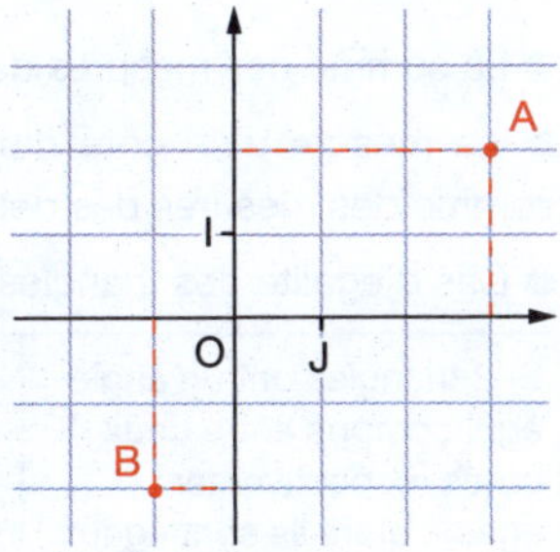

● Un **repère orthogonal** est constitué de deux axes perpendiculaires, les unités étant différentes sur chacun des axes (OI ≠ OJ). Si les unités sont les mêmes sur chaque axe (OI = OJ = 1 unité), alors le repère est **orthonormal**.

● Un point A du plan est repéré par deux nombres relatifs x_A et y_A.

x_A est l'abscisse du point A. L'**abscisse** se lit sur l'axe horizontal.
y_A est l'ordonnée du point A. L'**ordonnée** se lit sur l'axe vertical.
Les **coordonnées** du point A s'écrivent $A(x_A ; y_A)$.
Exemple sur le schéma ci-dessus : A(3 ; 2) et B (–1 ; –2).

B Se repérer dans l'espace

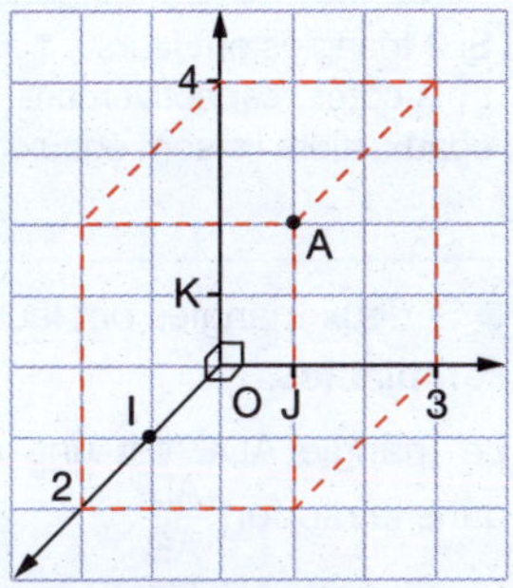

● Un repère orthonormal de l'espace est constitué de trois axes perpendiculaires 2 à 2.

● Un point A de l'espace est repéré par trois nombres relatifs : son **abscisse** x_A, son **ordonnée** y_A et son **altitude** z_A.

Les coordonnées de A s'écrivent $A(x_A ; y_A ; z_A)$.
Exemple sur le schéma ci-contre : A(2 ; 3 ; 4).

C Se repérer sur une sphère

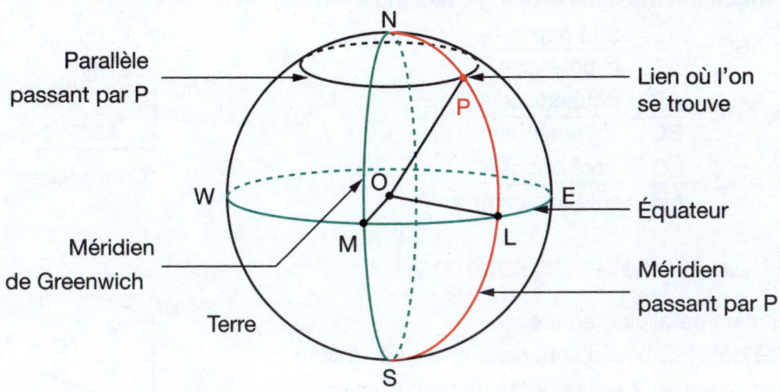

L'angle $\widehat{LOP}$ représente la latitude de P et $\widehat{MOL}$ représente la longitude de P.

20 Triangle et parallélogramme

A Le triangle

- La somme des mesures des trois angles d'un triangle est égale à 180°.
- La mesure d'un côté d'un triangle est toujours inférieure ou égale à la somme des mesures des deux autres côtés.
- Cas d'égalité des triangles :

Si 2 triangles ont un angle égal compris entre deux côtés respectivement égaux, alors ils sont égaux.	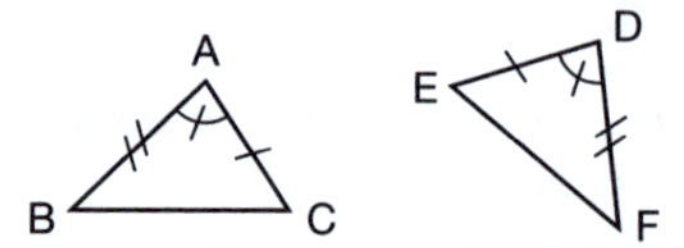	$AB = DF$ $AC = DE$ $\widehat{BAC} = \widehat{EDF}$
Si 2 triangles ont un côté égal compris entre deux angles respectivement égaux, alors ils sont égaux.	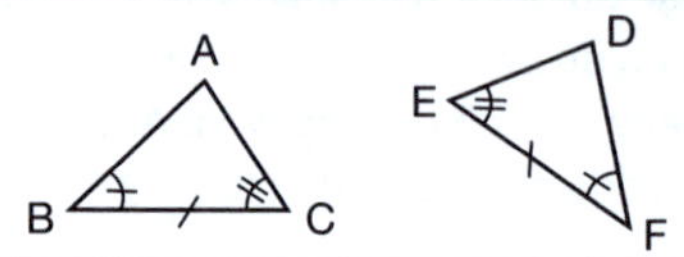	$BC = EF$ $\widehat{ABC} = \widehat{DFE}$ $\widehat{ACB} = \widehat{DEF}$
Si 2 triangles ont leurs trois côtés respectivement égaux, alors ils sont égaux.	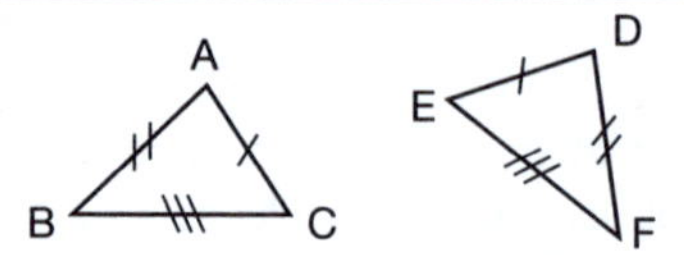	$AB = DF$ $AC = DE$ $BC = EF$

- Si deux triangles ont leurs trois angles respectivement égaux, alors ils sont **semblables**.

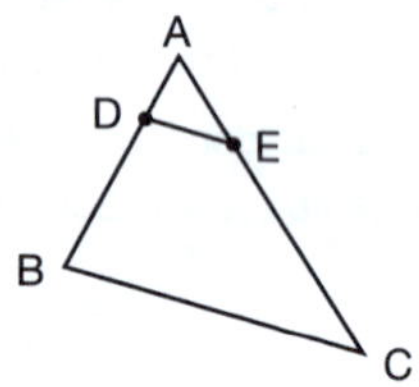

Le triangle ADE est une réduction du triangle ABC dans le rapport $\frac{AD}{AB}$.
Le triangle ABC est un agrandissement du triangle ADE dans le rapport $\frac{AB}{AD}$.

- Trigonométrie dans le triangle rectangle

$\sin \widehat{ABC} = \frac{AC}{BC} = \frac{\text{côté opposé}}{\text{hypoténuse}}$

$\cos \widehat{ABC} = \frac{AB}{BC} = \frac{\text{côté adjacent}}{\text{hypoténuse}}$

$\tan \widehat{ABC} = \frac{AC}{AB} = \frac{\text{côté opposé}}{\text{côté adjacent}}$

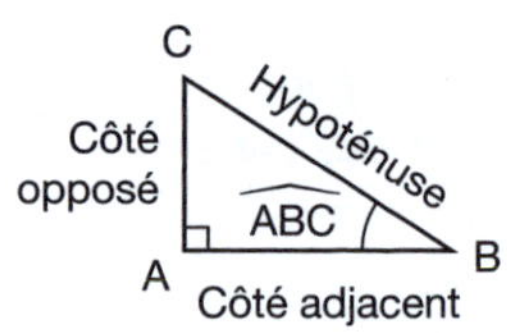

B Le parallélogramme

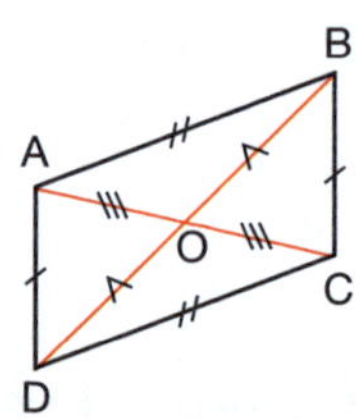

Dans un parallélogramme :
- les côtés opposés sont parallèles deux à deux ;
- les côtés opposés sont égaux deux à deux ;
- les diagonales se coupent en leur milieu.

21 Pythagore et Thalès

A Théorème de Pythagore

- Théorème direct : si un triangle ABC est rectangle en A, alors $BC^2 = AB^2 + AC^2$.
- Réciproque : si un triangle ABC est tel que $BC^2 = AB^2 + AC^2$, alors ce triangle est rectangle en A.

B Théorème de Thalès

Théorème direct

- Soient deux droites $(\mathcal{D})$ et $(\mathcal{D}')$ sécantes en A.
- Soient B et M deux points de $(\mathcal{D})$, distincts de A.
- Soient C et N deux points de $(\mathcal{D}')$ distincts de A.
- Les points A, B et M sont dans le même ordre que les points A, C et N.

Si les droites (BC) et (MN) sont parallèles, alors : $\dfrac{AM}{AB} = \dfrac{AN}{AC} = \dfrac{MN}{BC}$

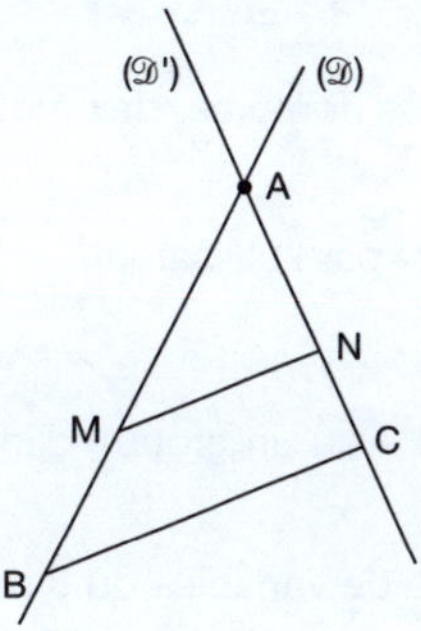

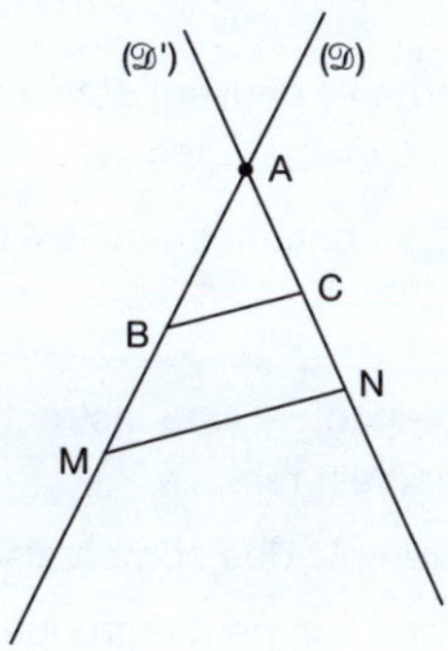

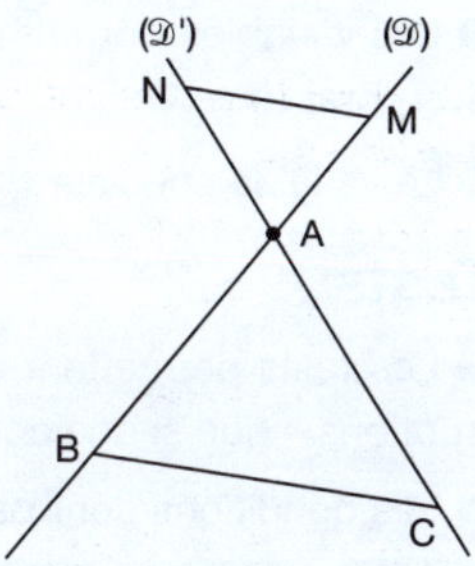

Réciproque

- Soient deux droites $(\mathcal{D})$ et $(\mathcal{D}')$ sécantes en A.
- Soient B et M deux points de $(\mathcal{D})$, distincts de A.
- Soient C et N deux points de $(\mathcal{D}')$ distincts de A.

Si les points A, B, et M d'une part et les points A, C, et N d'autre part sont dans le même ordre et si $\dfrac{AM}{AB} = \dfrac{AN}{AC}$, alors les droites (BC) et (MN) sont parallèles.

22 Algorithmique et programmation

A Algorithme

- Le mot algorithme vient du nom du mathématicien Al-Khawarizmi (VIIIe-IXe siècle après J.-C.).
- Un algorithme est une suite ordonnée d'instructions à exécuter pour résoudre un problème donné.

Exemples : appliquer une recette de cuisine ; suivre un itinéraire donné par un GPS ; construire une figure géométrique.

B Programme

- Un programme est une suite ordonnée d'instructions, un algorithme, qu'un ordinateur comprend et peut donc réaliser.
- Comme un algorithme, un programme peut être décomposé en trois parties : l'entrée des données, le traitement des données, la sortie des résultats.

Variables

- Les variables portent un nom et peuvent stocker des nombres, des mots, des phrases…
- La variable spéciale réponse contient ce qui est saisi par l'utilisateur.

Tests

- Les tests permettent de n'effectuer une instruction – ou un groupe d'instructions – que si une condition est remplie.
- Les conditions sont par exemple des comparaisons de variables du type : [ ] < [ ]   [ ] = [ ]   [ ] > [ ] que l'on peut regrouper avec « et » et « ou ».
- On peut ajouter une instruction à effectuer si la condition n'est pas vérifiée.

Boucles

- Une boucle permet de faire répéter un groupe d'instructions. Il en existe plusieurs types :

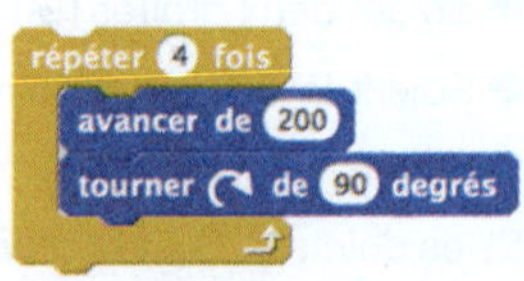

– boucle avec compteur : pour *i* allant de 1 à *n* faire *instructions*.
– boucle « tant que » : tant que *condition* est vraie faire *instructions*.
– boucle « jusqu'à » : faire *instructions* jusqu'à ce que *condition* soit vraie.

23 Effectuer une recherche documentaire pour l'oral

Pour préparer ta présentation orale, tu dois faire des recherches en bibliothèque ou sur Internet.

A Utiliser des mots-clés

- Saisis d'abord des **termes précis**. De nouveaux **mots-clés** vont émerger au fil de ta recherche.
- Pour passer **du langage courant au langage documentaire**, supprime les articles et les termes trop vagues, et utilise seulement les **notions essentielles** de ton sujet.

B Consulter différentes sources

- Commence par consulter des **sources publiées** (manuels, livres, revues). Après avoir trouvé des informations dans les **documents de référence**, tu peux aller sur **Internet**.
- N'hésite pas à t'inspirer de ton environnement et de l'**expérience vécue** de personnes proches en les interrogeant.

C Constituer une bibliographie ou une sitographie

- Une bibliographie doit toujours être classée par ordre alphabétique du nom d'auteur.
- Tu dois indiquer toutes les informations nécessaires pour permettre de **retrouver facilement la source**, en respectant des codes de présentation spécifiques.

> EXEMPLE **Pour un livre : Panafieu, Jean-Baptiste de, *Sur les traces de Darwin*, Gallimard Jeunesse, 2011, 127 p.**
>
> **Pour un article : Sharomov, Dmitri, « L'odyssée sauvage », *Phosphore*, décembre 2013, n° 390, p. 18-23.**

- Pour un site Internet, copie-colle l'adresse et précise la date à laquelle tu l'as consultée : Région Île-de-France, *L'agriculture urbaine et la biodiversité : agriculture urbaine et fonctions écologiques* (consulté le 24 juillet 2016), http://agricultureurbaine-idf.fr/agriculture-urbaine-fonctions-ecologiques-1).

> CONSEIL **Crée des favoris pour retrouver facilement les sites utilisés. Pense à consulter ton historique de recherche si tu as oublié de noter une référence.**

24 Présenter un projet (EPI)

Tu dois exposer le cheminement de ton projet en 5 minutes, avant de t'entretenir avec le jury pendant 10 minutes.

A Que faut-il présenter ?

1. Le projet et la démarche

- Présente d'abord le **thème général** de l'EPI ainsi que le parcours (citoyen, culture ou avenir) dans lequel le projet s'inscrit.
- Présente ensuite ton **projet** : quel était l'objectif ? que devais-tu faire ?
- Expose ta **démarche** : comment es-tu parvenu(e) au résultat final ? Explique les difficultés rencontrées mais surtout comment tu as pu les surmonter.

2. Ce qu'il t'a apporté

- Explique ton intérêt pour cet EPI : pourquoi as-tu choisi ce projet ?
- **Qu'as-tu appris ?** Détermine ce qui t'a le plus intéressé(e) pendant la phase de recherche, et pense aussi aux compétences pratiques que tu as acquises (travail en équipe, gestion d'un planning, recherche documentaire…).
- Efforce-toi d'avoir un **regard critique** sur le travail effectué : es-tu satisfait(e) du résultat final ? Qu'est-ce qui pourrait être amélioré ?

B Comment t'y prendre concrètement ?

1. Construis un plan efficace

- **Introduction :**

– présente le thème et le projet, insiste sur son aspect pluridisciplinaire ;
– annonce le plan de ta présentation.

- **Développement :**

I. Présente la démarche de ton équipe et ton rôle dans le projet.
II. Fais un bilan personnel (ce que tu as appris, les compétences que tu as acquises, les difficultés que tu as rencontrées, etc.).

- **Conclusion :**

– reprends l'essentiel de ton exposé en quelques phrases ;
– ouvre le sujet, en parlant de l'autre EPI réalisé dans l'année par exemple.

2. Prépare des outils pour t'aider

- Ne rédige pas intégralement ta présentation orale. Note juste les **idées essentielles** sur des fiches.
- Fais une fiche par partie et **note le titre de chacune en haut de la fiche** pour t'y retrouver facilement.

> **ASTUCE Si cela te rassure, tu peux rédiger la première phrase que tu vas dire au jury sur ta première fiche. De cette façon, tu es sûr(e) de bien commencer !**

- Tu peux utiliser un **support visuel** pour enrichir ta présentation et maintenir l'attention du jury (réalisation concrète de ton projet, diaporama…).

C Les points clés de la présentation

① **OBJECTIF** → Résumez le projet en une phrase.

② **ÉTAPES** → Relisez votre journal de bord et identifiez les grandes phases du projet (entre 3 et 5).

③ **RÉSULTAT**
- **votre avis** : Êtes-vous satisfait(e) ? déçu(e) ? Pourquoi ?
- **l'avis du public** : Si vous avez présenté votre projet, comment a-t-il été reçu ? A-t-il été compris ? apprécié ? critiqué ?

④ **DIFFICULTÉS** → Listez les difficultés rencontrées et les solutions trouvées.

Difficultés		Solutions
•	→	....
•	→	....
•	→	....

⑤ **BILAN**
- **connaissances** : Qu'avez-vous appris ?
- **compétences** : Quels savoir-faire avez-vous acquis ?
- **apport personnel** : Qu'en avez-vous retiré ?

ORAL

25 Présenter une œuvre d'art

Tu dois présenter un objet d'étude abordé en histoire des arts : le plus souvent, il s'agit d'une œuvre d'art, mais ce peut être également un mouvement artistique ou une thématique abordée à travers plusieurs œuvres.

A Que faut-il présenter ?

1. Un objet d'étude qui t'intéresse

- Quelques semaines avant l'épreuve, ton professeur principal te transmettra la liste des objets d'étude vus en classe pour te permettre de faire ton choix.
- Pour que ta présentation soit convaincante, il est important que tu ne choisisses pas un sujet par défaut : sélectionne une œuvre qui t'a plu ou qui t'a interpellé(e). Tu dois être capable de **justifier ton choix**.

2. Un objet d'étude que tu connais bien

- Tu disposes de 5 minutes (10 minutes si la présentation se fait en groupe) pour présenter l'objet d'étude : description de l'œuvre, analyse, interprétation.
- **Documente-toi** sur l'œuvre choisie pour mieux en comprendre les enjeux : artiste, contexte historique, mouvement artistique… Tu peux aussi rechercher des œuvres similaires à celle que tu présentes afin d'enrichir ton exposé.

> ATTENTION **Ne te contente pas de copier-coller la page Wikipédia de l'œuvre que tu présentes ! Ton exposé doit être personnel.**

- Prends le temps de t'interroger sur **l'effet que l'œuvre produit sur toi** : tu prouveras ainsi au jury que tu es capable de formuler une analyse personnelle.

B Comment t'y prendre concrètement ?

1. Construis un plan efficace

- **Introduction** :

– présente l'œuvre : titre, auteur, date de création, type d'œuvre, support, lieu de conservation, etc.
– annonce la problématique associée à l'œuvre choisie : en quoi est-elle particulièrement intéressante ?

● **Développement** :

I. Décris l'œuvre et son contexte de création : époque, mouvement artistique, influences de l'artiste...

> CONSEIL **Lorsque tu décris une image, procède méthodiquement : du premier plan à l'arrière-plan, par exemple.**

II. Analyse l'œuvre de manière précise. Par exemple, s'il s'agit d'un tableau, intéresse-toi à sa structure, à la technique utilisée, au choix des couleurs, etc.
III. Propose une interprétation de l'œuvre : quelle est l'intention de l'artiste ? quel est l'effet produit ?

● **Conclusion** :

– résume l'intérêt de l'œuvre et explique pourquoi tu as choisi de la présenter ;
– ouvre en faisant le lien avec d'autres œuvres d'art que tu as pu étudier en cours ou que tu as découvertes par toi-même.

2. Prépare des outils pour t'aider

● Pour chaque objet d'étude, prépare des **fiches** reprenant les **idées principales** de ta présentation, en consacrant une fiche à chaque partie (inscris clairement le titre de chaque partie pour te repérer facilement).

● **Ne rédige surtout pas** tes notes, sinon tu seras tenté(e) de lire plutôt que de t'adresser directement au jury.

> ASTUCE **Entraîne-toi en avance pour repérer ce que tu as tendance à oublier : mets ces éléments en valeur sur tes fiches pour y penser le jour J !**

● Utilise un **support visuel** pour enrichir ta présentation :

– si tu en as la possibilité, prépare un **diaporama** (→ fiche 26) pour illustrer ta présentation et maintenir l'intérêt du jury.

> CONSEIL **Prévois une dizaine de diapositives maximum qui accompagnent le déroulé de ton exposé et profites-en pour compléter ton propos avec des visuels (portrait de l'artiste, autre œuvre similaire, etc.).**

– si tu ne peux pas projeter de diaporama, imprime une reproduction de l'œuvre pour chaque membre du jury.

26 Créer un diaporama pour accompagner sa présentation

Pour ta présentation orale, tu peux réaliser un diaporama. Pour cela, utilise le logiciel gratuit OpenOffice Impress.

A Respecter une charte graphique

L'ensemble des normes visuelles adoptées pour ton diaporama doit être simple et cohérent. On appelle cet ensemble une charte graphique.

1. Adapte l'aspect visuel

- Utilise un seul arrière-plan pour tout le diaporama, privilégie les fonds unis à ceux qui sont dégradés ou composés.
- Ne multiplie pas les transitions animées. **L'ensemble doit rester sobre.**
- Choisis les thèmes, les couleurs et les transitions de façon à ce qu'ils **accompagnent ton propos**.
- En revanche, tu peux varier les mises en page de chaque diapositive.

ASTUCE **Évite les fonds sombres ; ils diminuent la lisibilité du texte.**

2. Assure-toi de la lisibilité du texte

- Utilise toujours une taille de police supérieure à 24. **On doit pouvoir lire ton texte de loin.**
- Choisis une police simple et lisible (Arial, Cambria, Times New Roman) et garde-la pour toute la présentation. Évite les polices compliquées ou esthétiques, elles sont difficiles à lire.
- Ne mets pas plus de 6 mots par ligne et plus de 6 lignes par diapositive. **Ton auditoire doit avoir le temps de tout lire.**
- Ne mets pas de texte en bas de l'écran, ton auditoire pourrait ne pas arriver à voir ce que tu as écrit.

B Composer des diapositives

1. Agence bien ton diaporama

- Sur la première diapositive, fais apparaître le titre et le thème de ton exposé ainsi que le(s) nom(s) de ceux ou celles qui font la présentation.
- Organise ton diaporama selon le même plan que celui de ton exposé. Prévois une diapositive pour le titre et pour chaque partie.

- Ne rédige pas tes phrases en entier. Tu ne dois faire apparaître que les **mots-clés**, les **noms propres** et les **idées essentielles**.
- Utilise des **puces** pour structurer ton propos.
- Privilégie les **schémas**, les flèches et les graphiques.

2. Illustre ton propos

- N'ajoute des visuels que lorsque c'est nécessaire. Ils ne servent pas à décorer, mais à soutenir un point précis.
- Prévois un titre pour chaque illustration.
- Lorsque tu présentes un schéma, affiche-le progressivement, pour **l'expliquer au fur et à mesure** qu'il apparaît.
- Tu peux ajouter une flèche pour montrer précisément un détail sur une carte ou un tableau.

> CONSEIL PRATIQUE **À la fin de ton exposé, prévois une diapositive qui permet à ton auditoire de comprendre que tu as terminé.**

C S'organiser avant la projection

1. Prépare-toi à l'avance

- **Prends du temps** pour préparer ton diaporama. Tu peux y passer 3 ou 4 heures la première fois. Ensuite, tu devras revenir une ou deux fois dessus et y travailler au moins une heure à chaque fois.
- Quand il te semble terminé, fais-le défiler devant tes amis. **Entraîne-toi à présenter ton projet en même temps.**
- Surtout, ne lis pas ce qui est écrit sur les diapositives, commente-le.

2. Ne te laisse pas surprendre par un problème technique

- **Prévois une clé-USB** avec une copie de ton diaporama au format PDF. Si ton diaporama ne s'ouvre pas en format Impress, essaie en format PDF.
- Envoie-toi également ces deux documents (en format Impress et en format PDF) par e-mail. Tu pourras ainsi les retrouver par internet, si tu ne retrouves pas ta clé.
- Enfin, imprime les feuilles les plus importantes de ton diaporama. Tu pourras ainsi les distribuer au jury en cas de panne électrique.

27 S'exprimer avec aisance à l'oral

La maîtrise de la langue est essentielle lors de l'épreuve orale. La moitié des points est accordée à la qualité de ton expression.

A Bien se préparer

1. Maîtrise ton sujet

- Il est nécessaire de **connaître le sens des mots que tu utilises**, les personnes que tu cites, les dates des événements historiques dont tu parles…
- Annonce ton plan au début et fais-y référence à chaque transition.

2. Appuie-toi sur des fiches efficaces

- Utilise des feuilles dans un petit format (type fiches bristol).
- Écris chaque idée sur **une seule ligne**.
- Ne rédige pas de phrase complexe ou de paragraphe.

> EXEMPLE **3 août 1914 : l'Allemagne déclare la guerre à la France.**

- Espace tes idées et classe-les pour reprendre le fil en cas d'interruption.
- Choisis un **code couleur** identique pour toutes tes fiches (titres en rouge, exemples en vert…).

3. Entraîne-toi à l'oral

- Relis tes fiches et tes diapositives à voix haute pour vérifier que ton exposé **s'enchaîne bien** et que ton texte est clair.
- Entraîne-toi à présenter ton travail à l'oral : cela te permettra de contrôler le **temps de parole** et de repérer ce que tu as du mal à mémoriser.
- Simule un entretien avec un ami ou un membre de ta famille pour **tester tes connaissances**.

B Bien parler

1. Utilise un langage et un vocabulaire corrects

- Exprime-toi dans un **langage courant ou soutenu** et articule bien. Prononce les négations (« je ne sais pas ») et toutes les lettres des mots (« un cheval » et non « un ch'fal »).
- **Évite les mots abrégés** (« photographie » et non « photo ») et préfère les termes précis (« je », « les comédiens ») aux termes généraux (« on », « les personnes »).

● **Bannis les onomatopées** (« euh », « bah ») et remplace-les par des mots de liaison (« alors », « donc »). N'utilise pas de mots familiers ou enfantins (« la femme, l'homme, embrasser » au lieu de « la dame, le monsieur, faire un bisou »...).

● **Utilise un vocabulaire adapté** à ton sujet. Si tu présentes une lecture, dis que tu as lu « un roman » ou « une nouvelle » et pas « un livre ».

2. Soigne ta diction

● Ne lis pas un texte que tu as rédigé au préalable. Au contraire, parle naturellement à partir d'une trame et de notes personnelles.

● Pour maintenir l'attention de ton jury, classe tes idées **des plus évidentes aux plus originales** et n'hésite pas à faire des **rappels** (« comme nous l'avons vu... »).

● **Varie le ton** pour mettre en valeur les idées importantes et les liens entre les différentes parties de ta présentation.

ASTUCE Entraîne-toi en te filmant ! Visionne d'abord la vidéo seul(e) puis fais-le avec un ami ou un parent. Notez tous les petits défauts et soyez critiques. Recommence jusqu'à ce que le résultat te convienne.

3. Fais attention à ta posture

● Elle doit être **naturelle** et **dégagée** (épaules ouvertes, bras mobiles), mais pas relâchée.

● Évite les **mouvements parasites** qui font oublier le contenu de ton exposé (balancements d'un pied sur l'autre...).

● Ne sois pas trop statique : ne t'appuie pas contre un mur ou un bureau, ne mets pas tes mains dans tes poches, ne croise pas les bras.

ASTUCE Regarde chaque membre du jury individuellement. Ainsi, ton public se sentira personnellement impliqué et restera attentif.

28 Faire sa présentation à plusieurs

Vous pouvez faire la présentation à plusieurs (2 ou 3 candidats). L'exposé dure 10 minutes et l'entretien avec le jury 15 minutes.

A Travailler en groupe

1. Présentez un travail commun

- Pour réussir l'épreuve en groupe, vous devez tous avoir participé à l'**ensemble des étapes** de la réalisation de votre travail.
- Ne présentez pas des œuvres ou des projets différents. Travaillez ensemble sur un seul sujet en donnant une **fonction** à chaque membre de l'équipe.

2. Valorisez votre travail d'équipe

- **Répétez ensemble** plusieurs fois. Changez l'organisation jusqu'à ce que chacun trouve sa place, sans tout changer à la dernière minute.
- Nommez un(e) **responsable du temps**. Élaborez un code discret qui vous permettra de savoir si vous devez accélérer ou si vous êtes en avance.
- Montrez que vous êtes une équipe. Ne restez pas inactif(ve) pendant que les autres membres du groupe parlent : occupez-vous du diaporama, par exemple !

B Organiser l'épreuve

1. Gérez votre temps

- **Donnez à chacun le même temps de parole** pendant l'exposé et durant l'entretien. Définissez à l'avance le temps et la répartition de la parole.
- **Évitez d'intervenir** et de couper la parole à celui ou celle qui parle.

2. Personnalisez les exposés

- Ne changez pas de locuteur à chaque phrase, mais prenez une part dans chaque axe de la présentation. Évitez de vous répéter les uns les autres !
- Tout en montrant que votre travail est commun, **soulignez la part personnelle de chacun**. Chaque candidat tirera un bilan différent et aura des impressions propres.

> REMARQUE **Même si la soutenance est collective, la note est individuelle.**

29 S'entretenir avec le jury

Durant l'entretien, le jury cherche à vérifier que ton travail est personnel et que tu as compris ce que tu as fait. Pour cela, il va te poser des questions sur ton exposé mais aussi sur des sujets plus larges.

A Parler de son exposé

1. Anticipe les questions

- Dans la première partie de l'entretien, le jury va te poser **des questions précises sur tes connaissances** à propos de ton projet ou te demander de préciser les caractéristiques de l'œuvre présentée.
- Essaie d'imaginer une dizaine de questions que le jury pourrait te poser sur ton exposé et prépare tes réponses.
- Dans ton exposé, **laisse de côté certains points que tu connais** : le jury te questionnera sur ces aspects que tu as volontairement éludés.

> EXEMPLE **Dans un exposé sur Archimède, mentionne l'école d'Alexandrie et les découvertes d'Ératosthène. Le jury te questionnera à la fin de ton exposé sur tes connaissances sur le sujet.**

2. Réponds clairement

- Reprends bien la structure de la question posée. Tu montreras ainsi que tu sais t'exprimer correctement à l'oral.
- Si tu ne connais pas la réponse, dis-le honnêtement. Une absence de réponse ne présume absolument pas de ta note finale.
- Si une question du jury te désarçonne, **réfléchis quelques secondes. Ne te décourage pas** et rebondis sur un autre élément assez proche qui te vient à l'esprit.

> CONSEIL **Ne va pas trop vite, prends le temps de réfléchir avant de répondre.**

ORAL

B Élargir le propos

Durant la deuxième partie de l'entretien, le jury va davantage te questionner sur ce que t'a apporté personnellement la réalisation de ce travail.

1. Parle de ton expérience

- Le jury te posera quelques questions sur les autres EPI réalisés ou les autres objets d'étude vus dans l'année.
- On peut te demander de **parler** d'autres activités ou expériences que tu as vécues. Réfléchis à l'avance à celles que tu as préférées et qui t'ont le plus intéressé(e).
- Tu peux souligner ce que ces différentes activités t'ont apporté ou si tu as préféré un projet par rapport à un autre. **Explique toujours pourquoi.**
- Tu peux aussi parler d'une activité périscolaire, mais uniquement si elle est en lien avec ton projet.

> ASTUCE **Essaie avec tes réponses d'orienter le jury vers le sujet que tu souhaiterais aborder.**

2. Mets en valeur tes points forts

- Profite de cette deuxième partie pour parler de ce que tu connais et que tu sais le mieux faire.
- Utilise tes connaissances, même si elles ne proviennent pas de ce que tu as appris au collège. Inspire-toi de tes lectures, des films que tu connais. Le jury cherche aussi à cerner ta culture personnelle, tes centres d'intérêt.

> EXEMPLE **Si tu as travaillé sur un scientifique à l'époque gréco-romaine et que l'on te demande une comparaison avec un scientifique d'aujourd'hui, tu peux t'appuyer sur des représentations de scientifiques dans des films historiques que tu as vus, comme Alan Turing dans *Imitation game*.**

- Tu peux parler des problèmes que tu as rencontrés mais mets surtout en avant les solutions que tu as trouvées pour les résoudre. Le jury cherche avant tout à évaluer **ton travail personnel**.
- Si tu n'as pas trouvé de solution pour résoudre les problèmes, **essaie d'envisager les solutions** que tu pourrais mettre en place pour anticiper ce genre de problème à l'avenir.
- Attention, ne cherche pas à montrer au jury que tu en sais plus que lui. C'est peu probable et ce sera mal vu.
- **Reste naturel(le), souriant(e)** et montre que le sujet que tu as étudié t'intéresse et que tu as travaillé honnêtement.

30 Six étapes clés pour réussir l'épreuve orale

Pour réussir ton exposé devant le jury, tu dois être méthodique.

1. Préparer soigneusement son exposé en faisant le **bilan** du travail présenté. Ne pas oublier de citer ses sources.

(→ FICHES 23, 24, 25)

2. **Maîtriser son sujet** et être capable d'expliquer toutes les notions abordées dans l'exposé.

(→ FICHE 27)

3. Préparer des **fiches** faciles à manipuler (une fiche par partie, avec des couleurs pour se repérer) et éventuellement un **diaporama** pour illustrer l'exposé.

(→ FICHES 26, 27)

4. Dans le cas d'une **présentation à plusieurs**, répartir clairement les rôles et savoir ce que chacun doit dire et faire.

(→ FICHE 28)

5. **S'entraîner** à dire l'exposé en soignant son expression et en se chronométrant.

(→ FICHE 27)

6. **Anticiper** l'entretien en réfléchissant aux questions que pourrait poser le jury.

(→ FICHE 29)